필승합격 일본어능력시험
N1 단어장 3000

아크아카데미

주제별 단어 · 알기 쉬운 예문 · 온라인 모의시험

머리말

일본어를 학습하는 사람들의 동기와 목적은 취미, 자기 계발, 유학, 취업 등으로 다양합니다.

각자 다른 동기와 목적을 가지고 일본어를 배우고 있는 가운데 많은 분들이 시간과 노력을 들여 공부한 자신의 일본어 실력을 검증하기 위해 일본어능력시험 (JLPT) 에 응시하고 있습니다.

JLPT는 '문자 / 어휘', '문법', '독해', '청해'의 네 개 파트로 구성되어 있습니다. 그 중에서 '문자 / 어휘'는 '단어'라고 하며 일본어 학습의 가장 기본이 된다고 할 수 있습니다.

다른 파트들도 살펴보자면, '단어'를 나열하여 문장을 만드는 방식이 '문법'이며 '단어'와 '문법'으로 구성된 문장에 대해 이해하는 것이 '독해'입니다. '청해'는 이 '독해' 문장을 청각으로 듣고 이해하는 것이라 할 수 있습니다.

그렇다면 '단어'는 일본어 학습에서 가장 선행되어야 할 중요한 요소라고 할 수 있습니다.

JLPT의 '문자 / 어휘' 파트에 출제되는 문제 수를 각 레벨별로 분석해 보면 아래와 같습니다.

대문제	N1	N2	N3	N4	N5
한자 읽기	6	5	8	9	12
표기	-	5	6	6	8
단어 형성	-	5	-	-	-
문맥 규정	7	7	11	10	10
유의 표현	6	5	5	5	5
용법	6	5	5	5	-
문제수 합계	25	32	35	35	35

'한자 읽기 및 표기', '문장 흐름에 맞는 어휘' 등을 고르는 문제가 출제되는 '문자 / 어휘' 문제를 한 번에 완벽하게 정리하려는 것은 욕심입니다. 여러 번 반복하여 암기하려는 마음가짐이 중요합니다.

한자는 음독, 훈독, 탁음, 장음 / 단음, 촉음에 주의하여 공부하고 소리 내어 읽어 보는 것이 중요합니다.

'문맥에 맞는 어휘를 고르는 문제'에는 특히 부사가 많이 출제되므로 효과적인 학습을 위해 평소에 단어 자체보다 문장 단위로 이해하려고 노력해야 합니다. 또한, '알맞은 용법을 고르는 문제'는 문장 전체를 익히면서 해당 문장 속에서 단어의 의미를 파악하도록 하는 것이 중요합니다.

여러분이 JLPT를 공부하는 방식은 각자 다를 것입니다. 학교에서의 수업도 교사마다 다르고 학원에서의 강의도 강사 마다 다를 수 있습니다.

그러나 각 레벨의 난이도에 해당하는 '문자 / 어휘'는 정해져 있으며 그것들을 학습 교재를 통해 단계적으로 익혀나가는 것이 일반적인 방식이지만, 우리는 여기에 그 하나의 효과적인 방식을 제시하는 의미에서 이 책을 발행하기로 하였습니다.

이 책의 가장 중요한 포인트는 주제별로 단어를 모아서 정리한 점입니다. 상황별로 그에 해당하는 관련 단어를 모아 한꺼번에 정리하는 방식이 학습자의 이해와 암기에 도움이 된다고 생각하였습니다.

다음으로 예문 선정에 심혈을 기울여 해당 표제 단어를 가장 잘 이해할 수 있도록 적합한 예문을 제시하였습니다. 그리고 그 예문을 음성으로 들음으로써 암기 효과를 높이고 한자의 발음도 익힐 수 있도록 음성파일을 제공하고 있습니다.

나아가 모의시험 문제를 레벨에 따라 140문제~252문제씩 온라인으로 제공하고 있습니다. 실시간으로 문제를 풀고 정답 확인이 가능합니다. 또한 모의시험 문제들은 PDF로 다운로드하여 풀어볼 수도 있습니다.

이 <필승합격 단어장 시리즈>는 N5에서 N1까지 모든 레벨에 대해 다섯 권의 단어장으로 발행하였습니다. JLPT에 도전하는 학습자 여러분이 단계별로 이 시리즈로 학습하여 단기간에 각 레벨에 필승합격하시기를 기원합니다.

2020년 11월
(주) 해외교육사업단

이 책의 사용법

▶ 주제별 단어 학습

일본어능력시험 (JLPT) 에서 다루는 수 많은 단어를 수준별, 주제별로 정리한 것이 < 필승합격 단어장 시리즈 > 입니다. N1 에서 N5 까지 5 권으로 편집하였습니다.

JLPT 에 자주 출제되고 일상생활에도 도움이 되는 단어를 주제별로 정리하여 각 상황에 알맞은 이미지로 익힐 수 있도록 하였습니다. 학습 순서는 흥미가 있는 주제부터 시작하여도 좋습니다.

표제 단어와 예문에 한국어로 된 번역문이 있으므로 의미도 쉽게 파악할 수 있습니다. 표제 단어에 품사를 제시하고 동의어, 반의어, 관련어, 유의어도 제시하고 있습니다. 또한 칼럼에서 언급하는 단어도 학습에 유익할 것입니다.

▶ 모의시험으로 실력 확인

각 레벨의 책에는 JLPT 의 어휘 문제에 대한 모의 문제가 웹사이트에 게재되어 있습니다. 온라인 방식으로 컴퓨터나 스마트폰에서 문제를 풀고 점수도 확인이 가능합니다. PDF 파일로도 제공되며 출력하여 사용할 수 있습니다. 각 장의 항목 (주제) 별로 문제가 제시되어 있으므로 해당 주제를 학습하고 바로 테스트를 해 볼 수 있습니다. 스스로 부족한 부분을 체크하여 반복학습으로 성적을 올리시기 바랍니다.

▶ 음성의 활용

모든 레벨의 단어장에는 표제 단어와 예문의 음성 파일이 이 책의 지정된 웹사이트에 게재되어 있습니다. PC 나 스마트폰에서 다운로드하여 들을 수도 있습니다.

예문은 자연스럽고 듣기 편한 속도로 녹음되었습니다. 이로써 청해 파트에 도움이 될 뿐만 아니라 실제 단어 암기에 매우 큰 효과가 있을 것입니다.

▶ 암기용 셀로판지 활용

책에 들어 있는 암기용 셀로판지를 이용하여 표제 단어와 예문의 단어를 가리고 학습할 수 있습니다. 어떤 내용이 들어갈지 생각하면서 학습을 진행할 수 있습니다.

단어의 번호입니다.

884	中毒	同じ弁当を食べた全員が食中毒になった。
	명 중독	같은 도시락을 먹은 전원이 식중독이 되었다.
		➕ アルコール中毒 알코올 중독
885	応急	彼は救急車が来るまで、けが人に応急手当てをした。
	명 응급	그는 구급차가 올 때까지 부상자에게 응급 처치를 했다.
		➕ 応急処置 응급 처치

이미 알고 있거나 암기하였으면 박스에 체크 표시를 합시다.

886	まれな	この病気を治せる医者はまれだ。
	ナ형 드문	이 병을 고칠 수 있는 의사는 드물다.
887	うつぶせ	そのベッドにうつぶせになって寝てください。
	명 엎드림	그 침대에 엎드려 누워서 주무십시오.
		➕ あお向け 바로 누운 자세

단어의 품사입니다.

888	カルテ	カルテに症状が詳しく記入されている。
	명 의료 기록	의료 기록에 증상이 상세하게 적혀 있다.
889	冷却〈する〉	熱があるので、冷却シートをおでこに貼る。
	명 냉각<하다>	열이 있어서 냉각 시트를 이마에 붙인다.
890	和らげる	この薬には痛みを和らげる効果がある。
	동 완화시키다	이 약은 통증을 완화하는 효과가 있다.
		➕ (~が) 和らぐ (~이) 풀리다 / 완화되다

자동사·타동사의 조사 또는 주로 부정문에서 사용되는 것을 나타내는 'ない'는 굵은 글씨로 표기했습니다.

891	矯正〈する〉	小学生のときに、歯の矯正を始めた。
	명 교정<하다>	초등학생 때 치아 교정을 시작했다.
892	告知〈する〉	医師からがんの告知をされた。
	명 통지<하다>	의사로부터 암을 통지받았다.

함께 외울 단어, 주의점과 설명 등입니다.

➕ : 관련 단어·유의어 등
= : 동의어
↔ : 반의어
👉 : 주의 사항 및 설명

▶ 이 책에서 사용하는 품사 일람

명 : 명사	접속 : 접속사
동 : 동사	연어 : 연어 (둘 이상의 단어가 결합하여 하나의 관념을 나타내는 말)
부 : 부사	
대 : 대명사	접사 : 접사
ナ형 : ナ형용사	관 : 관용구
イ형 : イ형용사	연체 : 연체사 (관형어)
	감 : 감탄사

목차

Chapter 1 사람과 사람과의 관계 人と人との関係 · · · · · · 11
1. 육친(혈육관계) 肉親 · · · · · · 12
2. 친구 友人 · · · · · · 17
3. 아는 사람 知り合い · · · · · · 21
4. 연인 恋人 · · · · · · 24
5. 다양한 관계 いろいろな関係 · · · · · · 30

Chapter 2 생활 暮らし · · · · · · 35
1. 돈 お金 · · · · · · 36
2. 쇼핑 買い物 · · · · · · 40
3. 식사 食事 · · · · · · 44
4. 일과 日課 · · · · · · 48
5. 시간을 나타내는 말 時を表す言葉 · · · · · · 51

Chapter 3 집에서 家で · · · · · · 55
1. 거주 住まい · · · · · · 56
2. 가사 家事 · · · · · · 60
3. 요리 料理 · · · · · · 63
4. 휴일 休日 · · · · · · 67
5. 이사 引っ越し · · · · · · 70

Chapter 4 학교에서 学校で · · · · · · 73
1. 학교 学校 · · · · · · 74
2. 공부 勉強 · · · · · · 77
3. 시험 試験 · · · · · · 81
4. 진학 進学 · · · · · · 85
5. 컴퓨터・스마트폰 パソコン・スマホ · · · · · · 89

Chapter 5　회사에서　会社で 93

1. 취업　就職 94
2. 기업　企業 99
3. 일 / 업무　仕事 103
4. 상하 관계　上下関係 108
5. 퇴직・이직　退職・転職 113

Chapter 6　나의 동네　私の町 117

1. 거리　街 118
2. 공공　公共 122
3. 교통　交通 125
4. 산업　産業 129
5. 고향　故郷 132

Chapter 7　건강　健康 137

1. 몸과 체질　体と体質 138
2. 증상①　症状① 142
3. 증상②　症状② 145
4. 병과 치료　病気と治療 148
5. 미용　美容 152

Chapter 8　즐겨찾기　お気に入り 157

1. 경기　競技 158
2. 패션　ファッション 163
3. 배우기　習い事 167
4. 책　本 171
5. 엔터테인먼트　エンターテインメント 177

Chapter 9 　세계　世界 ……… **183**

1. 여행 계획　旅のプラン ……… 184
2. 여행지에서　旅行先で ……… 188
3. 나라　国 ……… 192
4. 국제 관계①　国際関係① ……… 196
5. 국제 관계②　国際関係② ……… 200

Chapter 10 　자연　自然 ……… **203**

1. 기후와 날씨　気候と天気 ……… 204
2. 재해　災害 ……… 208
3. 지구 환경　地球環境 ……… 213
4. 대자연　大自然 ……… 217
5. 레저　レジャー ……… 221

Chapter 11 　뉴스　ニュース ……… **225**

1. 사고　事故 ……… 226
2. 사건·트러블　事件・トラブル ……… 230
3. 사회　社会 ……… 234
4. 정치　政治 ……… 239
5. 경제　経済 ……… 243

Chapter 12 　모습·이미지　様子・イメージ ……… **247**

1. 성격　性格 ……… 248
2. 좋은 기분　いい気分 ……… 252
3. 우울한 기분　ブルーな気分 ……… 254
4. 긍정적인 이미지　プラスのイメージ ……… 257
5. 부정적인 이미지　マイナスのイメージ ……… 260

Chapter 13　틀리기 쉬운 표현①
間違えやすい表現① ····· 265

1 부사①　副詞① ····· 266
2 부사②　副詞② ····· 268
3 부사③·그 외　副詞③·その他 ····· 270
4 혼동하기 쉬운 말①　まぎらわしい言葉① ····· 273
5 혼동하기 쉬운 말②　まぎらわしい言葉② ····· 277

Chapter 14　틀리기 쉬운 표현②
間違えやすい表現② ····· 281

1 관용구:얼굴　慣用句:顔 ····· 282
2 관용구:몸　慣用句:体 ····· 285
3 관용구:그 외　慣用句:その他 ····· 288
4 여러 가지 의미가 있는 단어①
　いろいろな意味を持つ言葉① ····· 291
5 여러 가지 의미가 있는 단어②
　いろいろな意味を持つ言葉② ····· 295

50음 단어 색인 ····· 302

이것도 외우자! 목차

❶~❻ 접사　接辞
　①副~…20　　　②不~…29
　③激~…47　　　④~主義…54
　⑤真っ~…84　　⑥ぶち~…92
　⑦~っぽい…98　　⑧~めく…102
　⑨~げ…112　　⑩~くさい…116
　⑪~ずくめ…121　　⑫~まみれ…133
　⑬~だらけ…136
　⑭상대를 높이는 표현　相手を立てる表現…156
　⑮자기를 낮추는 표현　自分がへりくだる表現…176

⑯ ~ 채 그대로　「~っぱなし」…182

⑰ 가타카나 단어①　カタカナ語①…207

⑱ 가타카나 단어②　カタカナ語②…224

⑲ 일본의 주요 관청의 명칭　日本の主な省庁の名称…261

⑳ 일본의 지방 명칭　日本の地方の名称…264

㉑ ~っと+동사　「~っと+動詞」…276

㉒ 숫자가 들어있는 사자성어　数を含む四字熟語…280

㉓ 알파벳 약어①　アルファベットの略語①…290

㉔ 알파벳 약어②　アルファベットの略語②…294

㉕ 속담　ことわざ…300-301

N1
Chapter
1
사람과 사람과의 관계

人と人との関係
ひと　　ひと　　かんけい

			단어 No.
1	육친 (혈육관계)	肉親 にくしん	1~36
2	친구	友人 ゆうじん	37~61
3	아는 사람	知り合い し　あ	62~83
4	연인	恋人 こいびと	84~126
5	다양한 관계	いろいろな関係 かんけい	127~155

Section 1
육친 (혈육관계)

肉親 (にくしん)

| 1 | **身内**(みうち)
몡 일가친척 / 집안사람 | 身内に医者がいると、何かと安心だ。
집안사람에 의사가 있으면 왠지 안심된다. |

➕ 親類(しんるい) 친척・親戚(しんせき) 친척

| 2 | **肉親**(にくしん)
몡 육친 (혈족 관계) | 父が他界し、肉親は兄だけになった。
아버님은 타계하시고 육친은 형만 남았다. |

| 3 | **配偶者**(はいぐうしゃ)
몡 배우자 | 配偶者の有無をこちらに書いてください。
배우자의 유무를 여기에 적어 주세요. |

➕ パートナー 파트너

| 4 | **家系**(かけい)
몡 가계 (혈연관계) | 自分のルーツを知るために、家系図を作った。
자신의 뿌리를 알기 위해 가계도(족보)를 만들었다. |

➕ 家系図(かけいず) 가계도 / 족보・血縁(けつえん) 혈연

| 5 | **おふくろ**
몡 어머니 | A「今の電話、誰から?」
B「おふくろ。」
A "지금 전화, 누구한테서?"
B "어머니." |

➕ おふくろの味(あじ) 어머니의 맛

👉 남자가 자기 "어머니"를 부를 때 사용하는 친근감 있는 표현

| 6 | **おやじ**
몡 아버지 | 息子「おやじ、まだ帰ってないの?」
母　「今日も飲んでるんじゃない?」
아들 "아버지 아직 안 돌아오셨나?"
어머니 "오늘도 마시고 계시겠지?" |

👉 남자가 자기 "아버지"를 부를 때 사용하는 친근감 있는 표현

Chapter 1

7	よこす	週に一度は母親が電話を<u>よこす</u>。
동	전하다 / 보내(오)다 / 넘겨주다	일주일에 한 번 어머니가 전화를 걸어온다.

8	女房(にょうぼう)	A「今日、一杯どう？」 B「<u>女房</u>がうるさいから、帰るよ。」
명	아내 / 마누라	A " 오늘 한잔 어때？ " B " 마누라가 시끄러우니까 돌아갈게. "

👍 " 아내 " 의 친근감 있는 표현　　　　　　　　　　　　　➕ 家内(かない) 안사람

9	亭主(ていしゅ)	A「ご主人、単身赴任なの？」 B「<u>亭主</u>は元気で留守がいいって言うじゃない。」
명	남편 / 바깥주인	A " 바깥분은 단신 부임이야？ " B " 남편은 건강하고 부재중이 좋다고 말하잖아. "

➕ 亭主関白(ていしゅかんぱく) 집안에서만 위세를 부리는 남편 ・ 旦那(だんな) 남편

👍 " 남편 " 의 친근감 있는 표현

10	温(ぬく)もり	結婚したら、<u>温もり</u>のある家庭を作りたい。
명	따스한 온기	결혼하면 따뜻한 가정을 만들고 싶다.

➕ 温(あたた)かみ 훈훈한 정

11	授(さず)かる	姉夫婦が女の子を<u>授かった</u>。
동	점지받다	언니 / 누나 부부가 여자아이를 점지받았다.

➕ (〜を) 授(さず)ける (〜을) 부여하다

12	名付(なづ)ける	日本では昔、長男を太郎と<u>名付ける</u>ことが多かった。
동	명명하다 / 이름을 붙이다	일본에서는 옛날에 장남을 타로라고 이름을 붙이는 경우가 많았다.

➕ 名付(なづ)け親(おや) 대부 (아이에게 이름을 지어준 사람) ・ 命名(めいめい)〈する〉 명명 < 하다 >

13	すやすや	赤(あか)ちゃんが<u>すやすや</u>眠(ねむ)っている。
부	새근새근	아기가 새근새근 자고 있다.

👍 아기와 어린이에 자주 사용된다.

Section 1

14 しぐさ
名 몸짓 / 태도 / 표정

娘のしぐさは、私によく似ているらしい。
딸의 표정은 나를 닮은 것 같다.

15 愛しい
イ形 사랑스러운

子どもが寝ている姿が、愛しくてたまらない。
아이가 자고 있는 모습이 사랑스러워서 견딜 수 없다.

16 懐く
動 따르다 / 친해지다

末っ子は父親になかなか懐かない。
막내는 아버지를 좀처럼 따르지 않는다.

17 ねだる
動 조르다 / 보채다

妹は父に、よくおもちゃをねだっている。
여동생은 아버지에게 자주 장난감을 사달라고 졸랐다.

➕ せがむ 달라고 조르다・おねだり〈する〉 조름 / 보챔을 〈하다〉

18 すねる
動 토라지다

妹は自分の我がままが通らないと、すぐすねる。
여동생은 제멋대로가 통하지 않으면 곧 토라진다.

19 指図〈する〉
名 지시〈하다〉

幼い頃から私は兄に指図されるのが嫌だった。
어려서부터 나는 형 / 오빠에게 지시받는 것이 싫었다.

➕ 指示〈する〉 지시〈하다〉・命令〈する〉 명령〈하다〉

20 横取り〈する〉
名 가로챔〈하다〉

子どもの頃、兄にいつもおもちゃを横取りされた。
어릴 때 형 / 오빠는 항상 내 장난감을 가로챘다.

21 反発〈する〉
名 반발〈하다〉

いつも兄に反発して、けんかになってしまう。
항상 형 / 오빠에게 반발해서 싸움이 되어 버린다.

➕ 反抗〈する〉 반항〈하다〉

22 家出〈する〉
名 가출〈하다〉

両親がうるさくて、何回か家出したことがある。
부모가 시끄러워서 여러 번 가출한 적이 있다.

➕ プチ家出〈する〉 짧은 기간 가출〈하다〉

23 □	ぎくしゃく〈する〉	ささいなことが理由で、兄弟の関係がぎくしゃくした。
부	원만하지 않다 / 어색하다	사소한 이유로 형제 관계가 원만하지 않았다.
24 □	言い返す	父親の忠告に言い返して叱られた。
동	(말) 대꾸하다	아버지의 충고에 말대꾸해서 꾸중을 들었다.
25 □	言い張る	姉はいつも自分が正しいと言い張る。
동	우기다 / 주장하다	언니 / 누나는 항상 자신이 옳다고 우긴다.
26 □	門限	大学生になっても門限は 10 時だ。
명	(규정된) 귀가 시간	대학생이 되어서도 귀가 시간은 10 시이다.
27 □	さんざん〈な〉	門限を破って、父にさんざん説教された。(副)
ナ형 부	심하게 / 실컷	귀가 시간을 어겨서 아버지한테 심하게 설교를 들었다.
28 □	省みる	父に叱られて、自分の行動を省みた。
동	돌이켜보다 / 반성하다	아버지에게 꾸중을 듣고 자신의 행동을 반성했다.

➕ 反省〈する〉 반성〈하다〉

29 □	さも	姉は知らないことも、さも知っているかのように話す。
부	자못	언니 / 누나는 모르는 것도 자못 아는 것처럼 말한다.

➕ いかにも 그야말로

30 □	やまやまな	仕事を続けたいのはやまやまだが、育児中は難しい。
ナ형	(하고 싶은 마음은) 태산같다	일을 계속하고 싶은 마음은 태산같지만 육아 중이라 어렵다.
31 □	再婚〈する〉	いい縁があって再婚することになった。
명	재혼〈하다〉	좋은 인연이 닿아 재혼하게 되었다.

➕ バツイチ 이혼 경력 한 번

Section 1

32	健在な (けんざい) **ナ形** 건재한	父と母の、どちらの両親も健在だ。 아버지와 어머니의 양쪽 부모님 모두 건재하다.
33	いたわる **동** 돌보다 / 친절히 대하다	息子は祖父母をいたわる、とてもやさしい子だ。 아들은 조부모를 돌보는 매우 마음 착한 아이다.
34	他界〈する〉 (たかい) **명** 타계〈하다〉	先月、祖父が100歳で他界した。 지난달 할아버지가 100세의 나이로 타계했다.
35	受け継ぐ (うつ) **동** 물려받다	数年後には父の事業を受け継ぐつもりだ。 몇 년 후에는 아버지의 사업을 물려받을 생각이다.

➕ 継ぐ 잇다・継承〈する〉 계승〈하다〉

36	遺産 (いさん) **명** 유산	①父の遺産について家族会議を開いた。 ②いつか海外の世界遺産を巡りたい。 ① 아버지의 유산에 대해 가족회의를 열었다. ② 언젠가 해외의 세계유산을 둘러보고 싶다.

➕ ①遺産相続〈する〉 유산상속〈하다〉・形見 유품・
②世界遺産 세계유산

👍 ① 죽은 사람이 남긴 유언이나 귀중품 ② 과거의 사람들이 남긴 것

Section 2
친구
友人 (ゆうじん)

37 관	かけがえのない 둘도 없다	彼は私にとってかけがえのない存在だ。 그는 나에게 둘도 없는 존재이다.
38 관	気が置けない 허물없다 / 무간하다 / 스스럽지 않다	気が置けない仲間と過ごす時間が一番だ。 허물없는 동료와 함께 보내는 시간이 제일이다.

➕ 気安い 거리낌 없다

39 명	気心 본래의 성격 / 속마음	彼女とは気心が知れた仲だ。 그녀하고는 속마음을 속속들이 아는 사이다.
40 동	打ち明ける 털어놓다	親友にだけ悩みを打ち明けた。 친구에게만 고민을 털어놓았다.

➕ 打ち明け話 숨김없이 털어 놓은 이야기

41 동	察する 헤아리다	友人は私の気持ちを察して、何も聞かなかった。 친구는 내 마음을 헤아려 아무것도 묻지 않았다.
42 명	同い年 동갑내기	彼は私と同い年とは思えないくらい若い。 그는 나와 동갑이라고는 생각되지 않을 정도로 젊다.
43 명	連中 동료 / 일당 / 한패	もうあんな連中と付き合うのはやめよう。 다시는 저런 녀석들과 교제하지 말자.

👍 친한 친구들 또는 싫어하는 사람들이나 그룹을 이르는 말.

44 명	呼び捨て (경칭을 안붙이고) 이름을 함부로 부름	あんな人に呼び捨てにされたくない。 저런 사람에게 경칭없이 불리고 싶지 않다.

Section 2

45 身の上(みのうえ)
【名】 신상

お酒を飲みながら、お互いの身の上を話した。
술을 마시면서 서로의 신상을 말했다.

➕ 身の上話(みのうえばなし) 신상 이야기・身の上相談(みのうえそうだん) 신상 상담

46 徹する(てっする)
【動】 철저히 임하다

友達との飲み会では、私は聞き役に徹する。
친구들과의 술자리에서는 나는 철저히 듣기만 한다.

47 踏みにじる(ふみにじる)
【動】 짓밟다

大切な友人の思いを踏みにじってしまった。
소중한 친구의 마음을 짓밟아 버렸다.

➕ ないがしろにする 소홀히 하다

48 気に障る(きにさわる)
【慣】 비위에 거슬리다

あいつは時々、人の気に障ることを言う。
저 녀석은 때때로 사람의 비위에 거슬리는 말을 한다.

➕ 気分(きぶん)を害(がい)する 기분을 상하게 하다

49 きまり(が)悪い(きまりがわるい)
【イ形】 쑥스럽다 / 겸연쩍다 / 부끄럽다

小さなことで腹を立てて、きまり悪い。
작은 일에 화를 내서 쑥스럽다.

50 たかが
【副】 기껏 / 겨우 / 불과

友達からお金を借りたら、たかが100円でも返すべきだ。
친구한테 돈을 빌렸으면 불과 100엔이라도 돌려줘야 한다.

51 かばう
【動】 두둔하다 / 감싸다

親友はどんな時でも私をかばってくれる。
친구는 어떤 때라도 나를 감싸 준다.

52 あえて
【副】 굳이 / 감히 / 억지로

友達だからこそ、あえて厳しい忠告もする。
친구이기에 굳이 따끔한 충고도 한다.

53 頻繁な(ひんぱんな)
【ナ形】 빈번한

大学時代の友人たちと頻繁に集まっている。
대학 시절 친구들과 빈번히 모임을 하고 있다.

54	タイミング	友達を食事に誘ったが、タイミングが悪く断られた。
명	타이밍	친구를 식사에 초대했지만 타이밍이 나빠서 거절당했다.

55	じゃんけん〈する〉	今度の飲み会の幹事を、じゃんけんで決めよう。
명	가위・바위・보〈하다〉	이번 회식 간사를 가위・바위・보로 결정하자.

👉 "グー(바위)" "チョキ(가위)" "パー(보)"로 승부를 결정한다.

56	[お]あいこ	何回じゃんけんしてもあいこで、勝負がつかない。
명	비김 / 피장파장	여러 번 가위・바위・보를 해도 비겨서 승부가 나지 않는다.

➕ 引き分け 무승부

57	つながる	① SNSで、音信不通だった友人とつながるようになった。 ② 友達に電話しているが、なかなかつながらない。
동	연결되다 / 이어지다	① SNS에서 소식불통이었던 친구들과 이어지게 되었다. ② 친구에게 전화걸고 있지만 좀처럼 연결되지 않는다.

➕ つながり 연결

👉 ① 관계가 계속되다 ② 분리된 것이 이어지다

58	やたら[な/と]	彼はお酒を飲むと、やたらとうるさい。(副)
ナ형 부	마구 / 몹시	그는 술을 마시면 몹시 시끄럽다.

59	さぞ	彼女の服は全部ブランド品だ。さぞお金持ちなのだろう。
부	틀림없이 / 아마	그녀의 옷은 모두 명품이다. 틀림없이 부자이겠지.

60	そもそも	また友達とけんかした。そもそも彼の一言が原因だ。
부	처음 / 시작 / 발단	또 친구와 싸웠다. 발단은 그의 말 한마디가 원인이다.

Section 2

61	よもや [～ない]	彼女が恋人になるとはよもや思わなかった。
부	설마 [~ 없다]	그녀가 연인이 될 줄은 설마 생각하지 않았다.

이것도 외우자! ❶

➕ 접사 ① 接辞①

- **副~** : 두 번째의 ~

副作用	부작용
副題	부제
副賞	부상
副産物	부산물
副収入	부수입
副食	부식
副大臣	차관
副社長	부사장
副読本	부독본
副都心	부도심

Section 3
아는 사람

知り合い（しりあい）

62 縁（えん）
명 인연

① 彼女とはバイトが縁で知り合った。
② あんな人とは今すぐにでも縁を切りたい。

① 그녀하고는 아르바이트의 인연으로 알게 되었다.
② 저런 사람하고는 지금이라도 인연을 끊고 싶다.

➕ 縁結び（えんむすび） 결연

👍 ① 관계의 시작 ② 끊을 수 없는 것, 운명

63 一見 〈する〉（いっけん）
명/부 언뜻 보기 < 하다 >

あの人は一見怖そうだが、面白い人だ。(副)

저 사람은 언뜻 보기에는 무서워 보이지만 재미있는 사람이다.

➕ ちょっと見（み） 언뜻 본 느낌

64 恐縮 〈する〉（きょうしゅく）
명 죄송 / 황송 < 하다 >

わざわざお電話をいただき、恐縮です。

일부러 전화를 주셔서 황송합니다.

65 思いやり（おも）
명 배려 / 남을 헤아리는 마음

彼女は誰に対しても思いやりを持って接する。

그녀는 모든 사람에게 배려하는 마음을 가지고 대한다.

66 気配り 〈する〉（きくば）
명 배려 < 하다 >

みんなが彼のことを気配りができる人だと言う。

모두가 그는 배려가 있는 사람이라고 말한다.

➕ 配慮〈する〉（はいりょ） 배려 < 하다 > · 心配り〈する〉（こころくば） 배려 < 하다 >

67 打ち解ける（うと）
동 마음을 터놓다 / 허물없이 어울리다

彼とは初めて会ったが、すぐに打ち解けることができた。

그와 처음 만났지만 곧 허물없이 어울릴 수 있었다.

Section 3

68 好意(こうい)
名 호의
初めて会ったときから、彼に好意を抱いている。
처음 만났을 때부터 그에게 호의를 가지고 있다.
⇔ 悪意(あくい)

69 色気(いろけ)
名 성적 매력
あの人は色気があって、同性から見ても魅力的だ。
저 사람은 성적 매력이 있어 동성의 입장에서 봐도 매력적이다.

70 見栄(みえ)
名 허세
好きな人の前では見栄を張りたがるものだ。
좋아하는 사람 앞에서는 허세를 부리고 싶은 거다.

71 見栄っ張り(みえっぱり)
名 겉치레를 좋아하는 사람 / 허세쟁이
彼があれほど見栄っ張りだとは思わなかった。
그가 그토록 겉치레를 좋아하는 사람이라고는 생각지도 못했다.

72 人違い(ひとちがい)
名 사람을 착각함 / 사람을 잘 못 봄
知り合いだと思って声をかけたら、人違いだった。
아는 사람이라고 생각하고 말을 걸었더니 다른 사람이었다.

73 勘違い(かんちがい) 〈する〉
名 착각 < 하다 >
彼は彼女の優しさを好意と勘違いしているらしい。
그는 그녀의 친절을 호의라고 착각하고 있는 것 같다.

74 根も葉もない(ねもはもない)
관 아무 근거도 없는
彼らが付き合っているなんて、根も葉もないうわさだ。
그들이 교제하고 있다니 아무 근거도 없는 소문이다.

75 初耳(はつみみ)
名 금시초문
あの二人が姉妹とは初耳だ。
그 두 사람이 자매라고 하는 것은 금시초문이다.

76 惑わす(まどわす)
動 현혹시키다 / 헷갈리게 하다
周囲の人たちが、彼女の魅力に惑わされている。
주위 사람들이 그녀의 매력에 현혹되고 있다.

Chapter 1

77 早口 はやくち	彼女は<u>早口</u>で、時々何を言っているか分からない。
명 말이 빠름	그녀는 말이 빨라서 때때로 무슨 말을 하는지 모르겠다.

➕ 早口言葉 틀리지 않고 빠르게 하는 말 (예를 들면 간장 공장 공장장은 ….)
　はやくちことば

78 生やす は	男の人はひげを<u>生やす</u>と、イメージが大きく変わる。
동 (수염을) 기르다	남자는 수염을 기르면 이미지가 크게 달라진다.

79 いじる	あの子はいつも髪の毛を<u>いじっ</u>ている。
동 만지작거리다 / 주무르다 / 손장난 하다	그 아이는 항상 머리를 만지작거리고 있다.

80 揺する ゆ	知人の体を<u>揺する</u>癖が気になってしかたない。
동 흔들다	친구의 몸을 흔드는 버릇에 신경이 쓰여 견딜 수 없다.

➕ 揺らす 흔들리게 하다 / 흔들다
　ゆ

81 心得る こころえ	彼らは大人としてのマナーを<u>心得</u>ている。
동 잘 알다 / 터득하다 / 소양을 지니다	그들은 성인으로서의 매너를 잘 알고 있다.

➕ 心得 마음가짐 / 소양
　こころえ

82 欠く か	礼儀を<u>欠く</u>ような人とは関わりたくない。
동 결여하다	예의가 결여된 사람과 관계를 맺고 싶지 않다.

➕ 常識を欠く 상식이 부족하다・(〜に)欠ける (~에) 부족하다
　じょうしき か　　　　　　　　　　　　　　か

83 おもむろに	彼は<u>おもむろに</u>右手を出して、握手を求めた。
부 천천히 / 서서히	그는 천천히 오른손을 내어 악수를 청했다.

Section 4

연인

恋人（こいびと）

84	異性 (いせい) 명 이성	彼女は異性にも同性にも好かれるタイプだ。 그녀는 이성한테도 동성한테도 사랑받는 타입이다.

↔ 同性 (どうせい)

85	恋する (こい) 동 사랑하다	中学生の妹は恋に恋しているようだ。 중학생인 여동생은 사랑에 빠진 것 같다.

86	一目ぼれ〈する〉(ひとめ) 명 첫눈에 반하다	弟が電車の中で初めて会った人に一目ぼれした。 남동생은 전철에서 처음 만난 사람에게 첫눈에 반했다.

87	片思い (かたおも) 명 짝사랑	片思いのままではつらいので、彼に告白することにした。 짝사랑의 상태로는 괴롭기 때문에 그에게 고백하기로 했다.

➕ 両思い (りょうおも) 서로 사랑하는 사이 · 失恋〈する〉(しつれん) 실연〈하다〉

88	密かな (ひそ) ナ형 은밀한 / 몰래 / 은근히	3年前から彼女のことを密かに思い続けている。 3년 전부터 그녀를 은근히 생각하고 있다.

➕ 密やかな (ひそ) 은밀한 / 몰래 / 은근히

89	引かれる (ひ) 동 마음이 끌리다	兄は彼女の優しさに引かれたそうだ。 형은 그녀의 상냥함에 마음이 끌렸다고 한다.

90	気がある (き) 관 마음이 있다	あの子は僕に気があるようだ。 저 아이는 나에게 마음이 있는 것 같다.

91	まんざら [〜ない] 부 반드시 [〜 아니다]	彼女も彼のことをまんざら嫌いでもないようだ。 그녀도 그가 반드시 싫은 것은 아닌 것 같다.

Chapter 1

92 赤らめる(あか)
동 붉히다

彼女のことを見つめたら、頬を赤らめて微笑んだ。
그녀를 쳐다보니 빰을 붉히며 미소를 지었다.

➕ 赤面〈する〉 부끄러워 얼굴을 붉히다

93 まなざし
명 눈빛 / 시선

彼からの熱いまなざしを感じた。
그에게서 뜨거운 시선을 느꼈다.

➕ 視線 시선

94 直感〈する〉(ちょっかん)
명 직감 < 하다 >

初めて会ったときに、結婚すると直感した。
처음 만났을 때 결혼할 것을 직감했다.

➕ ぴんとくる 직감적으로 느끼다 · 第六感 육감

95 告白〈する〉(こくはく)
명 고백 < 하다 >

好きな気持ちを彼になかなか告白できない。
좋아하는 마음을 그에게 좀처럼 고백할 수 없다.

➕ 愛の告白 사랑의 고백

96 受け止める(う と)
동 받아들이다

①彼女は僕の告白をしっかり受け止めてくれた。
②相手の言葉を深刻に受け止める。
① 그녀는 내 고백을 확실히 받아들여 주었다.
② 상대의 말을 심각하게 받아들인다.

👍 ① 다가오는 무언가를 제대로 받다 ② 확실히 이해하다

97 運命(うんめい)
명 운명

二人の出会いに運命を感じた。
두 사람의 만남에 운명을 느꼈다.

➕ 宿命 숙명

98 一筋(ひとすじ)
명 일편단심 / 한 줄기 / 외길

付き合い始めてから彼女一筋だ。
교제 시작 후 그녀에게만 일편단심이다.

99 育む(はぐく)
동 키우다

遠くに住んでも、二人は愛を育んでいる。
멀리 떨어져 있어도 두 사람은 사랑을 키우고 있다.

Section 4

100 동	**のろける** (자기 아내 / 애인의 이야기를 남에게) 자랑삼아 늘어놓다	親友はいつも恋人のことを<u>のろけて</u>いる。 친구는 항상 연인 얘기를 자랑스럽게 늘어 놓는다.

➕ のろけ (아내 / 애인의) 자랑

101 명	**片時** かたとき 잠시도	彼女のことを<u>片時</u>も忘れられない。 그녀를 잠시도 잊을 수 없다.

➕ 一時も 한시도

102 관	**隅に置けない** すみ お 얕볼 수 없다 / 여간 아니다	恋愛に関しては、弟は<u>隅に置けない</u>タイプだ。 연애에 관해서는 남동생은 얕볼 수 없는 타입이다.

103 동	**張り合う** は あ 겨루다 / 맞서다 / 경쟁하다	弟を巡って、三人の女の子が<u>張り合っ</u>ている。 남동생을 둘러싸고 세 명의 여자 아이가 경쟁하고 있다.

104 ナ형	**有頂天な** うちょうてん 기뻐서 어찌할 줄 모름	弟は可愛い彼女ができて、<u>有頂天</u>になっている。 남동생은 귀여운 여자 친구가 생겨서 기쁨에 어쩔 줄 모르고 있다.

105 명	**[お] 揃い** そろ 세트 / 짝 / 커플	二人で<u>お揃い</u>のリングを買った。 둘이서 커플 링 (반지) 을 샀다.

➕ ペア 쌍

👉 연인이나 부자간의 페어 상품 등을 칭하기도 함

106 동	**冷やかす** ひ 놀리다 / 희롱하다 / 야유하다	彼と一緒のところを同僚に見られ、<u>冷やかされた</u>。 남자 친구와 함께 있는 것을 동료에게 들켜서 놀림을 당했다.

➕ 冷やかし 놀림

107 명 ナ형	もの好き〈な〉	もの好きと言われても、私は彼が大好きだ。(名)
	색다른 것을 좋아[하는]〈하다〉	색다른 것을 좋아한다고 말을 들어도 나는 그를 아주 좋아한다.

108 관	そっぽを向く	彼女は怒って、そっぽを向いた。
	외면하다	그녀는 화가 나서 외면했다.

109 명	束縛〈する〉	結婚しても、彼に束縛されたくない。
	속박〈하다〉	결혼해도 그에게 속박당하고 싶지 않다.

110 명	嫉妬〈する〉	彼は私が他の人と話しているだけで嫉妬する。
	질투〈하다〉	그는 내가 다른 사람과 이야기하고 있는 것만으로도 질투한다.

➕ ジェラシー 질투

111 명	浮気〈する〉	浮気は絶対に許さない。
	바람〈피우다〉	바람기는 절대로 용서하지 않는다.

112 명	発覚〈する〉	浮気が発覚したら、すぐに彼と別れるつもりだ。
	발각〈하다〉	그가 바람피우는 것을 발각하면 즉시 헤어질 생각이다.

113 명	弁解〈する〉	彼女のどんな弁解にも耳を傾けるつもりはない。
	변명〈하다〉	여자 친구가 어떤 변명을 해도 듣지 않을 것이다.

114 명	未練	別れた彼に少しも未練はない。
	미련	헤어진 남자 친구에게 조금도 미련은 없다.

➕ 心残り 아쉬움

115 부	ぽっかり[と]	振られてから心にぽっかり穴が空いたままだ。
	뻥/펑[하게]	연인에게 차여서 마음에 뻥 구멍이 뚫린 상태다.

116 명	前提	姉たちは結婚を前提に付き合っている。
	전제	언니와 그는 결혼을 전제로 사귀고 있다.

Section 4

117 誠意(せいい)
명 성의

彼はいつも素直に誠意を示してくれる。
그는 항상 솔직하게 성의를 보여 준다.

➕ 誠心誠意(せいしんせいい) 성심성의

118 なれそめ
명 친해진 계기

二人のなれそめはボランティア活動だった。
두 사람이 친해진 계기는 자원 봉사 활동이었다.

119 縁談(えんだん)
명 혼담

親戚がいい縁談を持ってきてくれた。
친척이 좋은 혼담을 가져다주었다.

120 ゴールイン〈する〉
명 골인<하다>

長年愛を育み、二人はゴールインした。
오랫동안 사랑을 키워 두 사람은 결혼에 골인했다.

121 日取り(ひどり)
명 택일 / 날짜를 정함

結婚式の日取りを大安の日に決めた。
결혼 날짜를 대안 날로 결정했다.

➕ 日時(にちじ) 일시・大安(たいあん) 여행 / 결혼 / 이사 등 만사에 길한 날・
仏滅(ぶつめつ) 여행 / 결혼 / 이사 등에 좋지 않다고 해서 피하는 날

122 披露(ひろう)〈する〉
명 선보임<하다>/
공개<하다>

彼女の美しい花嫁姿を披露するのが待ち遠しい。
그녀의 아름다운 신부 모습을 선보이는 날이 몹시 기다려진다.

➕ 披露宴(ひろうえん) 피로연

123 厳かな(おごそかな)
ナ형 엄숙한

厳かな雰囲気の中で式が行われた。
엄숙한 분위기 속에서 식이 진행됐다.

124 一同(いちどう)
명 일동

田中さん、ご結婚おめでとうございます。
どうぞお幸せに。社員一同
다나카 씨, 결혼 축하합니다.
아무쪼록 행복하시길. 직원 일동

125 潤む(うるむ)
동 물기를 띠다 / 젖다 /
울먹이다

式の間、姉の目がずっと潤んでいた。
식을 올리는 동안 언니 / 누나의 눈이 계속 젖어 있었다.

126 寄り添う
동 함께 하다 / 달라붙다

あの人となら、ずっと寄り添っていけそうだ。

그 사람이라면 계속 함께 할 수 있을 것 같다.

이것도 외우자! ❷

➕ 접사② 接辞②

• 不~ : ~가 아니다

不可侵 불가침

不可解 불가해 / 수수께끼

不可分 불가분

不規則 불규칙

不義理 의리를 어김 / 도리에 어긋남

不均衡 불균형

不謹慎 불근신 (조심스럽지 않고 삼가지 않음)

不経済 불경제 / 비경제적임

不見識 견식이 얕음

不健全 불건전

不合理 불합리

不条理 부조리

不摂生 불섭생 (폭음·폭식·과로 등으로 건강관리를 하지 않음)

不道徳 부도덕

不文律 불문율

不本意 불본의 (본의가 아님)

不名誉 불명예

Section 5
다양한 관계

いろいろな関係 (かんけい)

127	対人関係 たいじんかんけい	社会に出ると、対人関係で苦労することが多い。
名	대인 관계	사회에 나오면 대인 관계로 고생하는 경우가 많다.

128	義理 ぎり	①人との付き合いでは義理を大切にしなければならない。 ②義理の父と母も、とてもいい人だ。
名	의리 / 결혼 관계로 맺어진 인척 관계	① 사람과의 교제에서는 의리를 소중히 해야 한다. ② 장인, 장모 / 시아버지, 시어머니도 매우 좋은 사람이다.

➕ ②義理の兄弟姉妹 인척 관계의 자형 / 매제 / 처남 / 처제 / 시동생

👍 ① 대인 관계에 필요한 것 ② 결혼 등으로 인해 생긴 관계

129	円滑な えんかつ	円滑な人間関係に欠かせないのは、義理と思いやりだ。
ナ形	원활한	원활한 인간 관계에 빼놓을 수 없는 것은 의리와 배려다.

130	踏み込む ふこ	人の生活にあまり踏み込まず、少し距離を保つ。
動	발을 디디다 / 파고들다 / 무단으로 들어가다	남의 생활에 너무 파고들지 않고 조금 거리를 유지한다.

➕ 立ち入る 안으로 들어가다 / 개입하다

131	嫌がらせ〈する〉 いや	隣の部屋の人に嫌がらせをされて困っている。
名	남을 짓궂게 괴롭히는 언동 < 하다 >	옆집 사람으로부터 짓궂은 괴롭힘을 당해 어려움을 겪고 있다.

132	告げ口〈する〉 つ ぐち	会社の同僚が私のミスを上司に告げ口した。
名	고자질 < 하다 >	회사 동료가 내 실수를 상사에게 고자질했다.

➕ 言いつける 명령하다 / 지시하다 / 고자질하다

Chapter 1

133 行き違い (い/ゆ ちが)
① 彼と待ち合わせしたが、行き違いで会えなかった。
② 行き違いがあって、荷物が届かなかった。

명 (서로) 엇갈림 / 착오
① 그와 약속했지만 서로 엇갈려 만나지 못했다.
② 착오가 생겨서 짐이 도착하지 않았다.

➕ ① すれ違い 엇갈림

👉 ① 타이밍이 나빠서 만나지 못하다 ② 연락 등의 실수로 문제가 발생하다

134 敬遠〈する〉 (けいえん)
彼は悪い人ではないが、みんなに敬遠されている。

명 경원 / 외면〈하다〉
그는 나쁜 사람이 아니지만 모두에게 외면당하고 있다.

135 こじれる
話がこじれて、関係の改善は難しい状況だ。

동 꼬이다
이야기가 꼬여 관계 개선이 어려운 상황이다.

136 けなす
一方的に相手をけなしても、何の得にもならない。

동 헐뜯다 / 비방하다
일방적으로 상대를 헐뜯어도 아무런 이득도 되지 않는다.

➕ なじる 힐책하다 / 따지다

137 罵る (ののし)
大統領候補者が選挙演説で相手を罵った。

동 매도하다 / 비난하다 / 욕설을 하다
대통령 후보자가 선거 연설에서 상대를 비난했다.

➕ な罵り合う 서로 매도하다 / 서로 비난하다・罵倒〈する〉 매도〈하다〉

138 陰口 (かげぐち)
苦情は陰口ではなく、本人に言うべきだ。

명 뒤에서 하는 험담
불만은 뒤에서 험담하지 말고 본인에게 말해야 한다.

139 絡む (から)
① トラブルにお金の問題が絡むと、解決が難しい。
② 酔っ払いが通行人に絡んでいる。
③ ネックレスが絡んで、なかなか外れない。

동 관계를 맺다 / 트집 잡다 / 얽히다
① 트러블에 돈 문제가 관련되면 해결이 어렵다.
② 취객이 통행인에게 트집을 잡고 있다.
③ 목걸이가 얽혀서 좀처럼 빠지지 않는다.

👉 ① 다른 것들과 복잡하게 얽혀있다 ② 일방적으로 뭔가를 말하다 ③ 작은 것들이 얽혀있다

Section 5

140 怒り(いか)
명 분노

優しい友人が珍しく怒りを顔に出した。
온순한 친구가 드물게 분노의 감정을 얼굴에 드러냈다.

➕ 怒る 화내다 · 怒り心頭 격노하다 / 노여움이 극도에 이르다

141 震わせる(ふ)
동 떨게 하다 / 떨다

怒りに声を震わせて、相手に言い返した。
분노로 목소리를 떨며 상대에게 말대꾸했다.

= 震わす　➕ (〜が) 震える (〜이) 떨리다

142 人目(ひとめ)
명 다른 사람의 눈길

母はいつも人目を気にしている。
어머니는 언제나 다른 사람의 눈길을 신경 쓰고 있다.

143 意地(いじ)
명 고집 / 성미

① 二人とも意地があって、互いに謝れなかった。
② あの人は意地が悪い。

① 두 사람 모두 고집이 있어 서로 사과하지 않았다.
② 저 사람은 성미가 나쁘다.

👉 ① 강한 신념 ② 근본적인 생각, 심리적 활동

144 なだめる
동 진정시키다 / 달래다 / 구슬리다

彼が感情的になったら、誰もなだめることはできない。
그가 감정적으로 되면 누구도 진정시킬 수 없다.

145 開き直る(ひら なお)
동 갑자기 태도를 바꾸다 / 뻣뻣하게 나오다 / 정색하고 나서다

みんなに行動を非難されると、彼は開き直った。
모두가 행동을 비난하자 그는 정색하고 태도를 바꾸었다.

146 軽べつ〈する〉(けい)
명 경멸<하다>

彼女はみんなから軽べつされている。
그녀는 모두로부터 경멸당하고 있다.

147 割り切る(わ き)
동 (단순하게) 결론짓다 / 마음먹다 / 생각하다

嫌なことでも仕事と割り切ってやるしかない。
싫은 것도 일이라고 생각하고 할 수밖에 없다.

Chapter 1

148 **下心**（したごころ） 名 속마음 / 속셈 / 본심	彼の親切に下心はないと思う。 그의 친절에는 속셈은 없다고 생각한다.
149 **素っ気ない**（そっけない） イ形 무뚝뚝하다 / 쌀쌀하다	あの人は私に素っ気ない。嫌われているらしい。 그 사람은 나에게 쌀쌀하다. 미움 받고 있는 것 같다.
150 **相づちを打つ**（あいづちをうつ） 慣 맞장구를 치다	相づちを打たない会話は違和感がある。 맞장구를 치지 않는 대화는 위화감이 있다.
151 **赤の他人**（あかのたにん） 名 전혀 모르는 사람 / 생소한 사람	彼と私は会ったこともなく、赤の他人だ。 그와 나는 만난 적도 없고 전혀 모르는 사람이다.

➕ 真っ赤なうそ 새빨간 거짓말

👉 "赤"는 누가 봐도 분명히 그러하다는 의미가 있다.

152 **煩わしい**（わずらわしい） イ形 귀찮다 / 번거롭다 / 성가시다	近所付き合いは大切だが煩わしい。 이웃과의 교제는 중요하지만 번거롭다.
153 **構う**（かまう） 動 상관하다 / 개의하다 / 마음 쓰다	他人がどうなっても構わないという人が増えている。 다른 사람이 어떻게 되든 상관없다는 사람이 늘고 있다.

➕ お構いなく 개의치 않고 / 마음 쓰지 마시고 / 상관하지 마시고

154 **きっぱり[と]〈する〉** 副 단호히 / 단호하게 / 딱 잘라	曖昧にせずに、嫌なことはきっぱりと断るべきだ。 애매하게 (대응) 하지 말고 싫은 것은 단호히 거절해야 한다.
155 **くれぐれも** 副 부디 / 아무쪼록 / 제발	今後とも、くれぐれもよろしくお願いします。 앞으로도 아무쪼록 잘 부탁드립니다.

일본유학, JLPT·EJU대책, 진학·취업지원
일본어교사양성, 기업연수, 취업소개, 교재출판

세계로의 다리, 질 높은 일본어교육
ARC アークアカデミー

ARC 그룹 1986년 창립

아크아카데미 신주쿠교 ARC도쿄일본어학교
ARC오사카일본어학교 ARC교토일본어학교
www.arc-k.co.kr (한국어)

한국연락사무소

HED 주식회사 해외교육사업단

서울특별시 서초구 강남대로 381, 두산 709호

전화 : 02-552-1010 / 팩스: 02-552-1062

홈페이지: www.hed.co.kr

N1
Chapter
2
생활

暮らし
く

		단어 No.
1 돈	お金 かね	156~184
2 쇼핑	買い物 か もの	185~209
3 식사	食事 しょくじ	210~231
4 일과	日課 にっか	232~253
5 시간을 나타내는 말	時を表す言葉 とき あらわ ことば	254~273

Section 1

돈

お金（かね）

156	家計 (かけい) 명 가계	今月も我が家の家計は赤字だ。困ったものだ。 이번 달도 우리 집의 가계는 적자이다. 곤란한 일이다.

➕ 家計簿(かけいぼ) 가계부・生計(せいけい) 생계

157	差し引く (さしひく) 동 공제하다 / 빼다	給料は税金などを差し引いて振り込まれる。 급료는 세금 등을 공제하고 입금된다.

➕ 差し引き(さひ) 공제

158	手取り (てどり) 명 실수령액 (실제로 받는 금액)	一人暮らしなので、手取りで20万円は欲しい。 혼자 살기 때문에 실수령액으로 20만 엔은 필요하다.

➕ 実入り(みいり) 수액 / 수익

159	倹約〈する〉(けんやく) 명 검약 / 절약 < 하다 >	今の生活で倹約できるのは外食代くらいだ。 지금의 생활에서 절약할 수 있는 것은 외식비 정도이다.

➕ 節約〈する〉(せつやく) 절약 < 하다 >

160	出費 (しゅっぴ) 명 지출 / 출비	今月は友人の結婚式など出費が多い。 이번 달은 친구의 결혼식 등 지출이 많다.

161	かさむ 동 많아지다 / 불어나다	しばらく出費がかさむ。もっと節約しないと。 당분간 지출이 많아진다. 더 절약하지 않으면 안 된다.

162	内訳 (うちわけ) 명 내역 / 명세	毎月、給料の内訳をしっかりチェックする。 매달 월급 내역을 꼼꼼하게 체크한다.

➕ 明細(めいさい) 명세

Chapter 2

163 共働き〈する〉 / ともばたら
명 맞벌이 < 하다 >

しばらく共働きしないと、生活が苦しい。

한 동안 맞벌이하지 않으면 생활이 힘들다.

= 共稼ぎ〈する〉ともかせ

164 やり繰り〈する〉 / く
명 꾸려 나감 / 변통 < 하다 >

生活費のやり繰りは大変だが、工夫するのは楽しい。

생활비 꾸려 나가기는 힘들지만 궁리하는 것은 즐겁다.

165 すずめの涙 / なみだ
관 극히 적은 것의 비유 (새 발의 피 / 쥐꼬리만 한 월급)

ボーナスが出たが、すずめの涙だった。

보너스가 나왔지만 쥐꼬리만 했다.

166 ギャラ
명 개런티 / 출연료 / 대금 / 일의 대가

アルバイトのギャラが少しだけ入った。

아르바이트의 급여가 약간 들어왔다.

➕ 報酬 보수 ほうしゅう

167 極力 / きょくりょく
부 극력한 / 최대한

節約のため、極力自炊をするようにしている。

절약하기 위해 최대한 직접 요리해서 먹으려고 하고 있다.

➕ できる限り 가능한 한 かぎ

168 セレブ
명 부유층 / 유명인

たまにはセレブのように贅沢したい。

가끔은 부유층처럼 사치하고 싶다.

👍 "셀레브리티"의 생략된 표현 / "セレブレティ"

169 ゆとり
명 여유

お金がなくても、心にゆとりを持ちたい。

돈이 없어도 마음에 여유를 갖고 싶다.

➕ 余裕 여유 よゆう

Section 1

170 丸々[と]〈する〉
まるまる

① ボーナスは<u>丸々</u>貯金する。
② <u>丸々</u>とした元気な赤ちゃんが生まれた。

부 완전히 / 전부 / 통통하게 살찐 모양

① 보너스는 전부 저축한다.
② 통통하게 살찐 건강한 아기가 태어났다.

👉 ① 모든, 전부 ② 비만

171 手元
てもと

給料は貯金しているので、<u>手元</u>には少ししか残らない。

명 수중

월급은 저축하고 있기 때문에 수중에 조금밖에 남지 않는다.

172 懐
ふところ

給料が入っても、すぐに<u>懐</u>が寂しくなる。

명 품 / 주머니 (속에 가지고 있는 돈)

월급이 들어와도 금방 주머니가 빈다.

➕ 懐具合 주머니 사정

173 利子
りし

銀行に貯金していても、<u>利子</u>は期待できない。

명 이자

은행에 저금해도 이자는 기대할 수 없다.

➕ 利息 이자

174 桁
けた

部長と私ではボーナスの<u>桁</u>が違う。

명 (숫자의) 자릿수

부장님과 나는 보너스 자릿수가 다르다.

175 割合
わりあい

最近では貯金がゼロの人の<u>割合</u>が予想以上に多いそうだ。

명 비율

최근에는 저축이 제로인 사람의 비율이 예상보다 많다고 한다.

176 きっかり

父のおこづかいは毎月3万円<u>きっかり</u>だ。

부 딱 / 정확하게

아버지의 용돈은 매월 딱 3만 엔이다.

➕ きっちり 딱 / 빈틈없이 / 꼭

Chapter 2

177	株 かぶ	初めて株を買ってみたが、やはり損をした。
명	주식	처음 주식을 사 봤지만 역시 손해를 봤다.

➕ 株価 주가

178	何でもかんでも なん	何でもかんでも買えるようなお金持ちになりたい。
부	무엇이든지	뭐든지 살 수 있는 부자가 되고 싶다.

179	何だかんだ［と］ なん	年末は何だかんだと買う物が多い。
부	이러니 저러니 [해서]	연말은 이러니 저러니해서 살 물건이 많다.

180	人並み〈な〉 ひと な	贅沢はできなくても、人並みに暮らせたら幸せだ。 (ナ形)
명 ナ형	남들만큼 [한]〈하다〉	사치는 못 하더라도 남들만큼 살 수 있으면 행복이다.

➕ 十人並み (용모나 재능이) 보통임 / 평범함

181	老後 ろうご	若い頃から老後の生活のことを考えておく。
명	노후	젊은 시절부터 노후 생활을 생각해 둔다.

182	尽きる つ	貯金が尽きないようにやり繰りする。
동	다 쓰다	저금을 다 쓰지 않도록 수지 균형을 맞춘다.

183	滞納〈する〉 たいのう	税金を滞納して、区役所から通知が来た。
명	체납 < 하다 >	세금을 체납하여 구청에서 통지가 왔다.

➕ 未納 미납

184	首が回らない くび まわ	このままでは借金で首が回らなくなりそうだ。
관	옴짝달싹 못하다 / 목을 돌리지 못하다	이대로는 빚으로 옴짝달싹 못하게 될 것 같다.

Section 2

쇼핑

買い物（かいもの）

185 買い込む 動
사들이다
台風に備えて食料を買い込んだ。
태풍에 대비해 식료품을 사들였다.

186 先着〈する〉 명
선착<하다>
先着100名の方に限り、卵1パック100円！
선착순 100명에 한해서 계란 1팩 100엔!

➕ 先着順 선착순

187 キャンペーン 명
캠페인
ただ今、人気ブランド割引キャンペーン実施中！
지금 인기 명품 할인 캠페인 실시 중!

188 一律〈な〉 명 ナ형
일률<적>
この店の家電の下取り料金は一律五千円だ。(名)
이 가게의 가전제품 보상교환매매 요금은 일률 오천 엔이다.

➕ 一律料金 일률 요금・均一な 균일한

189 値打ち 명
가치
この絵は値打ちのある物らしい。
이 그림은 가치가 있는 작품인 것 같다.

➕ 価値 가치

190 値する 동
값어치가 있다 /
상당하다 / 가치가 있다
このバッグは高額な値段に値する。
이 가방은 비싼 가격의 값어치가 있다.

191 良心的な ナ형
양심적인
あの店は、高級品が良心的な値段で買える。
저 가게는 고급품을 양심적인 가격으로 살 수 있다.

192 正味 명
알맹이 / 정미
(순수한 내용물)
このお菓子は箱が大きいが、正味200グラムだ。
이 과자는 상자가 크지만 내용물은 200그램이다.

Chapter 2

193 国産(こくさん)
名 국산

国産かどうかに関わらず、良質な物が欲しい。
국산 여부에 관계없이 양질의 물건을 원한다.

➕ 国産車 국산차・輸入品 수입품

194 在庫(ざいこ)
名 재고

メーカーに問い合わせてもらったが、在庫がなかった。
제조업체에 문의했지만 재고가 없었다.

➕ 在庫切れ 품절

195 有効〈な〉〈する〉(ゆうこう)
名 ナ形 유효[한]〈하다〉

このカードは有効期限が切れている。(名)
이 카드는 유효기간이 지났다.

↔ 無効〈な〉

196 名義(めいぎ)
名 명의

この銀行口座は妻の名義になっている。
이 은행계좌는 아내의 명의로 되어 있다.

197 一括〈する〉(いっかつ)
名 일괄〈하다〉

A「お支払いは一括でよろしいですか。」
B「分割でお願いします。」
A "결제는 일시불로 하시겠습니까?"
B "분할로 부탁합니다."

↔ 分割〈する〉

198 換算〈する〉(かんさん)
名 환산〈하다〉

海外では、ドルを円に換算して買い物をする。
해외에서 달러를 엔화로 환산하여 쇼핑을 한다.

199 ピンからキリまで
慣 최상급부터 최하급까지

ダイヤモンドにも、値段はピンからキリまである。
다이아몬드도 가격은 최상급부터 최하급까지 있다.

＝ ピンキリ

200 切りがない(き)
慣 끝이 없다

欲しいものを全部買っていたら切りがない。
원하는 것을 모두 사다가는 끝이 없다.

Section 2

201 切りがいい
(관) 끝맺기에 알맞다 / 끝자리 숫자를 버리는 계산 방식

八百屋でいろいろ買ったら、切りがいい値段にしてくれた。
야채 가게에서 여러 가지를 샀더니 끝자리는 할인해 주었다.

202 手近〈な〉
(명)(ナ형) 가까이 있는 / 가까운

今日は買い物に行けないので、手近な物で料理した。(ナ形)
오늘은 쇼핑하러 갈 수 없기 때문에 가까이 있는 재료로 요리했다.

203 細やかな
(ナ형) 섬세한 / 세심한

あの店は細やかなサービスで評判がいい。
저 가게는 세심한 서비스로 평판이 좋다.

204 緩む
(동) 느슨해지다 / 헐렁해지다

ボーナスをもらうと、つい財布のひもが緩む。
보너스를 받으면 결국 지갑을 열게 된다.

➕ (~を) 緩める (~을) 느슨하게 하다

205 すかさず
(부) 재빠르게

商品が並ぶやいなや、すかさずかごに入れた。
상품이 진열되자마자 재빠르게 바구니에 담았다.

206 仕入れる
(동) 사들이다 / 입하하다

その商品は今は売り切れだが、明日仕入れるそうだ。
그 제품은 지금은 품절이지만 내일 입하한다고 한다.

➕ 仕入れ 매입

207 不良品
(명) 불량품

不良品は、すぐにお取り替えします。
불량품은 즉시 교환해 드립니다.

208 下取り〈する〉
(명) 보상 교환 판매 〈하다〉

洗濯機を買った店で、古い洗濯機を下取りしてもらう。
세탁기를 구입한 가게에서 헌 세탁기를 보상교환 판매해 주었다.

Chapter 2

209 アフターサービス | あの店は商品のアフターサービスも万全だ。
　　　　　　　　　　　　　　　　みせ　しょうひん　　　　　　　　　　　　　　ばんぜん
명 애프터 서비스 | 저 가게는 상품의 애프터 서비스도 만전이다.

➕ アフターケア 애프터 케어

Section 3

식사

食事（しょくじ）

| 210 | 味覚（みかく）
명 미각 | 季節の味覚を楽しむ。
계절의 미각을 즐긴다. |

| 211 | 甘口（あまくち）〈な〉
명 / ナ형 달콤[한]〈하다〉 | ワインはどちらかと言えば甘口の方が好きだ。(名)
와인은 어느 쪽인가 말하자면 달콤한 맛을 선호한다. |

| 212 | 辛口（からくち）〈な〉
명 / ナ형 단맛이 적고 담백 / 드라이 / 신랄[한]〈하다〉 | ①今日の料理には辛口の酒の方が合う。(名)
②あの人のコメントはいつも辛口だ。(ナ形)
① 오늘의 요리는 드라이한 맛의 술이 더 적합하다.
② 그 사람의 코멘트는 항상 신랄하다. |

👉 ① 달지 않은 요리 ② (평가나 발언 등이) 신랄한 것

| 213 | 辛党（からとう）
명 주당 / 애주가 | 父は辛党で、甘い物を一切食べない。
아버지는 애주가라서 단것을 전혀 먹지 않는다. |

↔ 甘党（あまとう）

👉 최근에는 매운 음식을 좋아하는 사람을 가리킬 때도 사용된다.

| 214 | 食わず嫌い（くわずぎらい）〈な〉
명 / ナ형 먹어 보지도 않고 싫어하다 | 食わず嫌いはよくない。一度食べてみよう。(名)
먹어 보지도 않고 싫어하는 것은 좋지 않다. 한번 먹어 보자. |

= 食べず嫌い（たべずぎらい）〈な〉

| 215 | たしなむ
동 즐기다 / 애호하다 / 소양을 쌓다 | ①お酒は特に好きではなく、たしなむ程度だ。
②以前、茶道を少したしなんだ。
① 술은 특별히 좋아하는 것은 아니라 즐기는 정도다.
② 이전, 다도에 관해 조금 소양을 쌓았다. |

➕ たしなみ 기호 / 취미 / 예능 등에 관한 소양

👉 ① 알코올과 담배를 조금 즐긴다 ② 다도나 꽃꽂이를 조금 할 줄 안다

Chapter 2

216 すくう
동 뜨다 / 퍼내다 / 건져내다

スープの具が大きくて、ちょっとすくいにくい。

수프의 건더기가 커서 조금 뜨기 어렵다.

217 すする
동 후루룩 먹다

そばはすすって食べなければ、おいしくない。

소바 (메밀국수) 는 후루룩거리며 먹지 않으면 맛있지 않다.

218 つつく
동 (가볍게) 쿡쿡 찌르다 / 쪼아먹다 /(흠을 들어) 비난하다

① 箸で食べ物をつつくのはやめなさい。
② 人の欠点をつついてはいけない。

① 젓가락으로 음식을 쿡쿡 찔러 먹는 것은 그만두십시오.
② 사람의 결점을 들어 비난하는 것은 좋지 않다.

👉 ① 손가락이나 젓가락으로 가볍게 찌르다 ② 의도적으로 타인의 결점을 말한다

219 かみきる
동 물어 끊다

肉が固くて、なかなかかみきれない。

고기가 질겨서 좀처럼 물어 끊을 수 없다.

220 飲み込む
동 삼키다 / 이해하다

① 肉は嫌いなので、かまずに飲み込んだ。
② 妹は料理のコツを飲み込むのが早かった。

① 고기는 싫어서 씹지 않고 삼켰다.
② 여동생은 요리의 요령을 이해하는 것이 빨랐다.

➕ 飲み込み 삼키기 / 이해하기

👉 ① 삼켜 배 속에 넣다 ② 이해하다

221 ごくごく [と]
부 꿀꺽꿀꺽 / 벌컥벌컥

彼はビールを水のようにごくごく飲む。

그는 맥주를 물처럼 벌컥벌컥 마신다.

➕ がぶがぶ[と] 꿀꺽꿀꺽 / 벌컥벌컥

222 残らず
부 남김없이

妹はお菓子を一つ残らず食べてしまった。

여동생은 과자를 하나도 남김없이 먹어 버렸다.

➕ 一人残らず 한 사람도 빠짐없이

Section 3

223 とりわけ
부 특히

魚より肉、とりわけ牛肉が好きだ。
생선보다 고기, 특히 쇠고기를 좋아한다.

224 ひたすら
부 오로지 / 한결같이 / 한마음으로

父は食事中、一言もしゃべらずひたすら食べる。
아버지는 식사 중 한마디도 말하지 않고 오로지 식사를 하신다.

225 しなびる
동 시들다 / 쭈그러지다

サラダの野菜が少ししなびている。
샐러드의 야채가 조금 시들었다.

226 粘る
동 차져서 잘 달라붙다 / 끈적거리다 / 버티다

① この納豆はよく粘る。
② 最後まで粘れば、きっといい結果になる。

① 이 낫토는 아주 많이 끈적거린다.
② 끝까지 버티면 반드시 좋은 결과가 된다.

➕ 粘り 끈적끈적함 / 끈기

👉 ① 잡아 당기는 등 늘여도 쉽게 잘리지 않는다 ② 쉽게 포기하지 않고 계속 노력한다

227 膨れる
동 부풀다 / 불룩해지다 / 뽀로통해지다

① 今日は食べ過ぎて、お腹が膨れた。
② 彼女は気に入らないことがあると、すぐに膨れる。

① 오늘은 과식하여 배가 불룩해졌다.
② 그녀는 마음에 들지 않는 것이 있으면 바로 뽀로통해진다.

➕ ②むくれる (껍질이) 벗겨지다 / 시무룩하다

👉 ① 안쪽에서 바깥쪽으로 커지다 ② 화가 나서 불만스러운 표정을 하다

228 偏る
동 기울다 / 치우치다 / 불공평하다

最近、栄養が偏っているので、気をつけないと。
최근 영양이 편중되어 있기 때문에 조심하지 않으면 안 된다.

➕ 偏り 편향 · 偏食〈する〉 편식〈하다〉

229 添える
동 더하다 / 곁들이다

ハンバーグに添えてあるにんじんが好きだ。
햄버그스테이크에 곁들어 있는 당근을 좋아한다.

Chapter 2

230	まちまちな	忙しいので、食事の時間はまちまちだ。
ナ形	각기 다른 / 제각각인	바쁘기 때문에 식사 시간은 제각각이다.

231	三昧（ざんまい）	今日の食事は秋の味覚三昧だ。
名	삼매(경)	오늘의 식사는 가을의 미각을 즐길 수 있는 식사다.

➕ 読書三昧 독서 삼매경 ・ 贅沢三昧 사치에 빠짐

👉 "~三昧"의 형태로 사용된다

이것도 외우자! ❸

➕ 접사③　接辞③

- **激~** : 대단히

激辛〈な〉	매우 매운
激痛	격통
激務	격무
激安〈な〉	초저가〈인〉
激戦	격전
激増〈する〉	급증〈하다〉
激減〈する〉	격감〈하다〉
激変〈する〉	격변〈하다〉
激怒〈する〉	격노〈하다〉
激論〈する〉	격론〈하다〉

Section 4
일과
日課(にっか)

232 心掛ける
こころが
동 유의하다

健康のため、早寝早起きを心掛けている。
건강을 위해 일찍 자고 일어나는 데 유의하고 있다.

➕ 留意〈する〉 유의〈하다〉・心掛け 유의

233 めくる
동 넘기다 / 벗기다 / 떼다

朝起きると、すぐにカレンダーをめくる。
아침에 일어나면 곧 달력을 넘긴다.

➕ 日めくり 일력 (하루에 한 장씩 떼는 달력)

234 目覚める
めざ
동 눈을 뜨다 / 깨어나다 / 일어나다 / 각성하다

①平日も休日も6時には目覚める。
②最近、政治に目覚めた。
① 평일도 휴일도 6시에는 일어난다.
② 최근 정치에 눈을 떴다.

👉 ① 잠에서 깨어나다 ② 지금까지는 느낀 적이 없는 가치를 알아채다

235 ストレッチ
명 스트레칭

ベッドでストレッチをして、すっきり目覚める。
침대에서 스트레칭을 하고 상쾌하게 일어난다.

➕ ストレッチ体操 스트레칭 체조

236 剝ぐ
は
동 벗기다

毎朝、子どもの布団を剝いで起こす。
매일 아침 아이들의 이불을 벗겨 깨운다.

237 愛犬
あいけん
명 애견(집에서 키우는 개)

朝食前に愛犬と散歩に出かける。
아침 식사 전에 애견과 산책하러 나간다.

➕ 愛猫 집에서 키우는 고양이・愛犬家 애견가

238 しっぽ
명 꼬리

愛犬がしっぽを振って付いてくる。
애견이 꼬리를 흔들며 따라온다.

= 尾

Chapter 2

239 名	長続き〈する〉 ながつづ 오래감 < 하다 >	ダイエットを始めても、なかなか長続きしない。 다이어트를 시작해도 좀처럼 오래가지 못한다.
240 명	三日坊主 みっかぼうず 작심삼일	自分の三日坊主の性格を何とかしたい。 자신의 작심삼일의 성격을 어떻게든 하고 싶다.
241 명	持続〈する〉 じぞく 지속 < 하다 >	この薬は毎日飲まなければ効果が持続しない。 이 약은 매일 먹지 않으면 효과가 지속되지 않는다.

➕ 継続〈する〉 계속 < 하다 >

242 명	当番 とうばん 당번	今日のお風呂掃除の当番は妹だ。 오늘의 욕실 청소 당번은 여동생이다.
243 동	拝む おが 배례하다 / 경배하다 / 절하다	毎日必ず仏壇に手を合わせて拝んでいる。 매일 반드시 불단에 손을 모아 절하고 있다.

➕ 仏壇 불단 · 神棚 신단

244 명	ゴールデンタイム 골든 타임 (텔레비전 방송 시청률이 좋은 시간대 오후 7 시～ 9 시)	ゴールデンタイムは大好きなドラマを見る。 골든 타임에는 좋아하는 드라마를 본다.
245 동	怠る おこた 게을리하다 / 태만히 하다 / 방심하다 / 소홀히 하다	面倒くさくて、掃除を怠ってしまった。 귀찮아서 청소를 게을리했다.

➕ 怠ける 게으름 피우다

246 동	浸かる つ 잠기다	お風呂では必ずお湯に15分浸かるようにしている。 목욕탕에서는 반드시 온탕에 15 분 몸을 담근다.
247 명	逆立ち〈する〉 さかだ 물구나무 < 서다 >	日に1回逆立ちすると、頭がすっきりする。 하루에 1 회 물구나무서기 하면 머리가 개운하다.

➕ 倒立〈する〉 とうりつ 거꾸로 서기 / 물구나무서기 < 하다 >

Section 4

248 乱れる
動 흐트러지다 / 혼란해지다

一日の生活のリズムが乱れないようにする。
하루의 생활 리듬이 흐트러지지 않도록 한다.

➕ (～を) 乱す (~을) 흩뜨리다 / 어지럽히다

249 ブログ
名 블로그

その日の出来事をブログにアップする。
그날에 생긴 일을 블로그에 올린다.

250 投稿〈する〉
名 투고 < 하다 >

毎日、新聞の投稿欄を読んでいる。
매일 신문의 투고란을 읽고 있다.

➕ 投稿欄 투고란・投書〈する〉 투서 < 하다 >

251 取り立てる
動 징수하다 / 거두다 / 특별히 내세우다

取り立てて言うほどの日課はない。
특별히 내세워 말할 정도의 일과는 없다.

252 身の回り
名 신변 / 일상적인 일

忙しくても、自分の身の回りのことはきちんとやる。
바빠도 자신의 일상적인 일은 제대로 한다.

➕ 身辺 신변

253 実践〈する〉
名 실천 < 하다 >

一度決めたことは、必ず実践するタイプだ。
한번 결정한 것은 반드시 실천하는 타입이다.

➕ 実行〈する〉 실행 < 하다 >

Section 5
시간을 나타내는 말

時を表す言葉（ときをあらわすことば）

254 終日（しゅうじつ）
명 하루 종일 / 종일

昨日は終日出かけていた。
어제는 하루 종일 나가 있었다.

➕ 終日営業 하루 종일 영업

255 四六時中（しろくじちゅう）
부 온종일 / 늘 / 언제나

漫画が大好きで、四六時中読んでいる。
만화를 아주 좋아해서 온종일 보고 있다.

256 日夜（にちや）
부 밤낮

彼は日夜働き、体を壊した。
그는 밤낮으로 일을 해서 몸을 망쳤다.

➕ 昼夜（ちゅうや） 밤낮 · 朝夕（あさゆう） 조석

257 日々（ひび）
명 매일

平凡だが、日々の暮らしを楽しんでいる。
평범하지만 하루하루의 생활을 즐기고 있다.

258 夕闇（ゆうやみ）
명 땅거미

新幹線の窓から外を見ると、都会のビルに夕闇が迫っていた。
신칸센의 창밖을 보니 도시의 빌딩에 땅거미가 다가오고 있었다.

➕ 闇（やみ） 어둠

259 暮れる（くれる）
동 해가 지다 / 저물다

毎日、日が暮れた頃、ジョギングに出かける。
매일 해가 질 무렵 조깅하러 나간다.

260 日没（にちぼつ）
명 일몰

夏が過ぎて、日没の時間が一気に早くなった。
여름이 지나면서 일몰 시각이 단번에 빨라졌다.

➕ 日の入り（ひのいり） 일몰

261 夜分（やぶん）
명 밤중 / 늦저녁

こんな夜分にお邪魔して申し訳ありません。
이런 밤중에 실례해서 죄송합니다.

➕ お邪魔〈する〉 방문 < 하다 >

Section 5

262 夜更け (よふけ)
명 밤늦게
夜更けまで、よくネットでゲームをしている。
밤늦게까지 자주 인터넷에서 게임을 하고 있다.
➕ 夜半(やはん) 야밤중

263 更ける (ふける)
동 깊어지다
夜が更けると、この辺りはとても静かになる。
밤이 깊어지면 이곳은 매우 조용해진다.

264 未明 (みめい)
명 새벽
その事件は今日の未明に起こったようだ。
그 사건은 오늘 새벽에 일어난 것 같다.

265 先頃 (さきごろ)
부 일전에 / 요전에
先頃は大変お世話になりました。
일전에는 매우 신세를 졌습니다.

266 時折 (ときおり)
부 때때로
大学時代の友人が時折訪ねてくる。
대학 시절의 친구가 때때로 찾아온다.

267 矢先 (やさき)
명 마침 그때
寝ようとした矢先、電話が鳴った。
자려고 할 때 마침 전화가 울렸다.
➕ 間際(まぎわ) 직전에

268 長々[と] (ながなが)
부 길게 / 장황하게 / 오랫동안
夜中に友達と長々と電話で話した。
밤중에 친구와 길게 전화로 이야기했다.

269 隔月 (かくげつ)
명 격월
この雑誌は隔月で発売されている。
이 잡지는 격월로 발매되고 있다.
🟰 一月おき(ひとつき)

270 隔週 (かくしゅう)
명 격주
土曜日は隔週で休みだ。
토요일은 격주로 휴무이다.
🟰 一週おき(いっしゅう)

Chapter 2

271 隔日
かくじつ
명 격일

この仕事は隔日勤務だ。
이 일은 격일 근무이다.

= 一日おき

272 きたる
연체 다가오는 / 이번

きたる5月10日に町内のイベントがある。
이번 5월 10일에 동내의 이벤트가 있다.

273 去る
さ
연체 지난

去る3月最後の日曜日にマラソン大会が開かれた。
지난 3월 마지막 일요일에 마라톤 대회가 열렸다.

Section 5

이것도 외우자! ④

➕ 접사④　接辞④

● ～主義 : 특유의 사고방식

民主主義	민주주의
社会主義	사회주의
平和主義	평화주의
利己主義	이기주의
個人主義	개인주의
博愛主義	박애주의
放任主義	방임주의
ロマン主義	낭만주의
秘密主義	비밀주의
菜食主義	채식주의

N1
Chapter
3
집에서

家で
いえ

		단어 No.
1 거주	住まい す	274~301
2 가사	家事 かじ	302~324
3 요리	料理 りょうり	325~351
4 휴일	休日 きゅうじつ	352~371
5 이사	引っ越し ひ こ	372~394

Section 1

거주

住まい(すまい)

274	**外観** (がいかん) 명 외관	我が家は<u>外観</u>は古いが、中はけっこうきれいだ。 우리 집은 외관은 낡았지만 안은 매우 깨끗하다.
275	**設計〈する〉** (せっけい) 명 설계 < 하다 >	知り合いの建築士に家の<u>設計</u>を依頼した。 아는 건축사에게 집의 설계를 의뢰했다.

➕ 設計図(せっけいず) 설계도・人生設計(じんせいせっけい) 인생 설계

276	**図案** (ずあん) 명 도안	このじゅうたんの<u>図案</u>は妻が作った。 이 카펫의 도안은 아내가 만들었다.
277	**凝る** (こる) 동 공을 들이다 / 신경을 많이 쓰다	新しい家は、家具にも<u>凝って</u>いる。 새집은 가구에도 신경을 많이 썼다.
278	**凝らす** (こらす) 동 (마음 / 생각을) 집중시키다	工夫を<u>凝らして</u>、空間を広く見せた。 골똘히 궁리해서 공간을 넓게 보이게 했다.
279	**土台** (どだい) 명 토대 / 기초	地震に備えて、<u>土台</u>をしっかり造る。 지진에 대비하여 기초를 단단히 만들다.
280	**きしむ** 동 삐거덕거리다	家が古くなって、床が<u>きしみ</u>始めた。 집이 오래돼서 바닥이 삐거덕거리기 시작했다.
281	**補強〈する〉** (ほきょう) 명 보강 < 하다 >	地震に耐えられるように、壁を<u>補強</u>する。 지진에 견딜 수 있도록 벽을 보강한다.

Chapter 3

282	改装〈する〉 かいそう	うちは古いので、そろそろ改装を考えないといけない。
명	개장 < 하다 > / 새롭게 고침	우리 집은 오래됐기 때문에 슬슬 새롭게 고치지 않으면 안 된다.

➕ 改築〈する〉 개축 < 하다 >

283	据え付ける すつ	キッチンに大きな食器棚を据え付けた。
동	설치하다 / 고정해 놓다	주방에 큰 찬장을 설치했다.

➕ 備え付ける 비치하다

284	構える かま	①知事の家は大きな門を構えている。 ②あの人は何があってものんびり構えている。
동	갖추다 / 준비하다 / 대응하다	① 도지사의 집은 큰 문을 갖추고 있다. ② 그 사람은 무슨 일이 있어도 느긋하게 대응하고 있다.

👉 ① 건물이나 집을 꾸미다 ② 타인의 태도를 언급할 때 사용한다

285	がっちり[と]〈する〉	災害に強いがっちりとした家が欲しい。
부	탄탄 [한] < 하다 >	재해에 강한 탄탄한 집이 있으면 좋겠다.

286	細工〈する〉 さいく	あの家は玄関のガラス細工が人目を引く。
명	세공 < 하다 >	그 집은 현관의 유리 세공이 눈길을 끈다.

287	調和〈する〉 ちょうわ	母が部屋の雰囲気に調和する家具を選んだ。
명	조화 < 하다 >	어머니가 방 분위기에 조화를 이루는 가구를 골랐다.

288	仕切る しき	①必要に応じて、リビングとダイニングが仕切れるようにする。 ②彼は会議を仕切るのが得意だ。
동	칸막이하다 / 나누다 / 일을 맡아서 처리하다	① 필요에 따라 거실과 식당을 칸막이 할 수 있게 한다. ② 그는 회의를 맡아서 처리하는 것을 잘한다.

➕ 仕切り 칸막이

👉 ① 연결된 것을 분리한다 ② 일을 진행하는 데 중심이 되다

Section 1

289 동	**隔てる** へだ 가로막다 / 사이에 두다	廊下を隔てて、トイレとお風呂場がある。 복도를 사이에 두고 화장실과 욕실이 있다.
290 명	**所有〈する〉** しょゆう 소유〈하다〉	この家を所有しているのは有名作家だそうだ。 이 집을 소유하고 있는 사람은 유명한 작가라고 한다.

➕ 所有者 소유자・所有物 소유물

291 명	**豪邸** ごうてい 대저택	近所にセレブの豪邸ができた。 인근에 유명 인사의 대저택이 지어졌다.

➕ 屋敷 고급 주택・邸宅 저택

292 명	**表札** ひょうさつ 문패	最近、防犯のために表札のない家が増えている。 최근 방범을 위해 문패가 없는 집이 늘고 있다.
293 명	**バリアフリー** 배리어프리 (장애인이나 고령자에게도 사용하기 편하게 장벽을 제거하는 일)	祖父母のために家をバリアフリーにしたい。 조부모를 위해 집을 배리어프리로 고치고 싶다.
294 명	**扉** とびら 문	隣の家は玄関の扉が大きく、特徴的だ。 이웃집은 현관문이 커서 특징적이다.
295 명	**戸締まり〈する〉** とじ 문단속〈하다〉	家を出るときも寝る前も、しっかりと戸締まりする。 집을 나올 때도 잠을 자기 전에도 단단히 문단속한다.
296 명	**セキュリティ** 보안	都会ではセキュリティが不可欠だ。 도시에서는 보안이 필수적이다.

＝ 防犯 ➕ セキュリティシステム 보안 시스템・ホームセキュリティ 홈 보안

297 명	**物陰** ものかげ 그늘 (가리어서 보이지 않는 곳)	物陰に誰かがいるような気配がして怖い。 그늘에 누군가가 있는 듯한 기색이 있어 무섭다.

298	近隣 きんりん	近隣の家に騒音で迷惑をかけてしまった。
명	인근 / 이웃	이웃집에 소음으로 폐를 끼쳤다.

➕ 隣近所(となりきんじょ) 이웃

299	余地 よち	この設計図には改善の余地がある。
명	여지	이 설계도에는 개선의 여지가 있다.

300	立ち寄る た よ	この辺りは警察が立ち寄ってくれるから安心だ。
동	들르다	이 주변은 경찰이 들러주기 때문에 안심이다.

301	かれこれ	ここに住んで、かれこれ10年になる。
부	그럭저럭	여기에 산 지 그럭저럭 10년이 된다.

➕ おおよそ 대략

Section 2

가사
家事（かじ）

302 てきぱき[と]〈する〉
부 척척 < 하다 >

午前中にてきぱきと家事をこなす。
오전 중에 척척 집안일을 해낸다.

➕ ぐずぐず[と]〈する〉 우물쭈물 < 하다 >

303 山積み（やまづ）
명 산적 /(일 따위가) 많이 쌓여 있음

毎日やらなければいけないことが山積みだ。
매일 하지 않으면 안되는 일이 산적해 있다.

➕ 山積〈する〉 산적 < 하다 >

304 寄せ集める（よ あつ）
동 그러모으다

落ち葉を掃いて寄せ集めた。
낙엽을 쓸어서 모았다.

305 放り込む（ほう こ）
동 던져 넣다 / 집어넣다

たまった洗濯物を洗濯機に放り込む。
밀린 빨래를 세탁기에 집어넣는다.

306 放り出す（ほう だ）
동 밖으로 내놓다 / 내팽개치다

①不燃ごみをベランダに放り出した。
②疲れて家事を放り出したくなることがある。
① 불연 쓰레기를 베란다에 내놓았다.
② 피곤해서 집안일을 내팽개치고 싶을 때가 있다.

👉 ① 힘껏 내 던지다 ② 포기하다

307 あたふた〈する〉
부 허둥지둥 < 하다 >

突然友達が訪ねてきて、あたふたした。
갑자기 친구가 찾아와서 허둥지둥했다.

308 不意〈な〉（ふい）
명 ナ형 불의의 / 갑작스러운

不意な客で、一日の予定が狂ってしまった。(ナ形)
갑작스런 손님으로 하루 일정이 어긋나버렸다.

➕ 不意打ち 기습（ふいう）

Chapter 3

309 さらう
[동] 파내다 / 긁어내다 / 쳐내다

庭の池のごみをさらって捨てる。

정원 연못의 쓰레기를 긁어내서 버린다.

310 ごしごし [と]
[부] 북북 문지르다 / 쓱쓱 비벼 빨다

お風呂の床をごしごしと磨く。

욕실 바닥을 북북 문질러 닦는다.

311 跳ねる
[동] 튀다 / 뛰다

①天ぷらを揚げていたら、油が跳ねた。
②釣ったばかりの魚が元気に跳ねている。

① 튀김을 튀겼더니 기름이 튀었다.
② 지금 막 잡은 물고기가 힘차게 뛰어오르고 있다.

👍 ① 주위에 튀긴다 ② 도약하다

312 引きずる
[동] 당겨 이동시키다

ソファーを引きずってどかし、掃除した。

소파를 끌어당겨 치운 후 청소를 했다.

313 圧縮〈する〉
[명] 압축 < 하다 >

布団を干し終えたら、圧縮して押し入れに入れる。

이불을 말린 후에는 압축해서 옷장에 넣는다.

➕ 圧縮袋 압축 봉투

314 見当たる
[동] 발견되다 / 눈에 띄다

圧縮袋が見当たらない。どこに置いたのだろう。

압축 봉투가 보이지 않는다. 어디에 두었을까?

315 ぼやく
[동] 투덜대다

妻は育児が大変だとぼやく。

아내는 육아가 힘들다고 투덜댄다.

➕ 愚痴る 푸념하다・こぼす 투덜거리다 / 푸념하다 / 불평하다

316 しぶしぶ
[부] 마지못해

夫がしぶしぶ家事を手伝ってくれる。

남편이 마지못해 집안일을 도와준다.

317 おっくうな
[ナ형] 귀찮다

疲れていて、お湯を沸かすのもおっくうだ。

피곤해서 물을 끓이는 것도 귀찮다.

Section 2

318 フィルター	エアコンの<u>フィルター</u>を掃除しないといけない。
명 필터	에어컨 필터를 청소하지 않으면 안 된다.

319 丹念な (たんねん)	年末には時間をかけて<u>丹念に</u>掃除する。
ナ형 정성껏	연말에는 시간을 들여 정성껏 청소한다.

320 雑な (ざつ)	夫の掃除は<u>雑</u>で困る。
ナ형 (일의 처리가) 거친/잡다한	남편의 청소는 거칠어서 곤란하다.

321 一苦労〈する〉(ひとくろう)	換気扇の掃除は<u>一苦労</u>だ。
명 고생 <하다>/애먹다	환풍기 청소는 상당히 애먹는다.

322 退治〈する〉(たいじ)	家が古いので、虫の<u>退治</u>も欠かせない。
명 퇴치 <하다>	집이 오래됐기 때문에 벌레 퇴치도 빼놓을 수 없다.

323 始末〈する〉(しまつ)	①壊れた洗濯機を<u>始末した</u>。 ②最近忙しくて、うっかり夕食のご飯を炊き忘れる<u>始末</u>だ。
명 시말/일의 처리 <하다>/(나쁜) 결과, 형편	① 망가진 세탁기를 처분했다. ② 요즘 바빠서 깜박 저녁 밥을 짓는 것을 잊어버릴 정도다.
👍 ① 처리 ② 나쁜 결과	

324 びっしょり [と]	暑い日に掃除をしたら、<u>びっしょりと</u>汗をかいた。
부 흠뻑	더운 날에 청소를 했더니 흠뻑 땀을 흘렸다.

Section 3

요리

料理 (りょうり)

325	手順 てじゅん 명 차례 / 순서 / 절차 / 단계	手順よく料理を5品作った。 순서 있게 요리를 5가지 만들었다.

326	香辛料 こうしんりょう 명 향신료	最近は海外の香辛料もよく使っている。 최근에는 해외의 향신료도 자주 사용하고 있다.

➕ スパイス 향신료

327	シール 명 스티커 / 실	調味料に賞味期限を書いたシールを貼っておく。 조미료에 유통기한을 쓴 스티커를 붙여 둔다.

➕ ラベル 라벨

328	吟味〈する〉 ぎんみ 명 음미 < 하다 > / 차근차근 잘 조사하여 고름	材料を吟味した料理は、やはりおいしい。 재료를 잘 골라서 만든 요리는 역시 맛있다.

329	不可欠な ふかけつ ナ형 불가결한 / 필수적인	おいしい料理を作るには、愛情が不可欠だ。 맛있는 요리를 만들려면 애정이 필수적이다.

330	代用〈する〉 だいよう 명 대용 < 하다 >	にんじんがなかったので、かぼちゃを代用した。 당근이 없었기 때문에 호박으로 대용했다.

➕ 代用品 대용품

331	加工〈する〉 かこう 명 가공 < 하다 >	生野菜が手に入らなければ、加工した物でもいい。 생야채가 없으면 가공한 야채라도 좋다.

➕ 加工食品 가공 식품

332	浸す ひたす 동 담그다	切った玉ねぎを水に浸しておく。 썬 양파를 물에 담가둔다.

Section 3

333	むしる	とうもろこしの皮を<u>むしる</u>。
동	벗기다 / 잡아 뽑다	옥수수의 껍질을 벗긴다.

334	しんなり[と]〈する〉	ゆでた野菜が<u>しんなりとした</u>。
부	부드러운 / 씹기 쉬운 / 연한	데친 야채가 연해졌다.

335	ねた	①この寿司屋は<u>ねた</u>がいい。 ②この芸人の<u>ねた</u>はつまらない。
명	소재 / 재료	① 이 생선 초밥 가게는 재료가 좋다. ② 이 연예인의 소재는 재미가 없다.

👉 ① 요리의 내용 ② 대화의 화제 거리

336	練る	①細かく切った野菜とひき肉を混ぜて、よく<u>練る</u>。 ②料理のアイディアを十分に<u>練る</u>。
동	반죽하다 / 생각하다	① 잘게 썬 야채와 다진 고기를 섞어 잘 반죽한다. ② 요리의 아이디어를 충분히 생각한다.

➕ ①こねる 반죽하다 / 억지를 부리다

👉 ① 잘 섞는다 ② 차분히 생각하고 궁리를 하고 창조한다

337	丸める	ひき肉を少しずつ手に取って<u>丸める</u>。
동	둥글게 하다 / 뭉치다	다진 고기를 조금씩 손에 떼어서 둥글게 만든다.

338	丸ごと	じゃがいもを<u>丸ごと</u>ゆでる。
부	통째로	감자를 통째로 삶는다.

339	とろける	チーズが<u>とろける</u>まで熱を加える。
동	녹다	치즈가 녹을 때까지 열을 가한다.

➕ 溶ける 녹다

340	沸騰〈する〉	お湯が<u>沸騰する</u>直前で火を止める。
명	끓다	물이 끓기 직전에 불을 끈다.

Chapter 3

341 かき回す (동) 휘젓다
焦げないように時々静かにかき回す。
타지 않게 가끔 조용히 휘젓는다.

342 腕前 (명) 솜씨
家に友達を呼んで、料理の腕前を披露する。
집에 친구를 불러 요리 솜씨를 선보인다.

➕ 腕 솜씨

343 口ずさむ (동) 읊조리다 / 흥얼거리다
夫は歌を口ずさみながら料理を作る。
남편은 노래를 흥얼거리며 요리를 만든다.

➕ 鼻歌まじり 콧노래를 부르다

344 手際 (명) 솜씨
夫の母親から料理の手際がいいと褒められた。
남편의 어머니로에게 요리 솜씨가 좋다고 칭찬받았다.

345 漂う (동) 감돌다 / 풍기다
キッチンからいいにおいが漂ってきた。
주방에서 좋은 냄새가 풍겨왔다.

346 焦げ臭い (イ형) (음식 등의) 탄 냄새가 나다
キッチンから焦げ臭いにおいがする。
주방에서 타는 냄새가 난다.

347 うんと (부) 많이 / 훨씬
子「お母さん、これ、おいしい!」
母「たくさん作ったから、うんと食べてね。」
아들 "엄마, 이거 맛있어요!"
어머니 "많이 만들었으니 많이 먹어라."

348 濃厚な (ナ형) 짙은 / 농후한
濃厚な味がこの料理の特徴だ。
농후한 맛이 이 요리의 특징이다.

↔ 淡泊な

Section 3

349 つまむ
① 盛り付けの前に、少しつまんで味見をする。
② 変な臭いがして鼻をつまんだ。

동 **집다**
① 그릇에 담기 전에 조금 집어 맛을 본다.
② 이상한 냄새가 나서 코를 집었다.

👍 ① 손가락이나 젓가락으로 먹는다 ② 손가락으로 집는다

350 口が肥える
口が肥えていないと、料理上手にはなれない。

관 **음식 맛을 정확히 가르다**
맛을 가리지 못하면 솜씨가 좋은 요리사가 될 수 없다.

= 舌が肥える

351 盛り付ける
料理は上手に盛り付けるだけで、おいしそうに見える。

동 **음식 등을 담다**
요리는 그릇에 잘 담는 것만으로도 맛있게 보인다.

➕ 盛り付け 음식 등 그릇에 담기・盛る 그릇에 담는다

Section 4

휴일

休日（きゅうじつ）

---

352 くつろぐ
동 휴식을 취하다

リビングのソファーでゆったりとくつろぐ。
거실의 소파에서 느긋하게 휴식을 취한다.

➕ くつろぎ 휴식

---

353 安らぐ
동 편안해지다

家族と過ごす時間が、心の安らぐひとときだ。
가족과 보내는 시간이 마음이 편안해지는 시간이다.

➕ 安らぎ 평온함 / 평안

---

354 憩う
동 쉬다 / 휴게하다

天気がいい日は、公園で子どもたちと憩う。
날씨가 좋은 날은 공원에서 아이들과 쉰다.

➕ 憩い 휴식

---

355 だらだら〈する〉
부 (지루하게) 빈둥거리며 지내다

一日中だらだら過ごすと、余計に疲れてしまう。
온종일 빈둥빈둥하게 지내면 오히려 피로하다.

➕ だらける 게으름을 피우다 / 느즈러지다

---

356 横になる
관 눕다

横になったら、ついうとうとしてしまった。
누워 있었더니 그만 꾸벅꾸벅 졸아버렸다.

---

357 一息入れる
관 한숨 돌리다 / 휴식을 취하다

コーヒーを飲みながら一息入れる。
커피를 마시면서 휴식을 취한다.

➕ 一息つく 한숨 돌림

---

358 ブレイク〈する〉
명 브레이크 < 하다 >
(휴식시간을 갖다 / 지금 유행하고 있다)

①音楽を聴きながら、コーヒーでブレイクする。
②今、この歌手がブレイクしている。

① 음악을 들으며 커피 브레이크 시간을 보낸다.
② 지금 이 가수가 인기를 얻어 유명하다.

👉 ① 약간의 휴식을 취한다 ② 큰 인기를 얻다

Section 4

359 一眠り〈する〉
ひとねむ
명 잠깐 자다 / 한숨 자다

目的地に着くまで、一眠りしよう。
목적지에 도착할 때까지 한숨 자자.

360 一段落〈する〉
いちだんらく
명 일단락 < 되다 >

仕事が一段落したので、休みをとった。
일이 일단락됐기 때문에 휴가를 얻었다.

➕ 一段落つく 일이 일단락되다

361 一休み〈する〉
ひとやす
명 휴식 < 하다 >

そこに座って、一休みしようか。
거기에 앉아 쉽시다.

362 紛れる
まぎ
동 우울한 기분이나 시름을 잊다 / 헷갈리다

① 家でゆったり本を読むだけで気が紛れる。
② 友人が、人ごみに紛れてしまった。

① 집에서 느긋하게 책을 읽는 것만으로 우울한 기분을 잊게 된다.
② 친구가 인파에 뒤섞여 알 수 없게 되었다.

👉 ① 불쾌한 것을 잊을 수 있는 것에 열중하다 ② 다른 것들과 구별할 수 없다

363 投げ出す
な だ
동 내던지다 / 뻗다 / 내팽개치다

① 飛行機のシートが広かったので、足を投げ出して座った。
② 仕事を投げ出して旅に出たい。

① 비행기 좌석이 넓기 때문에 다리를 뻗고 앉았다.
② 일을 내팽개치고 여행을 떠나고 싶다.

👉 ① 자기 앞에 뭔가를 던지다 ② 자신의 소중한 것을 중지하거나 포기한다

364 外出〈する〉
がいしゅつ
명 외출 < 하다 >

休みの日はいつも外出する。
쉬는 날은 항상 외출한다.

365 帰宅〈する〉
きたく
명 귀가 < 하다 >

休日は、出かけても早めに帰宅する。
휴일은 외출을 해도 일찍 귀가한다.

366 引きこもる
ひ
동 틀어박히다 / 죽치다 / 들어앉다

休日は外に出ず、引きこもっているような状態だ。
휴일은 밖에 나가지 않고 틀어박혀 있는 상태다.

➕ 引きこもり 히키코모리 (사회적인 교류나 활동을 거부한 채 장기간 집 안에만 있는 사람)

Chapter 3

367 慣らす
な
동 익숙하게 하다

土曜の夜はアメリカ映画を観て、耳を英語に慣らしている。
토요일 밤은 미국 영화를 보면서 귀로 영어를 익히고 있다.

368 日なた
ひ
명 양지

猫が日なたでうとうとしている。
고양이가 양지에서 졸고 있다.

↔ 日陰
　 ひかげ

369 精神的な
せいしんてき
ナ형 정신적인

最近精神的に疲れているので、リラックスしたい。
최근 정신적으로 지쳐 있기 때문에 휴식을 취하고 싶다.

↔ 肉体的な、物質的な　✚ 心理的な 심리적인
　 にくたいてき　ぶっしつてき　　　しんりてき

370 心底
しんそこ
부 마음속으로 / 진심으로

家族と一緒にいると、心底幸せだと思う。
가족과 함께 있으면 진심으로 행복하다고 생각한다.

✚ 心の底から 마음속으로부터 / 진심으로부터
　 こころ そこ

371 もっぱら
부 오로지 / 한결같이

天気のいい日は、もっぱらテニスをしている。
날씨가 좋은 날은 한결같이 테니스를 치고 있다.

Section 5

이사

引っ越し（ひっこし）

372	**物件** (ぶっけん) 명 (부동산) 물건	駅前の不動産屋で物件を探す。 역 앞의 부동산 가게에서 (부동산) 물건을 찾는다.
373	**契機** (けいき) 명 계기	就職を契機に、引っ越しをすることになった。 취직을 계기로 이사를 하게 되었다.
374	**助言**〈する〉 (じょげん) 명 조언 < 하다 >	親切な不動産屋が、いろいろ助言をくれた。 친절한 부동산 업자가 여러 가지 조언을 주었다. ＝ アドバイス〈する〉
375	**手はず** (て) 명 순서 / 절차 / 준비	引っ越しの手はずを整える。 이사 준비를 한다. ✚ 段取り(だんどり) 절차
376	**見積もる** (みつ) 동 견적하다 / 예상해서 가격을 매기다	引っ越し業者に費用を見積もってもらう。 이사 업체에 (이삿짐) 비용을 견적 받는다. ✚ 見積もり(みつ) 견적
377	**手分け**〈する〉 (てわ) 명 분담 < 하다 >	友達と手分けして荷物をまとめる。 친구와 분담해서 짐을 정리한다.
378	**荷造り**〈する〉 (にづく) 명 포장 / 짐 꾸리기 < 하다 >	引っ越しの1週間前から荷造りを始めた。 이사하기 1주일 전부터 짐을 꾸리기 시작했다.
379	**ガムテープ** 명 접착 테이프	段ボールのふたをガムテープで留める。 골판지 상자의 뚜껑을 접착 테이프로 고정한다.

Chapter 3

380 ロープ
명 로프 / 줄

荷造りのためにロープを買ってきた。
짐을 꾸리기 위해 로프를 사 왔다.

381 くるむ
동 감싸다

食器は新聞紙でくるんだ方がいい。
식기는 신문지로 감싸는 것이 좋다.

382 かさ張る
동 부피가 크다

かさ張るのは布団とソファーくらいだ。
부피가 큰 것은 이불과 소파 정도다.

383 持ち運ぶ
동 운반하다

荷物を持ち運びやすい大きさにまとめる。
짐을 운반하기 쉬운 크기로 정리한다.

➕ 持ち運び 들어 나름 / 운반함

384 逆さま〈な〉
명 / ナ형 거꾸로[한]〈하다〉

この箱は逆さまにしないでください。(ナ形)
이 상자는 거꾸로 하지 마십시오.

= 逆さ〈な〉 ➕ 逆〈な〉 반대로[한]〈하다〉

385 擦る
동 문지르다 / 긁다

家具が床を擦らないように注意する。
가구가 바닥을 긁지 않도록 주의한다.

386 ばらす
동 분해하다 / 해체하다 / (비밀을) 폭로하다

①この家具はばらさないと運べない。
②人の秘密をばらすなんて最低だ。
① 이 가구는 분해하지 않으면 옮길 수 없다.
② 사람의 비밀을 폭로하다니 최악이다.

👉 ① 따로따로 흩어놓다 ② 타인에게 비밀이나 기밀 정보를 누설하다

387 埋まる
동 가득차다 / 메워지다 / 묻히다

段ボールで部屋が埋まって歩けない。
골판지 상자로 방이 가득 차서 걸을 수 없다.

➕ 埋もれる 파묻히다・(〜を)埋める (〜을) 파묻다

Section 5

388 一新 〈する〉
いっしん
명 일신 < 하다 >/
새롭게 하다

この機会にカーテンを一新しよう。
이 기회에 커튼을 새로 바꾸자.

389 転々 [と]〈する〉
てんてん
부 전전 < 하다 >/
이쪽저쪽 옮겨다니다

子どもの頃は父の仕事の関係で地方を転々としていた。
어린 시절에 아버지의 일 관계로 지방을 전전했다.

390 耐久性
たいきゅうせい
명 내구성

長く使えるように耐久性の高い家具を買った。
오랫동안 사용할 수 있도록 내구성 높은 가구를 샀다.

391 板
いた
명 판자

木の板で本棚を作った。
나무 판자로 책장을 만들었다.

392 端
はし
명 끝(부분)/선두(부분)

そのテーブルの端を持ってくれる？
그 테이블 끝부분을 잡아 줄래？

393 面する
めん
동 접하다

新しい部屋は、公園に面していて環境がいい。
새로운 집은 공원에 접하고 있어 환경이 좋다.

394 単身
たんしん
명 단신 (단신 생활)/ 싱글

単身なので、引っ越しの荷物はそれほど多くない。
단신 생활이라 이삿짐은 그리 많지 않다.

N1
Chapter
4
학교에서

学校で
がっこう

			단어 No.
1	학교	学校 がっこう	**395~416**
2	공부	勉強 べんきょう	**417~443**
3	시험	試験 しけん	**444~467**
4	진학	進学 しんがく	**468~492**
5	컴퓨터・스마트폰	パソコン・スマホ	**493~519**

Section 1

학교

学校（がっこう）

395 創立〈する〉
そうりつ
(명) 창립 < 하다 >

この学校はおよそ 100 年前に創立された。
이 학교는 약 100 년 전에 창립되었다.

➕ 設立〈する〉 설립 < 하다 > ・ 創立記念日 창립 기념일

396 ～周年
しゅうねん
(접사) ~ 주년

母校が来年創立 100 周年を迎える。
모교가 내년에 창립 100 주년을 맞는다.

397 重んじる
おも
(동) 중시하다

この学校では人と人のつながりを重んじている。
이 학교에서는 사람과 사람의 관계를 중시하고 있다.

↔ 軽んじる
かろ

➕ 重視〈する〉 중시 < 하다 > ・ 尊ぶ (かたい表現) 존중하다 (딱딱한 표현)
　じゅうし　　　　　　　　とうと/たっと　ひょうげん

398 掲げる
かか
(동) 내걸다 / (국기 등을) 게양하다

① A 大学は学生が求める教育方針や目標を掲げている。
② 国旗を掲げて祝日を祝う。

① A 대학은 학생이 원하는 교육 방침과 목표를 내걸고 있다.
② 국기를 게양하고 공휴일을 축하하다.

👉 ① 자기의 생각과 신념을 나타내다 ② 눈에 띄게 높이 올리다

399 禁じる
きん
(동) 금하다 / 금지하다

校長は安全のため、自転車通学を禁じた。
교장은 안전을 위해 자전거 통학을 금지했다.

＝ 禁ずる　➕ 禁止〈する〉 금지 < 하다 >

400 見なす
み
(동) 간주하다

理由なく 30 分以上遅刻した場合は欠席と見なす。
이유 없이 30 분 이상 지각한 경우는 결석으로 간주한다.

➕ 判断〈する〉 판단 < 하다 >

Chapter 4

401	募る つの	①日本の多くの大学は世界中から学生を募っている。 ②留学したいという思いが日に日に募る。
동	모집하다 / 더해지다 / 심해지다	① 일본의 대부분 대학은 전 세계에서 학생을 모집하고 있다. ② 유학하고 싶다는 생각이 나날이 더해진다.

👍 ① 널리 모집하다 ② 상황이 심해지다

402	共学 きょうがく	私の高校は以前は女子校だったが、今は共学になった。
명	공학	내 고등학교는 이전에는 여학교였지만 지금은 남녀공학이 되었다.

= 男女共学
だんじょきょうがく

403	在籍〈する〉 ざいせき	本校には約500人の学生が在籍している。
명	재적 / 재학 < 하다 >	본교에는 약 500 명의 학생이 재학하고 있다.

➕ 在籍者 재적자
ざいせきしゃ

404	総数 そうすう	A大学は学生総数のうち、女子が3分の2を占めている。
명	총수	A 대학은 총학생 수 중 여자가 3 분의 2 를 차지하고 있다.

405	見込み みこ	来年3月に学校を卒業する見込みだ。
명	전망 / 예정	내년 3 월에 학교를 졸업할 예정이다.

406	課程 かてい	一般的には、高校は3年で全ての課程を修了する。
명	과정	일반적으로 고등학교는 3 년으로 모든 과정을 수료한다.

➕ カリキュラム 커리큘럼 (교육 과정)

407	レッスン	学校帰りに、ダンス教室のレッスンに通っている。
명	레슨	하교 길에 댄스 교실의 레슨을 받으러 다니고 있다.

Section 1

408 ひとえに 〈副〉
전적으로 / 오직

卒業できたのは、ひとえに山田先生のおかげです。
졸업할 수 있었던 것은 전적으로 야마다 선생님 덕분입니다.

409 多数決 (たすうけつ) 〈명〉
다수결

クラスのリーダーを多数決で決めた。
학급의 리더를 다수결로 결정했다.

➕ くじ引き 제비뽑기

410 指名〈する〉 (しめい) 〈명〉
지명 < 하다 >

担任の先生からリーダーに指名された。
담임 선생님으로부터 리더로 지명되었다.

411 承認〈する〉 (しょうにん) 〈명〉
승인 < 하다 >

ダンス部の設立が学校に承認された。
댄스부의 설립이 학교에서 승인되었다.

➕ 承諾〈する〉 승낙 < 하다 >

412 漫然と〈する〉 (まんぜん) 〈부/연체〉
만연 / 막연 < 하다 > / 명 (청) 한 모양

学生時代はただ漫然と過ごした。(副)
학창 시절은 그저 막연하게 보냈다.

➕ ぼんやり[と]〈する〉 명 [한] < 하다 >

413 率先〈する〉 (そっせん) 〈명〉
솔선 < 하다 >

私はボランティア活動を率先して行っている。
나는 자원봉사 활동을 솔선해서 하고 있다.

414 指摘〈する〉 (してき) 〈명〉
지적 < 하다 >

生活態度の問題点を先生に指摘された。
생활 태도의 문제점을 선생님에게 지적받았다.

415 名称 (めいしょう) 〈명〉
명칭

数年前にA大学の名称が変更された。
몇 년 전에 A 대학의 명칭이 변경되었다.

➕ 呼び名 호칭

416 恩師 (おんし) 〈명〉
은사

お世話になった恩師に心から感謝している。
신세를 진 은사님께 진심으로 감사드리고 있다.

Section 2

공부
勉強（べんきょう）

---

417 勤勉〈な〉
きんべん
- 명/ナ형: 근면 [한] 〈하다〉

学生にとって最も大切なのは、勤勉に学ぶことだ。（ナ形）

학생에게 가장 중요한 것은 근면하게 배우는 것이다.

➕ ⇔ 怠慢〈な〉
たいまん

---

418 おろそかな
- ナ형: 소홀히 하다

バイトが忙しく、勉強がおろそかになっている。

아르바이트가 바빠서 공부를 소홀히 하고 있다.

➕ なおざりな 소홀히 하다

---

419 自主的な
じしゅてき
- ナ형: 자주적인 / 자율적인

大学は興味があることを自主的に学ぶ場だ。

대학은 관심이 있는 것을 자율적으로 배우는 곳이다.

➕ 自発的な 자발적인 · 自主性 자주성
じはつてき　　　　　じしゅせい

---

420 自ら
みずか
- 부: 스스로

彼女は子どもの頃から自ら進んで勉強する。

그녀는 어릴 때부터 스스로 자진해서 공부한다.

---

421 自ずから
おの
- 부: 저절로 / 자연히

言葉は努力すれば自ずから理解できるようになる。

언어는 노력하면 저절로 이해할 수 있게 된다.

➕ 自ずと 저절로 / 자연히
おの

---

422 気が散る
き ち
- 관: 정신이 흐트러지다 / 주의가 집중되지 않다

気が散るから、テレビの音を小さくしてもらえる？

주의가 집중되지 않으니까 텔레비전 소리를 작게 해 줄래?

---

423 ぶうぶう言う
い
- 관: 투덜투덜 말하다 / 투덜거리다

学生は毎日宿題が多いとぶうぶう言っている。

학생들은 매일 숙제가 많다고 투덜거리고 있다.

➕ 文句を言う 불평을 말하다
もんく い

Section 2

424 鈍る (にぶる)
동 무디어지다 / 둔해지다
お酒を飲むと、記憶力が鈍る。
술을 마시면 기억력이 둔해진다.

425 一心 (いっしん)
명 일심
希望の大学に入りたい一心で、毎日頑張っている。
원하는 대학에 들어가고 싶은 일념으로 매일 노력하고 있다.

➕ 一心不乱 (いっしんふらん) 일심불란

426 がぜん
부 갑자기
テストで満点を取ってから、がぜんやる気が出た。
테스트에서 만점을 받고 나서 갑자기 하고자 하는 의지가 생겼다.

427 暗唱 〈する〉 (あんしょう)
명 암송 < 하다 >
お気に入りの詩を暗唱する。
좋아하는 시를 암송한다.

➕ 暗記〈する〉(あんき) 암기 < 하다 >

428 参照 〈する〉 (さんしょう)
명 참조 < 하다 >
辞書の例文を参照しながら、言葉の使い方を覚える。
사전의 예문을 참조하면서 말의 사용법을 외운다.

429 堪能 〈な / する〉 (たんのう)
명 / ナ形 능통하다 / 만끽하다
① 彼は語学が堪能だ。(ナ形)
② 留学生活を堪能する。(名)
① 그는 어학에 능통하다.
② 유학 생활을 만끽한다.

👉 ① 말, 언어 등이 뛰어나다 ② 완전히 즐겨 만족하다

430 すらすら [と]
부 술술
難しい文も、今ではすらすら読めるようになった。
어려운 글도 지금은 술술 읽을 수 있게 되었다.

➕ りゅうちょうな 유창한

431 後回し (あとまわし)
명 뒤로 미룸 / 뒷전
食事は後回しにして、宿題をやってしまおう。
식사는 뒤로 미루고 숙제를 해 버리자.

Chapter 4

432 突き詰める
つ つ

동 끝까지 파고 들다 / 잘 가다듬다 / 추구하다

論文の主旨は突き詰めて考えて書く必要がある。
ろんぶん しゅし つ つ かんが か ひつよう

논문의 요지는 잘 가다듬어 생각해서 쓸 필요가 있다.

433 要点
ようてん

명 요점

彼のスピーチはまとまりがなく、要点が分からない。
かれ ようてん わ

그의 연설은 정리가 되어 있지 않아 요점을 모르겠다.

434 主旨
しゅし

명 취지 / 요지

教科書の文章の主旨を 400 字でまとめる。
きょうかしょ ぶんしょう しゅし じ

교과서의 문장 취지를 400 자로 정리한다.

➕ 要旨 요지
ようし

435 つづり

명 철자

英語のつづりを間違えて、5点も引かれた。
えいご まちが てん ひ

영어 철자가 틀려서 5 점이나 깎였다.

➕ スペル 스펠 / 철자

436 ドリル

명 드릴 (연습문제)

学校で配付されたドリルで毎日復習している。
がっこう はいふ まいにちふくしゅう

학교에서 배부된 연습문제로 매일 복습하고 있다.

437 詩
し

명 시

日本語の勉強を通して、素晴らしい詩に出合った。
にほんご べんきょう とお すば し であ

일본어 공부를 통해 훌륭한 시를 만났다.

➕ 詞 가사
し

438 ことわざ

명 속담

ことわざには教育的な意味が込められている。
きょういくてき いみ こ

속담에는 교육적인 의미가 담겨 있다.

439 結び付く
むす つ

동 맺어지다 / 연결되다

努力が結果に結び付かない。勉強方法を変えてみよう。
どりょく けっか むす つ べんきょうほうほう か

노력이 결과로 연결되지 않는다. 공부 방법을 바꿔 보자.

➕ (～を)結び付ける (~ 을) 결부시키다 / 연결시키다
むす つ

Section 2

440	進度 しんど	このカリキュラムの進度は私には少し速すぎる。
명	진도	이 교육 과정의 진도는 나에게는 약간 빠르다.

441	びり	先週のテストの点数はクラスでびりだった。
명	꼴찌	지난 주 시험 점수는 학급에서 꼴찌였다.

= 最下位(さいかい)

442	文房具 ぶんぼうぐ	楽しく勉強したくて、文房具にこだわっている。
명	문방구 / 문구	즐겁게 공부하고 싶어 문방구에 신경 쓴다.

= 文具(ぶんぐ)・ステーショナリー

443	個別 こべつ	成績が上がらない学生には個別に対応している。
명	개별	성적이 오르지 않는 학생은 개별적으로 대응하고 있다.

+ 個々(ここ) 개개

Section 3

시험

試験（しけん）

444	出題〈する〉 しゅつだい	試験に過去の問題がそのまま出題されることはない。 しけん かこ もんだい しゅつだい
명	출제 < 하다 >	시험에 과거 문제가 그대로 출제되는 경우는 없다.

445	口頭 こうとう	私は口頭での試験が苦手なので心配だ。 わたし こうとう しけん にがて しんぱい
명	구두 (면담 / 시험)	나는 구두로 하는 시험은 서툴러서 걱정이다.

➕ 口頭試問 구두 시험
こうとう しもん

446	記述〈する〉 きじゅつ	この試験は始めに記述の問題が行われる。 しけん はじ きじゅつ もんだい おこな
명	기술 < 하다 >	이 시험은 처음에 기술 문제가 실시된다.

447	万全〈な〉 ばんぜん	万全の体調で試験の日を迎える。(名) ばんぜん たいちょう しけん ひ むか
명/ナ형	만전 [한]〈하다〉	만전의 컨디션으로 시험 날을 맞이한다.

➕ 完璧〈な〉 완벽 [한]〈하다〉
かんぺき

448	難易度 なんいど	この言葉の難易度は、日本語能力試験のN1レベルだ。 ことば なんいど にほんごのうりょくしけん
명	난이도	이 단어의 난이도는 일본어 능력 시험 N1 레벨이다.

449	基準 きじゅん	合格の基準は平均点によって多少変化する。 ごうかく きじゅん へいきんてん たしょうへんか
명	기준	합격 기준은 평균 점수에 따라 다소 변화한다.

450	湧く わ	A大学の入試に合格したので、希望が湧いてきた。 だいがく にゅうし ごうかく きぼう わ
동	샘솟다 /(기운, 기분이) 솟아나다	A 대학 입시에 합격했기 때문에 희망이 생겼다.

451	さえる	①十分に睡眠を取ったので、頭もさえている。 じゅうぶん すいみん と あたま ②さえた青色のシャツが欲しい。 あおいろ ほ
동	(두뇌가) 맑아지다 / 명석해지다 / 선명하다	① 충분히 수면을 취했기 때문에 머리도 맑아졌다. ② 선명한 파란색 셔츠를 갖고싶다.

👍 ① 명확하게 잘 움직인다 ② 색이나 소리가 분명하다

Section 3

452	度忘れ〈する〉 どわすれ	昨日勉強したばかりなのに、度忘れしてしまった。
명	(기억 등을) 까먹다	어제 공부한 직후인데 까먹고 말았다.

453	ところどころ	ところどころ答えに自信がない問題がある。
명	군데군데 / 여기저기	여기저기 답에 자신이 없는 문제가 있다.

454	あべこべな	解答用紙に答えをあべこべに記入してしまった。
ナ형	뒤바뀐 / 거꾸로 인 / 반대인	답안지에 답을 거꾸로 기입해 버렸다.

455	見落とす みお	キーワードを見落として、答えを間違えた。
동	간과하다 / 못 보고 넘어가다	키워드를 못 보고 넘어가서 답을 틀렸다.

➕ 見落とし 간과

456	持参〈する〉 じさん	試験会場には鉛筆と消しゴムを持参すること。
명	지참 < 하다 >	시험장에는 연필과 지우개를 지참할 것.

457	案の定 あんじょう	案の定、難しい問題が出題された。
부	예상했던 대로	예상했던 대로 어려운 문제가 출제되었다.

458	不正〈な〉 ふせい	受験者に不正行為があった場合、試験は無効になる。(名)
명 ナ형	부정 [한] 〈하다〉	수험자에게 부정 행위가 있었을 경우 시험은 무효가 된다.

↔ 公正〈な〉　➕ カンニング〈する〉 커닝 < 하다 >

459	即刻 そっこく	カンニングが発覚した場合、即刻失格になる。
부	즉각	커닝이 발각되었을 경우 즉각 실격된다.

➕ 即座に 즉석에서

460	失格〈する〉 しっかく	携帯電話が鳴って、失格になるなんて情けない。
명	실격 < 되다 >	휴대 전화가 울려 실격되다니 한심하다.

Chapter 4

461 誤り (あやまり)
[명] 오류

試験後、出題文の誤りが訂正された。
시험 후 출제 문장의 오류가 정정되었다.

➕ ミス〈する〉 미스 / 실수 < 하다 > ・ ケアレスミス 부주의로 인한 실수

462 内心 (ないしん)
[명] 내심

親には自信がないと言っていたが、内心合格すると思っていた。
부모님에게는 자신이 없다고 말했지만 내심 합격할 거라고 생각했었다.

463 念じる (ねんじる)
[동] 항상 마음에 두고 생각하다 / 염원하다

試験後、毎日合格を念じている。
시험 후 매일 합격을 염원하고 있다.

➕ 願う 원하다

464 歴然と〈する〉 (れきぜん)
[부][연체] 역력 < 하다 > / 분명하다

A大学とB大学の試験の難易度の差は歴然としている。(副)
A대학과 B대학의 시험 난이도의 차이는 분명하다.

465 落胆〈する〉 (らくたん)
[명] 낙담 < 하다 >

思った以上に点数が悪く、すっかり落胆した。
생각보다 점수가 나빠서 아주 낙담했다.

466 がっくり[と]〈する〉
[부] 낙담하다 / 맥이 풀리다

合格すると思っていた大学に入れず、がっくりした。
합격할거라 생각했던 대학에 들어가지 못해 맥이 풀렸다.

➕ がっかり〈する〉 실망 < 하다 >/ 풀이 죽다

467 辛うじて (かろうじて)
[부] 간신히

基準点ぎりぎりで、辛うじて合格できた。
기준점 빠듯하게 간신히 합격할 수 있었다.

➕ 辛くも (からくも) 간신히

Section 3

 이것도 외우자! ❺

➕ 접사⑤　接辞⑤

• 真っ〜 : 명사와 형용사를 강조. 정말로~

真っ赤な	새빨간
真っ白な	새하얀
真っ黒な	새까만
真っ青な	새파란
真っ暗な	깜깜한
真っ正面	바로 정면
真っ昼間	한낮
真っ二つ	두 동강
真っ逆さまな	완전히 거꾸로인
真っ盛り	한창

Section 4

진학

進学（しんがく）

---

468 志す
こころざ
동 뜻을 세우다 / 지망하다

学者を志して、大学院進学を目指している。
학자를 지망하여 대학원 진학을 목표로 하고 있다.

➕ 志 뜻
こころざし

---

469 満たす
み
동 가득 채우다 / 갖추다 / 만족시키다

受験の資格を満たしているかどうか確認する。
수험 자격을 갖추었는지 어떤지 확인한다.

---

470 枠
わく
명 테두리 / 범위

①入試の留学生枠について問い合わせた。
②願書の太い枠の中だけ記入してください。
① 입시의 유학생 선발 인원에 대해 문의했다.
② 원서의 굵은 테두리 안에만 기재하십시오.

➕ ①別枠 다른 범위 / 특별히 마련된 기준・②フレーム 프레임 / 틀 / 테두리
べつわく

👉 ① 제한 또는 범위 ② 틀 또는 아이템을 둘러 묶은 것

---

471 偏差値
へんさち
명 편차치

第一志望の大学は偏差値が高すぎてあきらめた。
제1 지망 대학은 편차치가 너무 높아서 포기했다.

---

472 善し悪し
よ あ
명 선악 / 좋고 나쁨

大学の善し悪しは、偏差値だけでは分からない。
대학의 좋고 나쁨은 편차치만으로는 알 수 없다.

---

473 見極める
みきわ
동 끝까지 지켜보다 / 확인하다 / 가리다

自分が本当に何を学びたいのかを見極める。
자신이 정말 무엇을 배우고 싶은지 확인한다.

➕ 見定める 확정하다
みさだ

---

474 独自〈な〉
どくじ
명 ナ형 독자적인

A大学の独自なカリキュラムに興味がある。（ナ形）
A 대학의 독자적인 커리큘럼에 관심이 있다.

➕ 独特な 독특한・ユニークな 유니크한 / 독특한
どくとく

Section 4

475 見当 (けんとう)
명 방향 / 어림 / 짐작 / 예상

そろそろ受験校の見当をつけなければならない。

슬슬 수험할 학교의 예상을 하지 않으면 안 된다.

➕ 見当違い〈な〉 짐작이나 판단이 빗나간

476 貫く (つらぬく)
동 관철하다 / 관통하다

① 医者になるという志を貫くために大学で学ぶ。
② 町を貫く新しい道路ができた。

① 의사가 되겠다는 뜻을 관철하기 위해 대학에서 배운다.
② 마을을 관통하는 새로운 도로가 생겼다.

👉 ① 방침을 처음부터 끝까지 바꾸지 않고 계속하다 ② 한쪽 끝에서 다른 쪽 끝까지 뭔가를 통과시키다

477 くぐる
동 빠져 나가다 / 뚫고 들어가다

希望に胸を膨らませて、大学の門をくぐった。

희망에 부푼 마음으로 대학에 입학했다.

478 かなう
동 이루어지다

願いがかなって、憧れの大学に通える。

소원이 이루어져 동경하는 대학에 다니게 됐다.

➕ (~を)かなえる (~을) 이루다

479 手中 (しゅちゅう)
명 수중

成功を手中に収めるために、この大学に進学した。

성공을 손에 넣기 위해서 이 대학에 진학했다.

480 すんなり[と]〈する〉
부 순조롭게〈하다〉

親が一人暮らしをすんなり許してくれるとは思えない。

부모님이 자취 생활을 순순히 허락해 줄거라고는 생각되지 않는다.

➕ あっさり[と]〈する〉 간단한 / 쉽게

481 取得〈する〉 (しゅとく)
명 취득〈하다〉

大学に通いながら、いくつか資格を取得するつもりだ。

대학에 다니면서 몇 가지 자격을 취득할 생각이다.

Chapter 4

482	申し分 [が] ない もう ぶん	今の成績は申し分ないと先生に言われた。 いま せいせき　もう ぶん　　　　せんせい い
관	더할 나위 없다	지금의 성적은 더할 나위 없다고 선생님이 말씀하셨다.

483	免除〈する〉 めんじょ	入試の成績によっては学費が免除される。 にゅうし せいせき　　　　　がく ひ　めんじょ
명	면제 < 하다 >	입시 성적에 따라 학비가 면제된다.

484	不備〈な〉 ふ び	願書の書類に不備はないか確認しよう。(名) がんしょ しょるい ふ び　　　　かくにん
명 ナ형	미비 [한]〈하다〉	원서 서류에 미비한 것은 없는지 확인하자.

485	貴校 き こう	貴校のユニークな教育方針に引かれました。 き こう　　　　　　　きょういくほうしん ひ
명	귀교	귀교의 독특한 교육 방침에 마음이 끌렸습니다.

486	不利〈な〉 ふ り	大学院に進学すると、就職に不利だと父に言われた。(ナ形) だいがくいん しんがく　　　　　しゅうしょく ふ り　ちち い
명 ナ형	불리 [한]〈하다〉	대학원에 진학하면 취업에 불리하다고 아버지가 말씀하셨다.

↔ 有利〈な〉
ゆうり

487	いずれ	できれば、いずれ博士課程まで進みたい。 はく し か てい　すす
부	언제인가는 / 결국	가능하면 언젠가 박사 과정까지 진학하고 싶다.

488	仮に かり	仮に不合格でも、また来年挑戦したい。 かり ふ ごうかく　　　　らいねんちょうせん
부	만일	만일 불합격이더라도 내년에 또 도전하고 싶다.

489	立ち直る た なお	兄は第一志望校に入れなかったが、すぐに立ち直った。 あに だいいち し ぼうこう はい　　　　　　　　　　　た なお
동	극복해내다	형 / 오빠는 제 1 지망 학교에 들어가지 못했지만 바로 극복해냈다.

➕ 持ち直す 회복하다 / 전처럼 살아나다
　も なお

490	首席 しゅせき	頑張って勉強して、首席で卒業したい。 がん ば　　べんきょう　　しゅせき そつぎょう
명	수석	열심히 공부해서 수석으로 졸업하고 싶다.

Section 4

491	雲をつかむような くも	超一流大学で首席になるなんて、雲をつかむような話だ。 ちょういちりゅうだいがく　しゅせき　　　　　　　　　くも　　　　　はなし
관	허황된	초일류 대학에서 수석이 된다니 허황된 이야기다.
492	勧誘〈する〉 かんゆう	入学式でテニスサークルに勧誘された。 にゅうがくしき　　　　　　　　　　かんゆう
명	권유 < 하다 >	입학식에서 테니스 서클에 권유받았다.

Section 5

컴퓨터 · 스마트폰

パソコン・スマホ

493 機種 きしゅ / 명 기종	スマホを最新の機種に変えた。 스마트 폰을 최신 기종으로 바꾸었다.
494 端末 たんまつ / 명 단말기	家の防犯システムが、簡単な端末で操作できる。 집의 방범 시스템을 간단한 단말기로 조작할 수 있다.
495 最先端 さいせんたん / 명 최첨단	このパソコンは、最先端の技術で作られている。 이 컴퓨터는 최첨단 기술로 만들어져 있다.
496 性能 せいのう / 명 성능	スマホは性能も大事だが、使いやすいものがいい。 스마트 폰은 성능도 중요하지만 사용하기 편한 것이 좋다.
497 アップ〈する〉 / 명 업로드 < 하다 >	スマホで毎日ブログをアップしている。 스마트 폰으로 매일 블로그를 업로드하고 있다.
498 バージョンアップ〈する〉 / 명 버전 업 < 하다 >	このOSはよくバージョンアップされる。 이 OS는 자주 버전 업된다.
499 使いこなす / 동 잘 다루다	スマホを買ったが、なかなか使いこなせない。 스마트 폰을 구입했지만 좀처럼 잘 다룰 수 없다.
500 使い分ける / 동 구분해서 사용하다	弟は2つのスマホを使い分けている。 남동생은 2개의 스마트 폰을 구분해서 사용하고 있다.
501 手引き〈する〉 / 명 가이드 / 설명서 < 하다 >	新しいスマホの手引きをじっくり読む。 새로운 스마트 폰 가이드를 자세히 읽는다.
502 把握〈する〉 / 명 파악 < 하다 >	説明書を読んでも、パソコンの操作を把握できない。 설명서를 읽어도 컴퓨터의 조작을 파악할 수 없다.

Section 5

503 □ 名	加入〈する〉 かにゅう 가입 < 하다 >	念のためスマホの保険に加入する。 만약을 위해 스마트 폰 보험에 가입한다.
504 □ 名	規約 きやく 규약	規約をよく読んでから契約する。 규약을 잘 읽고 나서 계약한다.
505 □ 名	進化〈する〉 しんか 진화 < 하다 >	情報処理の技術は日々進化している。 정보 처리 기술은 나날이 진화하고 있다.
506 □ 名	変遷〈する〉 へんせん 변천 < 하다 >	通信環境は時代とともに変遷する。 통신 환경은 시대와 함께 변천한다.
507 □ 名	配信〈する〉 はいしん 배신 / 전송 / 배포 < 하다 >	ささいな日常の出来事を配信する。 사소한 일상의 일을 (전송) 배포한다.
508 □ ナ形	むやみな 함부로	SNSでむやみに知り合いを作るのは危険だ。 SNS에서 함부로 아는 사람을 만드는 것은 위험하다.
509 □ 관	もってのほか 뜻하지 않음 / 당치도 않음	人のスマホをのぞくなんて、もってのほかだ。 남의 스마트 폰을 들여다보다니 당치도 않다.

➕ とんでもない 터무니없다

510 □ 名	複数 ふくすう 복수 / 여러	メールは複数の人に連絡するときに便利だ。 메일은 여러 사람에게 연락할 때 편리하다.

↔ 単数 たんすう

511 □ 名	最低限 さいていげん 최저한	スマホは便利だが、最低限のマナーは必要だ。 스마트 폰은 편리하지만 최저한의 매너는 필요하다.
512 □ 名	入手〈する〉 にゅうしゅ 입수 < 하다 >	現代は簡単に情報が入手できて便利だ。 현대는 쉽게 정보를 얻을 수 있어 편리하다.

513	ぶれる	①この機種は手が震えると、写真がぶれる。 ②あの人は考えのぶれない人だ。
동	흔들리다	① 이 기종은 손이 떨리면 사진이 흐릿해진다. ② 저 사람은 생각이 흔들리지 않는 사람이다.

➕ ①手ぶれ 손 떨림

👉 ① 사진을 찍을 때 카메라가 움직여서 화상이 흐릿하다 ② 변하기 쉽다

514	匿名	ネットは匿名性があるだけに危険な点も多い。
명	익명	인터넷은 익명성이 있는 만큼 위험한 점도 많다.

➕ 匿名希望 익명 희망・仮名 가명 / 임시 이름

515	中傷〈する〉	人を中傷することは許されない。
명	중상 < 하다 >	남을 중상하는 것은 허용되지 않는다.

516	費やす	①5年の開発期間を費やして、新機種が誕生した。 ②一日の大半をゲームで費やすなんてもったいない。
동	지출하다 / 쓰다 시간 등을 보내다	① 5년의 개발 기간을 들여서 새로운 기종이 탄생했다. ② 하루의 대부분을 게임에 쓰다니 아깝다.

👉 ① 시간과 돈을 쓰다 ② 뭔가를 낭비하다

517	ほどほど	ネット利用もほどほどにするべきだ。
명	적당히	인터넷 이용도 적당히 해야 한다.

518	一概に [〜ない]	便利な時代がいい時代とは一概には言えない。
부	일률적으로 / 한마디로 [〜아니다]	편리한 시대가 좋은 시대라고는 한마디로 말할 수 없다.

519	しげしげ [と]	電車で多くの人がしげしげとスマホを見つめる。
부	빈번히 / 차근차근	전철에서 많은 사람이 빈번히 스마트 폰을 본다.

Section 5

이것도 외우자! ⑥

➕ 접사⑥　接辞⑥

• **ぶち~** : 강한 힘으로~　※동사에 따라「ぶっ~」「ぶん~」로 변한다.

ぶち当たる	기세 좋게 부딪히다 / 직면하다
ぶちのめす	때려눕히다 / 큰 타격을 입히다
ぶちまける	모조리 털어내다
ぶっ叩く	호되게 때리다
ぶっ壊す	때려 부수다
ぶっ倒れる	갑자기 쓰러지다
ぶっ潰す	거세게 찌그러뜨리다
ぶっ飛ばす	거칠게 날려 보내다 / 호되게 때리다
ぶん殴る	후려갈기다
ぶん投げる	냅다 던지다 / 내동댕이치다

N1
Chapter
5
회사에서

会社で
かいしゃ

			단어 No.
1	취업	就職 しゅうしょく	520~552
2	기업	企業 きぎょう	553~579
3	일 / 업무	仕事 しごと	580~617
4	상하관계	上下関係 じょうげ かんけい	618~647
5	퇴직 · 전직	退職 · 転職 たいしょく てんしょく	648~672

Section 1

취업

就職（しゅうしょく）

---

520 有望な (ゆうぼう)
ナ형 유망한

将来が<u>有望な</u>企業に就職したい。
しょうらい ゆうぼう きぎょう しゅうしょく

장래가 유망한 기업에 취직하고 싶다.

➕ 前途有望な 전도유망한
ぜんとゆうぼう

---

521 弊社 (へいしゃ)
명 폐사 (자기 회사에 대한 겸허한 표현)

なぜ<u>弊社</u>への入社を希望しているのですか。
へいしゃ にゅうしゃ きぼう

왜 저희 회사에 입사를 희망합니까?

＝ 小社
しょうしゃ

---

522 新卒 (しんそつ)
명 그해의 새 졸업자 / 당해년도 졸업자

日本では<u>新卒</u>向けの求人が多い。
にほん しんそつ む きゅうじん おお

일본에서는 당해년도 졸업자에 대한 구인 모집이 많다.

➕ 中途（採用） 중도 (채용)
ちゅうと さいよう

---

523 概要 (がいよう)
명 개요

企業の<u>概要</u>をサイトで確認する。
きぎょう がいよう かくにん

기업의 개요를 사이트에서 확인한다.

➕ アウトライン 개요

---

524 情熱 (じょうねつ)
명 열정

面接では仕事への<u>情熱</u>をアピールしたい。
めんせつ しごと じょうねつ

면접에서는 일에 대한 열정을 어필하고 싶다.

➕ 意欲 의욕
いよく

---

525 身だしなみ (み)
명 몸가짐 / 차림새

就職活動では<u>身だしなみ</u>も重要な要素だ。
しゅうしょくかつどう み じゅうよう ようそ

취업 활동은 용모도 중요한 요소이다.

---

526 気合 (きあい)
명 기합 / 기세 / 의기

就職活動に向けて<u>気合</u>を入れる。
しゅうしょくかつどう む きあい い

취업 활동을 위해 의기를 다졌다.

Chapter 5

527 臨む（のぞ）
①十分に準備をして面接に臨む。
②海を臨むホテルに泊まりたい。

동 임하다 / 바라보다
① 충분히 준비해서 면접에 임한다.
② 바다를 바라보는 호텔에 묵고 싶다.

👍 ① 참여하다 ② 마주 대하다

528 簡潔〈な〉（かんけつ）
簡潔に自己ピーアールをどうぞ。(ナ形)

명 ナ형 간결 [한]〈하다〉
간결히 자기 어필을 해 주시기 바랍니다.

529 欄（らん）
毎日のように求人の欄に目を通している。

명 ~란
매일 같이 구인란을 보고 있다.

530 同上（どうじょう）
現在の住所と連絡先が同じ場合、連絡先は「同上」で結構です。

명 동상 (상동)
현재 주소와 연락처가 동일한 경우 연락처는 ' 상동 ' 이라고 적어도 괜찮습니다.

531 プロフィール
プロフィールに資格などを書き込む。

명 프로필
프로필에 자격 등을 기재한다.

532 プラスアルファ
学歴に加え、プラスアルファの能力をアピールする。

명 플러스알파
학력에 더해 플러스 알파의 능력을 어필한다.

👍 " プラスα " 라고도 쏜다

533 駆使〈する〉（くし）
語学力を駆使して、外資系の企業で働きたい。

명 구사 < 하다 >
언어 능력을 구사하여 외국계 기업에서 일하고 싶다.

534 考慮〈する〉（こうりょ）
A社はこちらの事情を考慮して、面接日を変更してくれた。

명 고려 < 하다 >
A 사는 내 사정을 고려하여 인터뷰 날짜를 변경해 주었다.

535 携わる（たずさ）
福祉に携わる仕事がしたい。

동 종사하다 / 관계하다
복지에 관련되는 일을 하고 싶다.

Section 1

536	心構え こころがま 명 마음가짐	入社と同時に社会人としての心構えが不可欠だ。 입사와 동시에 사회인으로서의 마음가짐이 필요하다.
537	はきはき[と]〈する〉 부 또박또박	難しい質問にもはきはきと答えられた。 어려운 질문에도 또박또박 대답했다.
538	振る舞う ふ ま 동 행동하다 / 대접하다	たぶん面接中は自然に振る舞えたと思う。 아마도 면접하는 동안은 자연스럽게 행동했다고 생각한다.

➕ 行動〈する〉 행동 < 하다 >

539	誇張〈する〉 こちょう 명 과장 < 하다 >	面接では誇張せず、事実をそのまま述べた。 면접에서는 과장 없이 사실 그대로 말했다.
540	代わる代わる か か 부 교대로 / 번갈아	5人の面接官から代わる代わる質問を受けた。 5명의 면접관에게 번갈아 질문을 받았다.

➕ 順々に 순차적으로

541	雑談〈する〉 ざつだん 명 잡담 < 하다 >	まず雑談のようなスタイルで面接が始まった。 우선 잡담 같은 스타일로 면접이 시작되었다.
542	洞察力 どうさつりょく 명 통찰력	ある質問で洞察力をチェックされた。 어떤 질문으로 통찰력을 체크당했다.
543	露骨な ろこつ ナ형 노골적인	皮肉を言われて、露骨に嫌な顔をしてしまった。 빈정대는 말을 듣고 노골적으로 싫은 얼굴을 해버렸다.
544	開封〈する〉 かいふう 명 개봉 < 하다 >	どきどきしながら、会社からの通知を開封する。 두근두근하면서 회사에서 온 통지를 개봉한다.
545	あっせん〈する〉 명 알선 < 하다 >	就職をあっせんしてくれる業者に問い合わせた。 취업을 알선해 주는 업체에 문의했다.

➕ 仲介〈する〉 중개 < 하다 >

Chapter 5

546	逸材 いつざい	弊社では、国籍を問わず逸材を求めている。
명	뛰어난 인재	폐사는 국적을 불문하고 뛰어난 인재를 구하고 있다.

547	新人 しんじん	3月に入ると、新人の研修が始まる。
명	신인 / 신입 사원	3월이 되면 신입 사원 연수가 시작된다.

548	正規 せいき	志望者の多くは正規社員として採用されることを希望している。
명	정규	지망자의 대부분은 정규 사원으로 채용되는 것을 희망하고 있다.

549	原則 げんそく	原則として3か月間は試用期間だ。
명	원칙	원칙적으로 3개월 동안은 수습 기간이다.

550	おおむね	就職率はおおむね回復してきたと言えるだろう。
부	대체로	취업률은 대체로 회복됐다고 말할 수 있겠다.

551	売り手 うて	①今年の新卒採用は売り手市場だ。 ②ネットオークションの売り手について調べる。
명	취업활동자 / 파는 쪽	① 올해 졸업자 채용은 구직자가 유리한 상황이다. ② 인터넷 옥션의 판매자에 대해 조사한다.

↔ 買い手かて

👍 ① 일자리를 찾고 있는 사람 ② 제품을 판매하는 사람

552	つきましては	採用が決定しました。つきましては、弊社においでください。
접속	그러므로 (정중한 표현)	채용이 결정됐습니다. 그러므로 저희 회사에 오시길 부탁드립니다.

➕ ついては 따라서 / 그러므로

👍 " ついては " 보다 " つきましては " 가 더 정중함.

Section 1

이것도 외우자! ❼

➕ 접사⑦　接辞(せつじ)⑦

• ~っぽい : ~의 성질이 있다 . 자주 ~ 하다

女(おんな)っぽい	여자 같은 / 여자 답다
男(おとこ)っぽい	남자 같은 / 남자 답다
子(こ)どもっぽい	어린애 같은
大人(おとな)っぽい	어른스러운
色(いろ)っぽい	섹시한
安(やす)っぽい	값어치가 없어 보이는
忘(わす)れっぽい	건망증이 심한
怒(おこ)りっぽい	화를 잘 내는
飽(あ)きっぽい	곧 싫증 나는
愚痴(ぐち)っぽい	푸념 같은
黒(くろ)っぽい	거무스름한
白(しろ)っぽい	약간 하얀
熱(ねつ)っぽい	열이 나는 / 몹시 흥분한
湿(しめ)っぽい	눅눅한

Section 2

기업

企業（きぎょう）

---

553 日系企業 (にっけい きぎょう)
명 일본계 기업

彼は祖国の日系企業で働いている。
그는 자기 나라의 일본계 기업에서 일하고 있다.

➕ 合弁企業 (ごうべん きぎょう) 합작 투자 기업

---

554 外資系企業 (がいしけい きぎょう)
명 외국계 기업

外資系企業は実力主義だと言われている。
외국계 기업은 실력주의라고 알려져 있다.

---

555 利益 (りえき)
명 이익

A社は一つの商品で莫大な利益を得た。
A 사는 하나의 상품으로 막대한 이익을 얻었다.

---

556 経費 (けいひ)
명 경비

景気の悪化で、企業の多くは経費の削減を検討している。
경기 악화로 기업의 대부분은 경비 삭감을 검토하고 있다.

---

557 バンク
명 은행 / 뱅크

① A社はメインバンクを変えた。
② 流行を知るためにデータバンクを利用する。

① A 사는 주거래 은행을 바꿨다.
② 유행을 알기 위해 데이터 뱅크를 이용한다.

➕ ① メガバンク 메가 뱅크

👉 ① 은행 ② 귀중한 것을 대량으로 보관하는 장소

---

558 負債 (ふさい)
명 부채 / 빚

うちの会社は大きな負債を抱えたため、倒産した。
우리 회사는 큰 부채(빚)를 지고 있었기 때문에 도산했다.

➕ 負債額 (ふさいがく) 부채액 / 빚진 액수

---

559 派遣〈する〉(はけん)
명 파견 < 하다 >

この会社には派遣社員が多い。
이 회사는 파견 사원이 많다.

➕ 人材派遣 (じんざいはけん) 인재 파견

Section 2

560 エリート
名 엘리트 (뛰어난 능력이 있다고 인정된 사람)

彼は会社の将来を担うエリートとして採用された。
그는 회사의 장래를 짊어질 엘리트로서 채용되었다.

➕ エリート社員 엘리트 사원・エリート意識 엘리트 의식

561 確保〈する〉
명 확보〈하다〉

災害発生時に企業が生産性を確保するのは難しい。
재해 발생시 기업이 생산성을 확보하기는 어렵다.

562 営む
동 경영하다

当社は長年貿易業を営んでいる。
우리 회사는 오랫동안 무역업을 영위하고 있다.

563 売買〈する〉
명 매매(판매)〈하다〉

小社は主に農産物の売買を行っている。
우리 회사는 주로 농산물 매매를 하고 있다.

564 規定
명 규정

会社の規定に従って働く。
회사의 규정에 따라 일을 한다.

➕ 規格 규격

565 好調〈な〉
명 ナ형 호조적인 / 순조로운

新しい商品の売れ行きは好調だ。(ナ形)
새로운 제품의 판매는 순조롭다.

↔ 不調〈な〉 ➕ 快調〈な〉 쾌조[한]〈하다〉

566 築く
동 구축하다 / 쌓다

ビジネスはまず信用を築くことが大切だ。
사업은 우선 신용을 쌓는 것이 중요하다.

567 セクション
명 섹션 / 부문

① 中国語が生かせるセクションで働いている。
② セクションを問わず、部長はいろいろなことを知っている。

① 중국어를 활용할 수 있는 부문에서 일하고 있다.
② 섹션을 불문하고 부장님은 여러 가지를 알고 있다.

👉 ① 회사의 부문 ② 지역

Chapter 5

568 上向く うわむ 동 향상되다	景気が回復し、会社の実績も上向いている。 경기가 회복되어 회사의 실적도 향상되고 있다.

↔ 下向く　➕ 上向き 향상 / 상승

569 仕える つか 동 섬기다 / 모시다	尊敬する社長にずっと仕えたい。 존경하는 사장님을 계속 모시고 싶다.

570 削減〈する〉 さくげん 명 삭감 < 하다 >	来年度の予算は大幅に削減された。 내년도 예산은 크게 삭감되었다.

➕ 削る 깎다

571 切り抜ける きぬ 동 돌파하다	何とか会社の危機を切り抜けた。 어떻게든 회사의 위기를 돌파했다.

➕ 乗り越える 극복하다

572 特許 とっきょ 명 특허	画期的な発明で特許を取得した。 획기적인 발명으로 특허를 취득했다.

➕ 特許申請〈する〉 특허 출원 < 하다 >

573 転じる てん 동 돌리다 / 바뀌다 / 바꾸다	会社の利益がようやくプラスに転じた。 회사의 이익이 간신히 플러스로 전환되었다.

574 公私 こうし 명 공사 (공적인 것과 사사로운 것)	日本企業では公私をしっかり分ける。 일본 기업에서는 공사를 확실히 구분한다.

575 混同〈する〉 こんどう 명 혼동 < 하다 >	職場では公私混同を避けるべきだ。 직장에서 공사를 혼동하는 것은 피해야 한다.

➕ プライベート〈な〉 프라이빗 / 개인적 / 사적

576 あなたがち [〜ない] 부 반드시 [〜은 아니다]	この会社の将来はあなたがち悪くはない。 이 회사의 미래는 반드시 나쁘지는 않다.

Section 2

577	いざ知らず	他社のことはいざ知らず、当社の経営は安定している。
관	~은 어떨지 모르지만	다른 회사는 몰라도 우리 회사의 경영은 안정되어 있다.

578	多かれ少なかれ	どの企業も多かれ少なかれ問題を抱えている。
부	많든 적든	어떤 기업도 많든 적든 문제를 안고 있다.

➕ どっちにしても 어느쪽으로 해도

579	遅かれ早かれ	遅かれ早かれ、A社は倒産するだろう。
부	조만간 / 언젠가는	조만간 A사는 도산할 것이다.

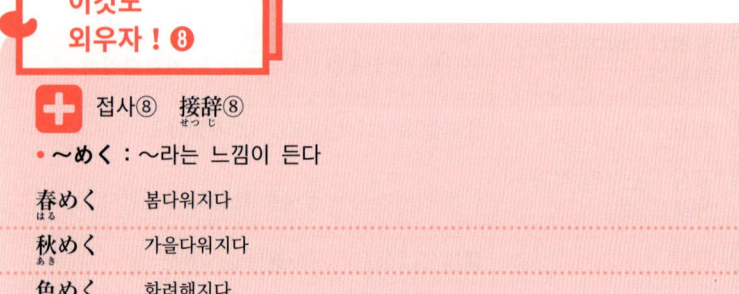

이것도 외우자! ⑧

➕ 접사⑧   接辞⑧

• ~めく : ~라는 느낌이 든다

春めく	봄다워지다
秋めく	가을다워지다
色めく	화려해지다
謎めく	수수께끼처럼 보이다
冗談めく	농담하는 듯한 말투로
ざわめく	술렁거리다

Section 3

일 / 업무

仕事（しごと）

580 適性（てきせい）
명) 적성

仕事の適性を考慮して人事を行う。
업무의 적성을 고려하여 인사를 실시한다.

➕ 適性検査 적성 검사

581 はかどる
동) 진척되다 / 일이 잘 되어간다

なかなか予定通りに仕事がはかどらない。
좀처럼 예정대로 일이 진척되지 않는다.

582 手掛ける（てがける）
동) 손수 다루다 / 직접 하다

新しく手掛けるプロジェクトが楽しみだ。
새로이 다루게 될 프로젝트가 기다려진다.

583 打ち込む（うちこむ）
동) 몰두하다 / 쳐 넣다

① 時間を忘れて、仕事に打ち込む。
② 相手のコートに思いきりボールを打ち込んだ。
① 시간을 잊고 일에 몰두한다.
② 상대방 코트에 힘껏 공을 쳐넣었다.

👉 ① 뭔가에 열중하다 ② 안에 쳐 넣는다

584 負う（おう）
동) 짊어지다 / 부담하다

この仕事は大きな責任を負うが、やりがいがある。
이 일은 큰 책임을 짊어지지만 하는 보람이 있다.

585 先方（せんぽう）
명) 상대방

具体的に進める前に、先方の意見を聞く。
구체적으로 진행하기 전에 상대방 의견을 듣는다.

586 議題（ぎだい）
명) 의제

今日の会議は特に議題はなさそうだ。
오늘 회의는 특별히 의제는 없을 것 같다.

587 了承〈する〉（りょうしょう）
명) 양해 〈하다〉

条件次第で先方も了承してくれるだろう。
조건에 따라 상대방도 양해해 줄 것이다.

Section 3

588	**出向く** (でむく) 동 나가다 / 그곳으로 가다	本件は先方に<u>出向いて</u>交渉する必要がある。 본건은 상대방 쪽에 가서 교섭할 필요가 있다.
589	**手数** (てすう) 명 수고	お<u>手数</u>をかけました。 수고를 끼쳤습니다. 👉 "てかず"라고도 읽는다
590	**承る** (うけたまわる) 동 삼가 받다 (받다의 겸허한 표현)	その件、<u>承りました</u>。 그 건은 잘 알았습니다 / 접수되었습니다.
591	**例の** (れいの) 연체 예의 (구체적으로 말하지 않아도 당사자끼리 서로 아는~)	<u>例の</u>件は、その後いかがでしょうか。 예의 건은 그 후 어떻습니까?

➕ 例の話 예의 이야기 · 例の件 예의 건

592	**取り急ぎ** (とりいそぎ) 부 우선 급한 대로 (서간문에 사용)	・<u>取り急ぎ</u>、ご報告まで。 ・<u>取り急ぎ</u>、お礼まで。 우선 급한 대로 보고합니다. 우선 급한 대로 감사를 전합니다. 👉 주로 편지나 전자 메일에 쓰인다.
593	**企画〈する〉** (きかく) 명 기획 < 하다 >	新しいキャンペーンを<u>企画する</u>。 새로운 캠페인을 기획한다.
594	**受け持つ** (うけもつ) 동 담당하다 / 맡다	このプロジェクトを<u>受け持つ</u>ことになった。 이 프로젝트를 맡게 되었다.
595	**分担〈する〉** (ぶんたん) 명 분담 < 하다 >	同じセクションで仕事を<u>分担する</u>。 같은 섹션에서 일을 분담한다.

➕ 分業〈する〉(ぶんぎょう) 분업 < 하다 >

Chapter 5

596 連携〈する〉
れんけい
名 연계 / 제휴 < 하다 >

どんな仕事も連携することが重要だ。
어떤 일도 연계하는 것이 중요하다.

➕ 連携プレー 연계 플레이

597 連帯〈する〉
れんたい
名 연대 < 하다 >

何かミスがあったら、連帯で責任を負う。
뭔가 실수가 있으면 연대 책임을 진다.

➕ 連帯感 연대감・連帯責任 연대 책임

598 組み込む
く こ
動 짜 넣다 / 편입시키다

宣伝費を予算に組み込む。
광고비를 예산에 짜 넣는다.

599 根回し〈する〉
ね まわ
名 사전 의논 < 하다 >

交渉する前に根回ししておこう。
교섭하기 전에 사전에 의논해 두자.

600 出社〈する〉
しゅっしゃ
名 출근 < 하다 >

出社してすぐに打ち合わせが始まった。
출근하자마자 협의가 시작되었다.

601 代理〈する〉
だいり
名 대리 < 하다 >

部長の代理で会議に出席することになった。
부장 대리로 회의에 출석하게 되었다.

➕ 代行〈する〉 대행 < 하다 >・ピンチヒッター 대타

602 取り次ぐ
と つ
動 넘겨 주다 / 연결하다

クライアントからの電話を部長に取り次いだ。
클라이언트의 전화를 부장에게 연결했다.

603 バトンタッチ〈する〉
名 배턴 터치 / 인계 < 하다 >

仕事の担当を新人にバトンタッチした。
업무 담당을 신인에게 인계했다.

➕ 交代〈する〉 교대 < 하다 >

604 オファー〈する〉
名 제안 / 주문 < 하다 >

有名なデザイナーに仕事をオファーした。
유명한 디자이너에게 일을 제안했다.

Section 3

605 立腹〈する〉 りっぷく
명 화를 내다 / 분개하다

会社の利益が減り、社長が立腹している。
회사의 이익이 줄어들어 사장님이 화를 내고 있다.

👉 상대를 진정시키는 표현으로 "ご立腹はもっともですが"가 자주 사용된다.

606 軽減〈する〉 けいげん
명 경감 < 하다 >

忙しすぎる。社員の負担を軽減するべきだ。
너무 바쁘다. 직원의 부담을 경감해야 한다.

607 労力 ろうりょく
명 일손

予定よりプロジェクトが大きくなり、労力が足りない。
예정보다 프로젝트가 커져서 일손이 부족하다.

➕ 労働力 노동력

608 ノルマ
명 노르마(할당된 노동량)

仕事のノルマがきつくて、退職する人もいる。
업무 할당량이 힘들어서 퇴직하는 사람도 있다.

609 新入り しんいり
명 신입사원

新入りに仕事を教える。
신입사원에게 일을 가르친다.

610 弱音 よわね
명 나약한 소리 / 죽는소리

彼はどんなに難しい仕事でも、一切弱音を吐かない。
그는 아무리 어려운 일이라도 일절 죽는소리하지 않는다.

➕ 泣き言 우는 소리 / 푸념

611 マンネリ
명 매너리즘(틀에 박힌 방식이나 태도를 취해 독창성이나 신선함이 없음)

部長のアイディアはマンネリに陥っていると思う。
부장님의 아이디어는 매너리즘에 빠졌다고 생각한다.

➕ マンネリ化〈する〉 매너리즘화 < 하다 >

612 上の空 うわのそら
명 건성 / 마음이 들뜸

朝から上の空で、部長に注意された。
아침부터 마음이 들떠 있어 부장님께 주의를 받았다.

Chapter 5

613 부	いやいや 마지 못해	いやいやする仕事なら、辞めた方がいい。 마지 못해서 하는 일이라면 그만두는 것이 좋다.
614 명	打ち上げ 마무리 회의 / 회식 / 쏘아올림	プロジェクトが無事に終わり、打ち上げをした。 프로젝트가 무사히 끝나 마무리 회식을 했다.

👍 로켓과 불꽃 놀이 등을 하늘에 뭔가를 쏴 올릴 때도 사용한다.

615 동	兼ねる 겸하다	明日の飲み会は送別会も兼ねている。 내일의 회식은 송별회도 겸하고 있다.
616 동	差し支える 지장이 있다	お酒を飲みすぎると、翌日の仕事に差し支える。 술을 과음하면 다음날 업무에 지장이 있다.
617 명	教訓 교훈	今回の反省を教訓に、次も頑張ろう。 이번 반성을 교훈 삼아 다음에도 노력하자.

➕ 教え 가르침

Section 4
상하 관계
上下関係（じょうげかんけい）

618 慎む（つつし）
동 자제하다
① 上司に対しては、言葉を慎まないといけない。
② 健康のために、酒を慎んでいる。
① 상사에 대해서는 말을 자제하지 않으면 안된다.
② 건강을 위해 술을 자제하고 있다.

➕ 慎み（つつし）자제

👉 ① 사회 규범과 상식의 범위 내에 머물다 ② 삼가다

619 わきまえる
동 분별하다
日本人は身分をわきまえて敬語を使う。
일본인은 신분을 잘 분별해서 경어를 쓴다.

620 一から十まで（いちからじゅうまで）
관 하나에서 열까지 / 일일이
新人の時は、一から十まで先輩に教わった。
신인 때는 하나에서 열까지 선배한테 배웠다.

621 気兼ね〈する〉（きがね）
명 어려워하다
田中さんは気兼ねせずに話せる上司だ。
다나카 씨는 거리낌없이 말할 수 있는 상사이다.

622 気が引ける（きがひける）
관 마음이 내키지 않는다 / 주눅 든다
先輩に仕事を頼むのは気が引ける。
선배에게 일을 부탁하는 것은 마음이 내키지 않는다.

623 年配（ねんぱい）
명 연배 / 중년
A社には年配の社員が多い。
A 회사에는 중년 사원이 많다.

➕ 中年（ちゅうねん）중년

624 一目置く（いちもくおく）
관 (실력이 나은 사람으로 인정하여) 높이 평가하다.
社長も佐々木部長には一目置いている。
사장님도 사사키 부장님을 높이 평가하고 있다.

Chapter 5

625	拝借〈する〉 はいしゃく	部長、会議の資料を拝借します。
명	빌려 씀의 겸사말 / 배차 < 하다 >	부장님, 회의 자료를 빌리겠습니다.

626	寛大な かんだい	寛大な上司に恵まれて幸せだ。
ナ형	관대한	관대한 상사를 만나서 행복하다.

➕ 寛容な 관용한
かんよう

627	大目に見る おおめ　み	ミスをしても、上司が大目に見てくれた。
관	너그럽게 봐 주다	실수를 하더라도 상사가 너그럽게 봐 주었다.

628	長い目で見る なが　め　み	彼女はまだ入社1年目だから長い目で見よう。
관	긴 안목으로 보다	그녀는 아직 입사 1년째니까 긴 안목으로 보자.

629	促す うなが	残業していたら、早く帰るよう促された。
동	재촉하다 / 촉구하다 / 촉진하다	잔업하고 있는데 빨리 귀가하라고 재촉받았다.

➕ 催促〈する〉 재촉 < 하다 >
さいそく

630	却下〈する〉 きゃっか	初めて提出した企画は、すぐに却下された。
명	각하 / 기각 < 하다 > (제안 등을 물리침)	처음 제출한 기획은 즉시 기각되었다.

➕ 受理〈する〉 수리 < 하다 >(받아들임)
じゅり

631	慕う した	社員はみんな社長を慕っている。
동	몹시 따르다	직원들은 모두 사장을 몹시 따르고 있다.

632	恐れ入る おそ　い	ご心配をおかけし、恐れ入ります。
동	송구스럽다 / 죄송하다	걱정을 끼쳐 죄송합니다.

633	仰ぐ あお	①尊敬する先輩に指導を仰ぐ。 ②青空に感動して、天を仰いだ。
동	바라보다 / 청하다 / 올려다 보다	① 존경하는 선배에게 지도를 청하다. ② 푸른 하늘에 감동하여 하늘을 올려다 보았다.

👉 ① 중요한 것을 청하다 ② 위를 향해 하늘을 올려다 보다

Section 4

634 とがめる
동 비난하다 / 질책하다

上司から怠慢な態度を<u>とがめられた</u>。
상사한테 태만한 태도를 질책받았다.

➕ 非難〈する〉 비난〈하다〉

635 準じる
동 준하다

4月から課長に<u>準じる</u>立場になる。
4월부터 과장에 준하는 입장이 된다.

636 対等〈な〉
명 / ナ형 대등 [한]〈하다〉

能力を認められ、課長と<u>対等</u>に話せるようになった。(ナ形)
능력을 인정받아 과장님과 대등하게 말할 수 있게 되었다.

637 ため口
명 반말

先輩に<u>ため口</u>をきくなんて信じられない。
선배에게 반말을 하는 것은 있을 수 없는 일이다.

➕ ため 나이나 신분 등이 같거나 대등함 (주로 젊은 층에서 쓰는 말)

638 ぞんざいな
ナ형 난폭한 / 무례한

仕事で<u>ぞんざいな</u>言葉を使うものではない。
업무에서 무례한 말을 사용하는 것이 아니다.

639 煙たい
イ형 (대하기) 거북스럽다 / 매캐하다

① 社長は社員にとって、<u>煙たい</u>存在だ。
② たばこを吸っている人が近くにいて<u>煙たい</u>。
① 사장은 직원에게 거북한 존재다.
② 담배를 피우는 사람이 가까이 있어 매캐하다.

👍 ① 가까이 하기가 거북하다 ② 얼굴에 연기가 닿아 맵다

640 前置き
명 서론

部長の話は<u>前置き</u>が長すぎる。
부장의 이야기는 서론이 너무 길다.

641 くどい
イ형 장황한

課長はいちいち説明が<u>くどくて</u>困る。
과장은 일일이 설명이 장황해서 곤란하다.

Chapter 5

642 息苦しい
いきぐる

① 上司との出張は息苦しい。
じょうし　しゅっちょう　いきぐる
② ストレスのせいか、急に息苦しくなることがある。
　　　　　　　　　　きゅう　いきぐる

イ형 답답한 / 숨막히는

① 상사와의 출장은 답답하다.
② 스트레스 때문인지 갑자기 숨이 막힐 때가 있다.

👉 ① 어떤 형태의 압력으로 숨이 차다 ② 호흡이 어려워지다

643 理屈
りくつ

課長の話は理屈が多い。
かちょう　はなし　りくつ　おお

명 억지 이론

과장님의 이야기는 억지 이론이 많다.

➕ 理屈っぽい 이론만 내세우다 / 이치로 따지기를 좋아하다・
りくつ

へ理屈 이치에 닿지 않는 이론 / 핑계
りくつ

644 へりくだる

彼のへりくだった態度は不愉快だ。
かれ　　　　　　　たいど　ふゆかい

동 자기를 낮추다 / 비하하다

그의 자기 비하 태도는 불쾌하다.

645 おだてる

先輩におだてられて、大変な仕事を引き受けてしまった。
せんぱい　　　　　　　たいへん　しごと　ひ　う

동 치켜세우다

선배가 나를 치켜세워 힘든 일을 떠맡게 되었다.

➕ ごまをする 아부하다・持ち上げる 들어올리다 / 치켜세우다
　　　　　　　　　　　も　あ

646 引き下がる
ひ　さ

先輩と意見が対立しても、簡単には引き下がれない。
せんぱい　いけん　たいりつ　　　かんたん　　　ひ　さ

동 물러서다

선배와 의견이 대립해도 쉽게 물러설 수 없다.

➕ 手を引く 철수하다
て　ひ

647 パワハラ

社内でパワハラ問題が起きた。
しゃない　　　　　　もんだい　お

명 파워 하라스먼트 (갑질행위)

사내에서 갑질 문제가 일어났다.

➕ セクハラ 성희롱・
アカハラ 아카데믹 하라스먼트 (대학에서 권력과 지위를 이용하여 교사와 학생들을 괴롭히는 행위)

Section 4

이것도 외우자! ⑨

➕ 접사⑨ 接辞⑨

• ~げ : 보기만 해도 ~하다

寂しげ	쓸쓸한 듯이
悲しげ	슬픈 듯이
うれしげ	기쁜 듯이
楽しげ	즐거운 듯이
危なげ	위태운 모양
自慢げ	자랑스러운 듯이
得意げ	특기인 듯이
親しげ	친한 듯이
言いたげ	말하고 싶은 듯이
意味ありげ	의미 있는 듯이
満足げ	흐뭇한 듯이
不満げ	불만스러운 듯이
自信ありげ	자신 있는 듯이
自信なさげ	자신 없는 듯이

Section 5

퇴직・이직

退職(たいしょく)・転職(てんしょく)

648	経歴 (けいれき)	転職のために、これまでの経歴をまとめておく。
명	경력	전직을 위해 지금까지의 경력을 정리해 둔다.

➕ 学歴 학력・職歴 직업 경력

649	キャリア	彼女は申し分ないキャリアを武器に大企業に転職した。
명	경력	그녀는 더할 나위 없는 경력을 무기로 대기업으로 전직했다.

650	生かす (い)	A社なら、これまでのキャリアを十分に生かせるだろう。
동	활용하다 / 살리다	A사라면 지금까지의 경력을 충분히 살릴 수 있을 것이다.

➕ 活用〈する〉 활용 < 하다 >

651	図る (はか)	課長は外資系企業への転職を図っているそうだ。
동	도모하다 / 노리다	과장은 외국계 기업에 이직을 도모하고 있다고 한다.

652	事業 (じぎょう)	自分で新しい事業を始めるのも選択肢の一つだ。
명	사업	스스로 새로운 사업을 시작하는 것도 선택지 중 하나다.

653	起業〈する〉 (きぎょう)	友人と一緒に起業するつもりだ。
명	기업 / 창업 < 하다 >	친구와 함께 창업할 생각이다.

➕ 起業家 기업가

654	資金 (しきん)	新しいビジネスのための資金を集める。
명	자금	새로운 사업을 위한 자금을 모은다.

➕ 留学資金 유학 자금・旅行資金 여행 자금

Section 5

655 実業家 (じつぎょうか)
명 실업가
実業家として活躍するのが私の夢だ。
실업가로 활약하는 것이 나의 꿈이다.
➕ 事業家 (じぎょうか) 사업가

656 共同 (きょうどう)
명 공동
前の会社の同僚と共同で会社を設立した。
이전 회사의 동료와 공동으로 회사를 설립했다.
➕ 単独 (たんどく) 단독・共同経営 (きょうどうけいえい) 〈する〉 공동 경영 〈하다〉

657 野心 (やしん)
명 야심
成功するためには野心も必要だ。
성공하기 위해서는 야심도 필요하다.
➕ 野心家 (やしんか) 야심가

658 コネ
명 커넥션 (관계/연고/연줄)
コネを使って、根回しをしておこう。
연줄을 이용해서 사전 교섭을 해 두자.
🟰 縁故 (えんこ)
👉 "コネクション"의 생략형

659 一か八か (いちかばちか)
관 (운명을 걸고 단판 승부를 겨루는 말) 되든 안 되든
一度決めたからには、一か八かでやってみよう。
한 번 결정한 이상 잘 되든 안 되든 해 보자.

660 承知〈する〉 (しょうち)
명 승낙〈하다〉
上司は事情を察して、退職を承知してくれた。
상사는 사정을 헤아려 퇴직을 승낙해 주었다.

661 提示〈する〉 (ていじ)
명 제시〈하다〉
転職先の会社に条件を提示した。
이직할 회사에 조건을 제시했다.

662 サイドビジネス
명 부업
この会社ではサイドビジネスが認められている。
이 회사는 부업을 인정하고 있다.

663 家業 (かぎょう)
명 가업
退職して家業を継ぐことになった。
퇴직하고 가업을 잇게 되었다.

Chapter 5

664 やり遂げる
動 끝까지 해내다 / 완수하다

今のプロジェクトをやり遂げてから辞めるつもりだ。

지금의 프로젝트를 완수한 후에 그만둘 생각이다.

➕ 遂行〈する〉 수행〈하다〉

665 宛てる
動 앞으로 보내다

社長に宛てて退職願いを書いた。

사장 앞으로 퇴직서를 썼다.

➕ ～宛ての ～앞으로

666 見計らう
動 가늠하다 / 적당히 고르다

部長に退職の話をするタイミングを見計らっている。

부장님께 퇴직 이야기를 할 타이밍을 가늠하고 있다.

667 円満な
ナ形 원만한

何とか円満に退社できそうだ。

어떻게든 원만하게 퇴사할 수 있을 것 같다.

➕ 円満退社 원만 퇴사

668 後押し〈する〉
名 밀어주다 / 후원하다

先輩が転職を後押ししてくれた。

선배가 전직을 밀어주었다.

669 引き継ぐ
動 인계하다 / 인수하다

退職するまでに後輩に仕事を引き継ぐ。

퇴직할 때까지 후배에게 업무를 인계한다.

➕ 引き継ぎ〈する〉 잇다

670 しくじる
動 실수하다 / 그르치다

お酒でしくじって、首になった。

술로 실수하여 해고됐다.

671 解雇〈する〉
名 해고〈하다〉

会社の売り上げが落ち込み、突然解雇された。

회사의 매출이 감소하여 갑자기 해고되었다.

➕ リストラ〈する〉 구조 조정〈하다〉

Section 5

672 ニート

명 니트족 (직장에 다니는 것도 아니고 교육이나 훈련을 받는 상태도 아닌 젊은이)

しばらくニートだったが、再び就活を始めた。

잠시 니트족이었지만 다시 취업 활동을 시작했다.

 알파벳은 "NEET"

이것도 외우자! ⑩

접사⑩　接辞⑩

• ～くさい : 그런 느낌이 든다 (좋은 경우에는 사용하지 않는다)

けちくさい	돈에 인색한
うそくさい	거짓말 같은
面倒くさい	귀찮은
田舎くさい	촌스러운
古くさい	낡은
貧乏くさい	궁상스러운

N1
Chapter
6
나의 동네

私の町
わたし まち

			단어 No.
1	거리	街 まち	**673~698**
2	공공	公共 こうきょう	**699~722**
3	교통	交通 こうつう	**723~752**
4	산업	産業 さんぎょう	**753~774**
5	고향	故郷 こきょう	**775~797**

Section 1

거리

街（まち）

| 673 | **街並み**
まちな
명 거리 모습 | この通りには古い街並みが残っている。
이 길에는 오래된 거리 모습이 남아 있다. |

➕ 町並み 거리・家並み 집들이 늘어선 모습

| 674 | **住人**
じゅうにん
명 거주자 / 주민 | うちのマンションでは住人同士があいさつすることが少ない。
우리 아파트는 주민끼리 인사를 하는 경우가 적다. |

➕ 住民 주민

| 675 | **コミュニティー**
명 커뮤니티 / 공동체 | 地域のコミュニティーの人間関係を大切にしている。
지역 공동체의 인간관계를 소중히 하고 있다. |

➕ 共同体 공동체

| 676 | **人波**
ひとなみ
명 인파 | 商店街のセールで人波にもまれて疲れた。
상점가의 세일 때문에 인파에 휩쓸려 피곤했다. |

| 677 | **地下街**
ちかがい
명 지하가 | 駅周辺の地下街に人気のカフェがある。
역 주변의 지하가에 인기 있는 카페가 있다. |

| 678 | **明かり**
あ
명 불빛 | この辺りの道には明かりが少ない。
이 근처의 길에는 불빛이 적다. |

➕ 街灯 가로등

| 679 | **人気**
ひとけ
명 인기척 / 인적 | 大きな通りから一本入ると人気がない。
큰길에서 골목길 안으로 들어가면 인적이 없다. |

| 680 | **こうこうと**
부 휘황찬란하게 | 深夜コンビニの辺りだけがこうこうと明るい。
심야 편의점 근처만 휘황찬란하게 밝다. |

681	整備〈する〉 せいび	でこぼこだった道が最近整備された。
명	정비 < 하다 >	울퉁불퉁했던 길이 최근 정비되었다.
682	インフラ	都市ではインフラがほぼ整備されている。
명	인프라 (산업 기반. 경제 기반. 사회적 생산 기반)	도시에는 인프라가 거의 정비되어 있다.
683	埋め立てる うた	海を埋め立てて工場を作る計画がある。
동	매립하다	바다를 매립해 공장을 만들 계획이 있다.

➕ 埋め立て地 매립지

684	着手〈する〉 ちゃくしゅ	工事がいつ着手されるかは、まだ決まっていない。
명	착수 < 하다 >	공사가 언제 착공될지는 아직 정해지지 않았다.
685	着工〈する〉 ちゃっこう	埋め立て工事の着工が、来年春に決定した。
명	착공 < 하다 >	매립 공사 착공이 내년 봄으로 결정됐다.
686	溶け込む とこ	新しい駅は古い街並みの風景にうまく溶け込んでいる。
동	융화되다 / 녹아들다	새로운 역은 오래된 거리 풍경에 잘 융화되어 있다.
687	趣 おもむき	この街は、歴史的な趣を残している。
명	정취	이 거리는 역사적인 정취가 남아 있다.

➕ 風情 풍치 / 운치 / 정서

688	斜面 しゃめん	山が整備され、斜面に住居が建てられた。
명	경사면 / 사면	산이 정비되어 경사면에 집이 지어졌다.
689	角度 かくど	この街には角度が急な坂がいくつかある。
명	각도	이 거리에는 각도가 가파른 언덕이 몇 군데 있다.
690	よそ	よそと比べると、ここは自然が残っている。
명	다른 곳	다른 곳과 비교하면 이곳은 자연이 남아있다.

↔ うち

Section 1

691 遅らせる
おく
동 늦추다 / 지연시키다

悪天候が道路工事を遅らせた。
악천후로 도로 공사가 지연됐다.

➕ 遅らす

692 規模
きぼ
명 규모

この地域の開発の規模は予定より大きくなりそうだ。
이 지역의 개발 규모는 예상보다 커질 것 같다.

➕ 小規模〈な〉 소규모 [인]< 이다 > ·
大規模〈な〉 대규모 [인]< 이다 >

693 もってこい
연어 안성맞춤 / 제격이다

この辺は交通量が少ないので、散歩にもってこいだ。
이 근처는 교통량이 적기 때문에 산책에 안성맞춤이다.

➕ 最適〈な〉 최적 [인]< 이다 >

694 点々と
てんてん
부 띄엄띄엄

駅から家までの道にはコンビニが点々とある。
역에서 집까지의 길에는 편의점이 띄엄띄엄 있다.

➕ 点在〈する〉 산재하다

695 待ち望む
まのぞ
동 손꼽아 기다리다

住民はスーパーのオープンを待ち望んでいる。
주민들은 슈퍼마켓 오픈을 손꼽아 기다리고 있다.

696 存続 〈する〉
そんぞく
명 존속 < 하다 >

あの図書館は閉館が心配されていたが、存続が決まった。
그 도서관은 폐관이 걱정됐지만 존속이 결정됐다.

697 若干
じゃっかん
명/부 약간

この地域の人口は去年に比べて若干減少した。(副)
이 지역의 인구는 작년과 비교해 약간 감소했다.

➕ 若干名 약간 명

698 追放 〈する〉
ついほう
명 추방 < 하다 >

街から暴力を追放するキャンペーンが行われている。
거리에서 폭력을 추방하는 캠페인을 하고 있다.

➕ 永久追放〈する〉 영구 추방 < 하다 >

이것도 외우자! ⑪

➕ 접사⑪　接辞⑪

● ～ずくめ : 거의～다, ～가 계속되다

黒ずくめ	검은색 일색의 복장
いいことずくめ	좋은 일 투성이
めでたいことずくめ	경사스러운 일 투성이
ごちそうずくめ	진수성찬
異例ずくめ	이례적인 일 투성이
記録ずくめ	기록적인 일 투성이

Section 2

공공
公共 (こうきょう)

699 ナ形	公的な (こうてき) 공적인	公的な立場として市役所の役割は大きい。 공적인 입장으로서 시청의 역할은 크다.

↔ 私的な (してき)

700 名	公用 (こうよう) 공용	公用の出張経費を見直すべきだ。 공용 출장 경비를 재검토해야 한다.

↔ 私用 (しよう) ＋ 公用車 (こうようしゃ) 공용차・公務 (こうむ) 공무

701 名	条例 (じょうれい) 조례	新しい条例がもうすぐ実施される。 새로운 조례가 곧 실시된다.

702 名	現行 (げんこう) 현행	現行の条例は時代に合っていない。 현행 조례는 시대에 맞지 않는다.

703 名	事例 (じれい) 사례	一つひとつの事例について市民への説明が必要だ。 하나 하나의 사례에 대해 시민에게 설명이 필요하다.

＝ ケース

704 名	実情 (じつじょう) 실정	自治体はごみ問題の実情を国に訴えた。 지자체는 쓰레기 문제의 실정을 정부에 호소했다.

＋ 実態 (じったい) 실태

705 名	立候補〈する〉 (りっこうほ) 입후보＜하다＞	弱冠25歳の若者が選挙に立候補した。 약관 25세의 젊은이가 선거에 입후보했다.

706 名	申請〈する〉 (しんせい) 신청＜하다＞	パスポートの更新を申請する。 여권 갱신을 신청한다.

Chapter 6

707 該当〈する〉
がいとう
명 해당 < 하다 >

自治体が地震対策工事に該当する建物を調査した。
지자체가 지진 대책 공사에 해당하는 건물을 조사했다.

➕ 該当者 해당자
がいとうしゃ

708 視察〈する〉
しさつ
명 시찰 < 하다 >

区長による各施設の視察が始まった。
구청장에 의한 각 시설의 시찰이 시작되었다.

709 回収〈する〉
かいしゅう
명 회수 < 하다 >/
수거하다

この地域のごみの回収時間が変更された。
이 지역의 쓰레기 수거 시간이 변경되었다.

710 廃止〈する〉
はいし
명 폐지 < 하다 >

区は条例の廃止に関するアンケートを実施した。
구청은 조례의 폐지에 관한 설문 조사를 실시했다.

711 回答〈する〉
かいとう
명 회답 < 하다 >

約80パーセントの市民がアンケートに回答した。
약 80%의 시민이 설문에 응답했다.

712 設置〈する〉
せっち
명 설치 < 하다 >

市役所に住民からの意見箱が設置された。
시청에 주민 의견함이 설치되었다.

713 対処〈する〉
たいしょ
명 대처 < 하다 >

役所の担当者が親切に対処してくれた。
관공서의 담당자가 친절하게 대처해 주었다.

➕ 対応〈する〉 대응 < 하다 >
たいおう

714 設ける
もう
동 만들다 / 마련하다 /
설치하다

新しい市役所に市民ホールが設けられた。
새 시청에 시민 홀이 만들어졌다.

715 是非
ぜひ
명 시시비비
(옳고 그름을 따짐)

議会が決定した条例の是非を住民に問う。
의회가 결정한 조례의 옳고 그름을 주민에게 묻는다.

➕ 可否 가부
かひ

Section 2

716 名	見解 (けんかい) 견해	様々な課題について市長が見解を述べた。 다양한 과제에 대해 시장이 견해를 밝혔다.
717 名	融通 (ゆうずう) 융통(성)	役所はルールを優先しすぎて、融通がきかないことが多い。 관청은 규정을 너무 우선하여 융통성이 없는 경우가 많다.
718 名 ナ形	身近〈な〉(みぢか) 일상적인 모양 / 자기와 가까운 / 신변	環境問題を身近なこととして考える。(ナ形) 환경 문제를 자기와 가까운 것으로 생각한다.
719 ナ形	大幅な (おおはば) 대폭	役所に出す書類申請のルールが大幅に変わった。 관공서에 낼 서류 신청 규정이 대폭 바뀌었다.
720 ナ形	革新的な (かくしんてき) 혁신적인	この町には革新的なアイディアを持つ町長が必要だ。 이 마을에는 혁신적인 아이디어를 가진 촌장이 필요하다.
721 名 副	おおかた 대체로	・おおかたの図書館は月曜日が休みだ。(名) ・選挙の結果はおおかたそんなものだろう。(副) 대부분의 도서관은 월요일이 휴일이다. 선거의 결과는 대체로 그러한 것이겠지.
722 ナ形	大まかな (おお) 어림잡아 / 대략적인	職員は知事に大まかな予算を報告した。 직원은 지사에게 대략적인 예산을 보고했다.

Section 3

교통

交通(こうつう)

723	路線(ろせん) 몡 노선	都市は電車もバスも路線がとても充実している。 도시는 전철도 버스도 노선이 매우 충실하다.

➕ 路線図(ろせんず) 노선도・バス路線(ろせん) 버스 노선

724	沿線(えんせん) 몡 연선 / 노선 주변	この沿線の街は若者に人気があるようだ。 이 연선의 거리는 젊은이들에게 인기가 있는 것 같다.
725	最寄り(もより) 몡 가장 가까운	家から最寄りの駅まで徒歩10分だ。 집에서 가장 가까운 역까지 도보 10분이다.
726	先頭(せんとう) 몡 선두 / 시작	渋滞は先頭まで数キロにわたって続いている。 교통체증은 선두부터 몇 킬로에 걸쳐 이어지고 있다.
727	駆け込む(かけこむ) 동 뛰어들다	発車ぎりぎりで電車に駆け込んだ。 출발 직전에 전철에 뛰어들어 겨우 탔다.

➕ 駆け込み乗車(かけこみじょうしゃ) 출발 시각에 간신히 승차하는 행위

728	乗り込む(のりこむ) 동 (탈 것에) 올라타다 / 탑승하다	ぎゅうぎゅうの満員電車に乗り込んだ。 승객으로 만원인 전철에 올라탔다.
729	ぎゅうぎゅう [な／と] ナ형 부 꽉찬 / 빽빽한	ラッシュアワーの電車はぎゅうぎゅうだ。(ナ形) 러시아워의 전철은 승객으로 빽빽하다.
730	身動き〈する〉(みうごき) 몡 몸 동작 < 하다 >	満員電車では身動きできない。 만원 전철에서는 몸을 움직일 수 없다.

Section 3

731 回送〈する〉
名 회송 < 하다 >

このバスは回送だから乗車できない。
이 버스는 회송 버스이기 때문에 승차할 수 없다.

➕ 回送車 회송차

732 改定〈する〉
名 개정 < 하다 >

4月からバス料金が改定される。
4월부터 버스 요금이 개정된다.

➕ 改正〈する〉 개정 < 하다 >

733 まばらな
ナ形 드문드문한

早朝のバスは乗客もまばらだ。
새벽 버스는 승객도 드문드문하다.

734 引き締める
動 세게 죄다 / 긴장시키다

車を運転するときは気を引き締めなければいけない。
자동차를 운전할 때는 정신을 바짝 차리지 않으면 안 된다.

735 模範的な
ナ形 모범적인

今のところ私は無事故で、模範的なドライバーだ。
지금까지 나는 무사고로 모범적인 드라이버이다.

736 経る
動 경유하다 / 거치다

① 横浜を経て箱根に行く。
② 10年の時を経て、二つの路線がつながった。
① 요코하마를 경유해서 하코네에 간다.
② 10년 세월을 거쳐 두 노선이 연결되었다.

➕ ①経由〈する〉 경유 < 하다 >

👉 ① 경유 ② 시간 경과

737 遠ざかる
動 멀어지다

列車が発車し、故郷の風景が遠ざかっていった。
열차가 출발하고 고향의 풍경이 멀어져 갔다.

➕ (〜を) 遠ざける (〜을) 멀리하다

738 たどり着く
動 겨우 도착하다

渋滞に遭って、いつもより2時間も遅れてたどり着いた。
교통체증에 걸려 평소보다 2시간이나 늦게 겨우 도착했다.

➕ たどる 길을 따라가다 / 모르는 길을 헤매며 찾아가다

Chapter 6

739 差しかかる
さ
動 접어들다 / 다다르다

交差点に差しかかった所で、信号が赤になった。
こうさてん さ ところ しんごう あか

교차로에 접어들었을 때 신호가 빨간색으로 되었다.

740 サービスエリア
名 휴게소

このサービスエリアは施設が充実している。
しせつ じゅうじつ

이 휴게소는 시설이 충실하다.

➕ ドライブイン 드라이브인

741 沿う
そ
動 따르다 / 연하다

海に沿った道をドライブする。
うみ そ みち

바다를 따라 난 길을 드라이브한다.

742 時速
じそく
名 시속

時速60キロで安全に運転する。
じそく あんぜん うんてん

시속 60 킬로미터로 안전하게 운전한다.

➕ 分速 분속・秒速 초속
ふんそく びょうそく

743 寄せる
よ
動 가까이 대다 / 밀려오다

① 車を道の端に寄せた。
くるま みち はし よ
② 大波が寄せてくる。
おおなみ よ

① 차를 길가에 댔다.
② 큰 파도가 밀려온다.

👉 ① 가까이하다 ② 무언가를 밀려서부터 오게 하다

744 延々［と］
えんえん
副 끝없이

渋滞の列が延々と続いている。
じゅうたい れつ えんえん つづ

교통체증의 줄이 끝없이 이어지고 있다.

745 出くわす
で
動 우연히 만난다 / 딱 마주치다

ドライブの途中でテレビの撮影に出くわした。
とちゅう さつえい で

드라이브 도중에 텔레비전 촬영에 딱 마주쳤다.

746 規制〈する〉
きせい
名 규제 < 하다 >

交通事故で高速道路が規制されている。
こうつうじこ こうそくどうろ きせい

교통사고로 고속도로가 규제되고 있다.

747 不通
ふつう
名 불통

強風で道路が不通になってしまった。
きょうふう どうろ ふつう

강풍으로 도로가 불통이 되어 버렸다.

➕ 音信不通 소식불통
おんしんふつう

Section 3

748	立ち往生〈する〉	大雪で立ち往生した。
명	오도가도 못함 / 선 체로 꼼짝 못함	폭설로 오도가도 못했다.

749	回り道〈する〉	道路が規制されているので、回り道することにした。
명	우회〈하다〉	도로가 통제되고 있기 때문에 우회하기로 했다.

750	よそ見〈する〉	よそ見しながらの運転は危険だ。
명	곁눈질〈하다〉	곁눈질하면서 운전하는 것은 위험하다.

➕ わき見〈する〉 한눈팔다

751	老朽化〈する〉	各地で道路の老朽化が進んでいる。
명	노후화〈하다〉	각지에서 도로의 노후화가 진행되고 있다.

752	修復〈する〉	このトンネルは早急な修復が必要だ。
명	보수〈하다〉	이 터널은 조속한 보수가 필요하다.

➕ 修復工事 보수 공사

Section 4

산업

産業（さんぎょう）

753	産出〈する〉さんしゅつ	近くの海で石油が産出されたらしい。
명	산출 / 생산 < 하다 >	근처의 바다에서 석유가 생산된 것 같다.

754	製造〈する〉せいぞう	この地方は有名メーカーの家電を製造する工場が多い。
명	제조 < 하다 >	이 지방은 유명 메이커의 가전제품을 제조하는 공장이 많다.

755	精巧〈な〉せいこう	日本の精巧な商品が世界で評価されている。(ナ形)
명 ナ형	정교 [한] 〈하다〉	일본의 정교한 제품이 세계에서 평가되고 있다.

➕ 精密〈な〉 정밀 [한] 〈하다〉
せいみつ

756	巧みなたく	私の祖父は巧みな技で美しい伝統品を作り出す。
ナ형	정교한	우리 할아버지는 정교한 기술로 아름다운 전통품을 만드신다.

757	品種ひんしゅ	果物は品種によって味も値段も異なる。
명	품종	과일은 품종에 따라 맛도 가격도 다르다.

758	改良〈する〉かいりょう	品種が改良されたトマトが人気を呼んでいる。
명	개량 < 하다 >	품종이 개량된 토마토가 인기를 끌고 있다.

➕ 品種改良〈する〉 품종 개량 < 하다 >
ひんしゅかいりょう

759	栄えるさか	A市は様々な産業で栄えている。
동	번성하다	A 시는 다양한 산업으로 번성하고 있다.

➕ 繁栄〈する〉 번영 < 하다 >
はんえい

760	よみがえる	この町は昔の街並みがよみがえり、観光客が増えた。
동	소생하다 / 되살아나다	이 마을은 옛 거리 풍경이 되살아나 관광객이 늘었다.

Section 4

761 乗り切る (のきる)
동 극복하다 / 뛰어넘다

A 国は国民が団結して、不況を乗り切った。
A국은 국민이 단결하여 불황을 극복했다.

762 上回る (うわまわる)
동 상회하다 / 웃돌다

新しい産業によって、町の収入が前年を上回りそうだ。
새로운 산업에 의해 마을의 수입이 작년 수준을 웃돌 것 같다.

↔ 下回る (したまわる)

763 もたらす
동 가져오다 / 초래하다

地域の産業の成功が住民に幸せをもたらす。
지역 산업의 성공이 주민에게 행복을 가져다 준다.

764 割り当てる (わあてる)
동 할당하다

自治体は企業に工場建設のための土地を割り当てた。
지자체는 기업에 공장 건설을 위한 토지를 할당했다.

➕ 割り振る (わふる) 배정하다 / 분담시키다

765 急速な (きゅうそくな)
ナ형 급속한

ここ数年は観光業が急速に伸びている。
지난 몇 년 동안 관광업이 급속히 성장하고 있다.

766 次ぐ (つぐ)
동 잇다

この地域では工業に次いで観光業が盛んだ。
이 지역은 공업에 이어 관광업이 활발하다.

767 欠陥 (けっかん)
명 결함

この製品に重大な欠陥が見つかった。
이 제품에 중대한 결함이 발견됐다.

768 ネック
명 걸림돌

若者の人口減少が地域の発展のネックになっている。
청소년 인구 감소가 지역 발전의 걸림돌이 되고 있다.

➕ 障害 (しょうがい) 장애

769 弊害 (へいがい)
명 폐해

産業が盛んになったことで弊害も起きている。
산업이 번창함으로 인해 폐해도 발생하고 있다.

➕ 悪影響 (あくえいきょう) 악영향

Chapter 6

770 水をさす
관 물을 끼얹다 / 방해하다 / 사이를 갈라 놓다

A国では空気汚染が工業の発展に水をさしている。

A국에서는 대기 오염이 공업의 발전에 걸림돌이 되고 있다.

771 対比〈する〉
명 대비 < 하다 >

2つのエネルギー資源を対比して検討する。

2개의 에너지 자원을 대비해서 검토한다.

772 匹敵〈する〉
명 필적 < 하다 >

中国の映画産業の収入は、今やアメリカに匹敵する。

중국 영화 산업의 수입은 이제는 미국에 필적한다.

773 電力
명 전력

多くの産業にとって、電力の確保は重要だ。

많은 산업계에 있어 전력의 확보는 중요하다.

➕ 電力会社 전력 회사

774 下地
명 밑바탕 / 준비 / 기초

この地域の繁栄は、これまでの下地があってこそだ。

이 지역의 번영은 지금까지의 밑바탕이 있었기 때문이다.

➕ ベース 토대 / 기초

Section 5

고향

故郷 (こきょう)

775 郷土 (きょうど)
명 향토 / 고향
自分の郷土を心から愛している。
내 고향을 진심으로 사랑한다.
➕ 郷土愛 향토애

776 同郷 (どうきょう)
명 동향
同郷の人に会うと、とても親しみを感じる。
동향 사람을 만나면 매우 친밀감을 느낀다.

777 出生 〈する〉 (しゅっしょう)
명 출생 〈하다〉
私の出生地は東京だが、アメリカで育った。
내 출생지는 도쿄이지만 미국에서 자랐다.
👉 "しゅっせい"라고도 읽는다
➕ 出生届け 출생 신고

778 青春 (せいしゅん)
명 청춘
故郷に帰ると、青春の思い出がよみがえってくる。
고향에 돌아가면 청춘의 추억이 되살아난다.
➕ 青春時代 청춘 시대

779 母校 (ぼこう)
명 모교
母校で過ごした日々が懐かしい。
모교에서 보낸 날들이 그립다.
➕ 母港 모항

780 産地 (さんち)
명 산지
地元はりんごの産地として知られている。
내가 사는 고장은 사과 산지로 알려져 있다.
= 生産地

781 特産 (とくさん)
명 특산
母から故郷の特産のりんごが毎年送られてくる。
어머니가 고향의 특산품인 사과를 매년 보내준다.
➕ 特産物 특산물・名物 명물・名産 명산

782 歳月 (さいげつ)
명 세월
この土地に来て、10年の歳月が流れた。
이 곳에 와서 10년의 세월이 흘렀다.

Chapter 6

783	風習 ふうしゅう	私の故郷では昔からの風習に従って結婚式が行われる。
명	풍습	내 고향에서는 예로부터의 풍습에 따라 결혼식이 행해진다.

➕ 慣習 관습

784	しきたり	祖母は今でも地域のしきたりを守って暮らしている。
명	관례 / 관습	할머니는 지금도 지역의 관례를 지키며 살고 있다.

➕ 習わし 습관

785	風土 ふうど	風土に育まれた美しい景色が自慢だ。
명	풍토 / 자연	풍토에 의해 만들어진 아름다운 경치가 자랑이다.

786	由緒 ゆいしょ	故郷には由緒あるお寺が点在している。
명	유서	고향에는 유서 깊은 사찰이 산재해 있다.

➕ 由緒正しい 유서 깊은

이것도 외우자! ⑫

➕ 접사⑫ 接辞⑫

- **～まみれ** : 전체에 좋지 않은 것이 붙어있다. ～가 가득하다

汗まみれ	땀투성이
血まみれ	피투성이
泥まみれ	진흙투성이
ほこりまみれ	먼지투성이
うそまみれ	거짓말투성이
借金まみれ	빚투성이

Section 5

787 格式 (かくしき)
명 격식

私の実家は格式を重んじる家だ。
우리 친정 / 본가는 격식을 중시하는 집이다.

788 歩み (あゆみ)
명 발자취 / 걸음

① 故郷の戦後の歩みをたどり、本を書いた。
② 祖母の歩みに合わせて、ゆっくり歩いた。

① 고향의 전쟁 후의 발자취에 관한 책을 썼다.
② 할머니의 걸음에 맞춰 천천히 걸었다.

➕ 足取り 발걸음・歩む 걷다

👉 ① 사물의 변천 ② 보조

789 密度 (みつど)
명 밀도

この辺りは、年々人口の密度が低くなっている。
이 근처는 해마다 인구 밀도가 낮아지고 있다.

➕ 人口密度 인구 밀도

790 過疎 (かそ)
명 과소

実家の辺りでは過疎の村が増えている。
친정 / 본가 근처에서는 과소 마을이 늘고 있다.

↔ 過密 ➕ 過疎化 과소화・過疎地域 과소 지역

791 拍車をかける (はくしゃ)
관 박차를 가하다

私の故郷で少子化が過疎化に拍車をかけている。
내 고향에서는 저출산이 과소화에 박차를 가하고 있다.

792 至って (いたって)
부 지극히 / 매우

おかげさまで、実家の両親は至って元気です。
덕분에 친정 부모님은 매우 건강합니다.

793 土手 (どて)
명 제방

学校のクラブ活動で、よく土手を走ったものだ。
학교 클럽 활동에서 자주 제방을 달리곤 했다.

794 井戸 (いど)
명 우물

町には古い井戸が残っている。
마을에는 오래된 우물이 남아 있다.

➕ 井戸端会議 우물가의 쑥덕공론

Chapter 6

795	澄む す	昔は川の水が澄んでいたが、今は汚れている。 _{むかし かわ みず す いま よご}
동	맑다	예전에는 강물이 맑았지만 지금은 오염되어 있다.

796	のどかな	①高校までは至ってのどかな環境で育った。 _{こうこう かんきょう そだ} ②今日はのどかな一日だ。 _{きょう いちにち}
ナ형	한가로운 / 화창한	① 고등학교까지는 매우 한가로운 환경에서 자랐다. ② 오늘은 화창한 하루이다.

👍 ① 한가로이 ② 덥지도 춥지도 않다. 쾌적함

797	ひっそり[と]〈する〉	村は人が少なくなって、ひっそりとしている。 _{むら ひと すく}
부	적막[한]< 하다 >	마을은 사람이 적어져서 적막하다.

Section 5

이것도 외우자! ⑬

➕ 접사⑬ 接辞⑬

• ~だらけ : 싫을 정도로 많다

傷だらけ	상처투성이
間違いだらけ	실수투성이
泥だらけ	흙투성이
ごみだらけ	쓰레기투성이

N1
Chapter
7
건강

健康
けんこう

			단어 No.
1	몸과 체질	体と体質 からだ たいしつ	798~827
2	증상①	症状① しょうじょう	828~851
3	증상②	症状② しょうじょう	852~874
4	병과 치료	病気と治療 びょうき ちりょう	875~908
5	미용	美容 びよう	909~939

Section 1

몸과 체질

体と体質（からだとたいしつ）

| 798 | 体つき（からだ）
명 체격 / 몸매 | 体つきでスポーツが得意かどうかわかる。
체격으로 스포츠를 잘하는지 어떤지를 알 수 있다. |

➕ 体格（たいかく） 체격

| 799 | がっしり[と]〈する〉
부 다부지다 | 弟は背は高くないが、がっしりとした体つきだ。
동생은 키는 크지 않지만 다부진 체격이다. |

| 800 | たくましい
イ형 억세다 / 강인하다 | 毎日トレーニングを重ねて、たくましい体を作る。
매일 트레이닝을 거듭해서 강인한 몸을 만든다. |

| 801 | 鍛える（きたえる）
동 단련하다 | 健康のために体を鍛える。
건강을 위해 몸을 단련한다. |

| 802 | 腹筋（ふっきん）
명 복근(배의 근육) | 毎晩寝る前に運動して、腹筋を鍛える。
매일 밤 자기 전에 운동하고 복근을 단련한다. |

➕ 腹筋運動（ふっきんうんどう） 복근 운동

| 803 | スリーサイズ
명 쓰리 사이즈(가슴, 허리, 엉덩이 사이즈) | 10年前とスリーサイズがほとんど変わらない。
10년 전과 쓰리 사이즈가 거의 변함 없다. |

➕ バスト 가슴・ウエスト 허리・ヒップ 엉덩이

| 804 | 体重計（たいじゅうけい）
명 체중계 | 家族の健康管理のために体重計を買った。
가족의 건강 관리를 위해 체중계를 샀다. |

＝ ヘルスメーター

| 805 | 体脂肪（たいしぼう）
명 체지방 | この体重計は簡単に体脂肪が測れるタイプだ。
이 체중계는 간단히 체지방을 측정할 수 있는 타입이다. |

Chapter 7

806 指数 (しすう)
명 지수

私の体脂肪の指数は平均より少し高かった。
나의 체지방 지수는 평균보다 약간 높았다.

➕ 数値 수치

807 脇 (わき)
명 겨드랑이 / 옆구리 / 옆

① ストレッチで脇をしっかり伸ばす。
② コンビニの脇の道を入る。
① 스트레칭을 해서 옆구리를 잘 편다.
② 편의점 옆길을 들어간다.

👉 ① 어깨 아랫부분 ② 측면
➕ 脇役 조연 (わきやく)

808 くすぐる
동 간질이다

脇の下をくすぐられても、何も感じない。
겨드랑이를 간지럽게 해도 아무렇지 않다.

➕ くすぐったい 간지럽다 / 근질근질하다

809 もむ
동 주무르다

肩が凝ったので、弟にもんでもらった。
어깨가 뻐근해서 남동생에게 주물러 달라고 했다.

810 脳 (のう)
명 뇌

脳からの指令を受けて筋肉が動く。
뇌의 지령을 받아 근육이 움직인다.

811 左利き (ひだりきき)
명 왼손잡이

左利きの人は右の脳をよく使っているらしい。
왼손잡이는 오른쪽 뇌를 잘 사용한다고 한다.

↔ 右利き (みぎきき) = サウスポー

812 正常な (せいじょうな)
ナ형 정상적인

健康診断の結果は全て正常だった。
건강 진단 결과는 모두 정상이었다.

↔ 異常な (いじょうな) ➕ ノーマルな 정상적인

813 芳しくない (かんばしくない)
イ형 좋지 않다

最近、体調があまり芳しくない。
최근 컨디션이 별로 좋지 않다.

👉 "芳しい"는 좋은 향기를 의미한다.

Section 1

814	すこぶる 副 대단히	90歳の祖父は風邪もひかず、すこぶる元気だ。 90세인 할아버지는 감기도 걸리지 않고 대단히 건강하다.

815	長寿 ちょうじゅ 명 장수	私の家族は長寿の家系だ。 우리 가족은 장수 가계이다.

➕ 短命 <な> 단명[인]<이다> · 長生き <する> 장수<하다>

816	自己 じこ 명 자기	健康のためには、日頃から自己管理が必要だ。 건강을 위해서는 평소 자기 관리가 필요하다.

➕ 自己嫌悪 자기혐오 · 自己流 자기류

817	依存〈する〉 いぞん 명 의존 <하다>	薬に依存しすぎるのはよくない。 약에 너무 의존하는 것은 좋지 않다.

➕ 依存症 의존증

818	蓄積〈する〉 ちくせき 명 축적 <하다>	疲労は蓄積させず、その日のうちに解消する。 피로는 축적하지 않고 그날에 해소한다.

819	定義〈する〉 ていぎ 명 정의 <하다>	健康の定義には精神的なものも含まれる。 건강의 정의에는 정신적인 것도 포함된다.

820	頻度 ひんど 명 빈도	週に2、3回の頻度でジョギングをしている。 일주일에 2, 3번 빈도로 조깅을 하고 있다.

821	軽々 [と] かるがる 부 가뿐히 / 가볍게	体力があるので、重い荷物も軽々と運べる。 체력이 있으니까 무거운 짐도 가볍게 운반한다.

➕ やすやす[と] 거뜬히

822	老化〈する〉 ろうか 명 노화 <하다>	老化を防いで、元気に長生きしたい。 노화를 방지해서 건강하게 오래 살고 싶다.

➕ 老化現象 노화 현상

Chapter 7

823 老いる
동 늙다 / 나이를 먹다

心も体も、いつか老いる時が来る。
마음도 몸도 언젠가 늙을 때가 온다.

➕ 老い 늙음

824 生理的な
ナ형 생리적인

①寒くなるとトイレが近くなるのは、生理的に自然なことだ。
②彼のことは生理的に受け入れられない。

① 추워지면 화장실에 자주 가는 것은 생리적으로 자연스러운 일이다.
② 그는 생리적으로 받아들여지지 않는다.

👉 ① 신체의 기능 ② 이성이 아닌 본능적으로

825 衛生
명 위생

心と体の衛生を心掛けて暮らしている。
마음과 몸의 위생에 유의하며 지내고 있다.

➕ 衛生的な 위생적인・不衛生な 비위생적인

826 全般
명 전반(적)

日本人は全般に塩分を摂りすぎている。
일본인은 전반적으로 염분을 너무 섭취하고 있다.

827 五感
명 오감

年を取ると、五感が鈍ってくる。
나이를 먹으면 오감이 무뎌진다.

➕ 視覚 시각・味覚 미각・嗅覚 후각・聴覚 청각・触覚 촉각

Section 2

증상 ①

症状 ① (しょうじょう)

828 동	くたびれる 지치다	ちょっと歩いただけで、すぐくたびれる。 조금 걷기만 해도 바로 지친다.
829 동	ばてる 지치다	最近体力がなく、ばてやすくなった。 최근 체력이 없어 쉽게 지친다.
830 부	ぐったり［と］する 녹초가 되다 / 축 늘어지다	疲れて、ソファーでぐったり横になる。 피곤해서 소파에서 축 늘어진 채 눕는다.
831 명	過労 과로	仕事が忙しく、過労で倒れた。 일이 바빠서 과로로 쓰러졌다.

➕ 過労死〈する〉 과로사〈하다〉

832 동	衰える 쇠퇴하다	年とともに体力が衰えてきた。 나이가 들면서 체력이 쇠퇴해졌다.
833 동	弱る 약해지다	足が弱ってくると、出かけるのが面倒になる。 다리가 약해지면 집 밖으로 나가는 것이 귀찮아진다.
834 부	げっそり［と］〈する〉 몹시 살이 빠지다 / 여위다	下痢が続いて、げっそりとしている。 설사가 계속되어 몹시 살이 빠졌다.
835 동	劣る (딴 것만) 못하다 / 뒤떨어지다	ずっと鍛えていたので、体力は若者に劣らない。 계속 단련하고 있었기 때문에 체력은 젊은이 못지 않다.
836 동	ふらつく 휘청거리다	急に立ち上がると、足がふらつく。 갑자기 일어서면 다리가 휘청거린다.

Chapter 7

837	もうろうと〈する〉	時折、意識が<u>もうろうと</u>なる。
부	몽롱 < 하다 >	때때로 의식이 몽롱해진다.

838	物忘れ〈する〉	最近、<u>物忘れ</u>がひどくなってきた。
명	건망증	최근 건망증이 심해졌다.

839	ぼける	最近、祖母は少しずつ<u>ぼけて</u>きたようだ。
동	노망들다 / 흐려지다 지각이 둔해지다	최근 할머님은 조금씩 노망드시는 것 같다.

➕ 休みぼけ 휴일증후군 (휴일이 지나도 의욕이 없어 아무것도 하지 못하고 멍하니 있는 상태) · 時差ぼけ 시차증

840	ぼやける	疲れると、物が<u>ぼやけて</u>見える。
동	흐릿해지다 / 희미해지다	피곤하면 물건이 희미하게 보인다.

841	めっきり[と]	ここのところ、<u>めっきり</u>記憶力が落ちた。
부	부쩍	요즘 부쩍 기억력이 떨어졌다.

842	うっすら[と]	祖父は幼い頃の思い出を、<u>うっすらと</u>覚えているようだ。
부	희미하게	할아버지는 어린 시절의 추억을 희미하게 기억하시는 것 같다.

843	意識不明	<u>意識不明</u>になって、救急車で運ばれた。
명	의식 불명	의식 불명이 되어 구급차로 실려 갔다.

➕ 重体 중태

844	昏睡〈する〉	病院で<u>昏睡</u>の状態に陥った。
명	혼수	병원에서 혼수상태에 빠졌다.

845	自覚〈する〉	恐ろしい病気でも、<u>自覚</u>がない場合がある。
명	자각 < 하다 >	무서운 질병도 자각이 없는 경우가 있다.

➕ 自覚症状 자각 증상

Section 2

846	正気 (しょうき)	頭の中が混乱していたが、やっと正気に戻った。
명	제정신	머릿속이 혼란했지만 겨우 제정신으로 돌아왔다.

847	進行 〈する〉 (しんこう)	気づかない間に症状が進行していた。
명	진행 < 하다 >	눈치 채지 못한 사이에 증상이 진행되고 있었다.

848	害する (がい)	健康を害して、会社を辞めることになった。
동	해하다 / 해치다	건강을 해쳐서 회사를 그만두게 되었다.

➕ 損なう 건강을 상하게 하다

👉 신체 뿐 아니라 정신적인 상태에도 쓰인다.

849	こじらせる	風邪をこじらせて入院することになった。
동	악화시키다	감기를 악화시켜 입원하게 되었다.

850	漠然 [と] 〈する〉 (ばくぜん)	老化に漠然とした不安を抱く。(副)
부 / 연체	막연 < 하다 >	노화 현상에 막연한 불안을 갖는다.

851	いたずらに	いたずらに時間が過ぎていく。
부	쓸데없이	쓸데없이 시간이 지나간다.

➕ 空しく 허무하게

Section 3

증상②

症状（しょうじょう）②

852	発作(ほっさ)	夜中に原因不明の発作が起きた。
명	발작	한밤중에 원인 불명의 발작이 일어났다.

➕ 心臓発作(しんぞうほっさ) 심장 발작

853	全身(ぜんしん)	突然、全身がかゆくなった。
명	전신	갑자기 온몸이 가려워졌다.

854	じんましん	卵を食べたら、全身にじんましんが出た。
명	두드러기	계란을 먹었더니 온몸에 두드러기가 났다.

855	あざ	机にぶつけて、腕にあざができた。
명	멍	책상에 부딪혀 팔에 멍이 생겼다.

➕ 青(あお)あざ 푸른 멍

856	かぶれる	虫を触ったら、手がかぶれた。
동	(옻을) 타다 / 독한 기운에 쐬어서 염증이 생기다 / 심취하다	벌레를 만졌더니 손에 염증이 생겼다.

857	引(ひ)っかく	猫に引っかかれて、傷ができた。
동	할퀴다	고양이에게 할퀴어서 상처가 생겼다.

➕ 引(ひ)っかき傷(きず) 긁힌 상처

858	貧血(ひんけつ)	仕事中に貧血で気分が悪くなった。
명	빈혈	업무 중에 빈혈로 기분이 나빠졌다.

859	ずきずき〈する〉	虫歯がずきずき痛むので、薬を飲んだ。
부	욱신거리다	충치가 욱신거리고 아파서 약을 먹었다.

860	がんがん〈する〉	朝から頭ががんがんしている。
부	욱신욱신 / 지끈지끈	아침부터 머리가 지끈지끈 아프다.

Section 3

861 むかむか〈する〉
① 少しお酒を飲んだだけで、胸がむかむかしてきた。
② あいつの顔を見るだけで、むかむかする。

부 울렁울렁 < 하다 > / 역겹다
① 조금 술을 마신 것만으로도 가슴이 울렁울렁하다.
② 그 녀석의 얼굴을 보기만 해도 역겹다.

➕ むかつく 화나다

👍 ① 구역질이 난다 ② 분노에 기분이 상하다

862 じわり [と]
腰がじわりとだるくなってきた。

부 차츰
허리가 차츰 나른해졌다.

= じわっと・じわじわ[と]

863 むせる
たばこの煙を吸うと、ひどくむせる。

동 목메다 / 사레들다 / 숨이 막힐 것 같이 느껴지다
담배 연기를 마시면 심하게 숨이 막힌다.

864 むくむ
足がむくみやすくなった。

동 붓다
다리가 붓기 쉬워졌다.

➕ むくみ 부종 / 부어오름

865 ゆがむ
① どうしたんだろう。物がゆがんで見える。
② 彼のゆがんだ性格を何とかしたい。

동 형태가 비뚤어지다 / 뒤틀리다 / 일그러지다
① 어찌 된 일이지? 물건이 일그러져 보인다.
② 그의 뒤틀린 성격을 어떻게든 하고 싶다.

➕ ゆがみ 비뚤어짐 / 뒤틀림

👍 ① 물건의 모양이 변하다 ② 인격이 정상이 아니다

866 出っ張る
最近、夫のおなかが出っ張ってきた。

동 툭 튀어나오다 / 쑥 나오다
최근 남편의 배가 툭 튀어나왔다.

867 もろい
カルシウムが不足して、骨がもろくなった。

イ형 약해지다
칼슘이 부족하여 뼈가 약해졌다.

868	にじむ	転んで、膝に血がにじんだ。
동	번지다 / 스미다	넘어져서 무릎에 피가 번졌다.
869	しみる	冷たいものを食べると、歯にしみる。
동	아픔을 느끼다 / 번지다 / 스며들다	차가운 것을 먹으면 이가 시리다.
870	捻挫〈する〉	テニスで足をひねって、捻挫した。
명	염좌 < 하다 >/ 관절을 삐다	테니스에서 다리를 비틀려 염좌했다.
871	圧迫〈する〉	エアバックで胸が圧迫されて、骨が折れた。
명	압박 < 하다 >	에어백에 가슴이 압박되어 뼈가 부러졌다.
872	刺さる	指にとげが刺さって、なかなか抜けない。
동	박히다 / 찔리다	손가락에 가시가 박혀 좀처럼 빠지지 않는다.

➕ とげ 가시

873	つねる	感覚が鈍り、つねっても痛みを感じない。
동	꼬집다	감각이 무뎌져서 꼬집어도 통증을 느끼지 못한다.
874	さする	痛いところをさすると、楽になる気がする。
동	쓰다듬다 / 가볍게 문지르다	아픈 곳을 가볍게 문지르면 편해지는 느낌이 든다.

Section 4
병과 치료
病気と治療（びょうきとちりょう）

| 875 肺炎(はいえん) 명 폐렴 | 風邪だと思っていたが、肺炎と診断された。
감기라고 생각하고 있었는데 폐렴으로 진단되었다. |

➕ 結核(けっかく) 결핵

| 876 気管支炎(きかんしえん) 명 기관지염 | 気管支炎になって、せきが止まらない。
기관지염이 되어 기침이 멈추지 않는다. |

| 877 ぜん息(そく) 명 천식 | ぜん息がひどくなって、息ができない。
천식이 심해져 숨을 쉴 수가 없다. |

➕ 小児ぜん息(しょうにぜんそく) 소아 천식

| 878 皮膚炎(ひふえん) 명 피부염 | 環境が変わって、皮膚炎が悪化した。
환경이 바뀌어 피부염이 악화됐다. |

| 879 アトピー 명 아토피 | 子どもの頃からアトピーに悩まされている。
어릴 때부터 아토피로 고생하고 있다. |

| 880 うつ病(びょう) 명 우울증 | うつ病は周囲の人になかなか理解されない。
우울증은 주위 사람들에게 좀처럼 이해되지 않는다. |

| 881 認知症(にんちしょう) 명 치매 | 祖母の認知症は確実に進行している。
할머니의 치매는 확실히 진행되고 있다. |

➕ アルツハイマー 알츠하이머병 (노인성 치매)

| 882 発病〈する〉(はつびょう) 명 발병 < 하다 > | ぜん息は発病すると完全には治らない。
천식은 발병하면 완전히 낫지 않는다. |

| 883 慢性(まんせい) 명 만성 | 慢性の病気の治療は時間がかかる。
만성 질환의 치료는 시간이 걸린다. |

↔ 急性(きゅうせい)

Chapter 7

884 中毒
ちゅうどく
명 중독

同じ弁当を食べた全員が食中毒になった。
같은 도시락을 먹은 전원이 식중독이 되었다.

➕ アルコール中毒 알코올 중독

885 応急
おうきゅう
명 응급

彼は救急車が来るまで、けが人に応急手当てをした。
그는 구급차가 올 때까지 부상자에게 응급 처치를 했다.

➕ 応急処置 응급 처치

886 まれな
ナ형 드문

この病気を治せる医者はまれだ。
이 병을 고칠 수 있는 의사는 드물다.

887 うつぶせ
명 엎드림

そのベッドにうつぶせになって寝てください。
그 침대에 엎드려 누워서 주무십시오.

➕ あお向け 바로 누운 자세

888 カルテ
명 의료 기록

カルテに症状が詳しく記入されている。
의료 기록에 증상이 상세히 적혀 있다.

889 冷却〈する〉
れいきゃく
명 냉각<하다>

熱があるので、冷却シートをおでこに貼る。
열이 있어서 냉각 시트를 이마에 붙인다.

890 和らげる
やわ
동 완화시키다

この薬には痛みを和らげる効果がある。
이 약은 통증을 완화하는 효과가 있다.

➕ (〜が) 和らぐ (~이) 풀리다 / 완화되다

891 矯正〈する〉
きょうせい
명 교정<하다>

小学生のときに、歯の矯正を始めた。
초등학생 때 치아 교정을 시작했다.

892 告知〈する〉
こくち
명 통지<하다>

医師からがんの告知をされた。
의사로부터 암을 통지받았다.

Section 4

893 同意 〈する〉
명 동의 < 하다 >
手術の同意書に署名した。
수술 동의서에 서명했다.

894 面会 〈する〉
명 면회 < 하다 >
面会の時間を調べて、お見舞いに行く。
면회 시간을 확인하고 병문안 간다.

➕ 面会謝絶 면회 사절 · 面会時間 면회 시간

895 付き添う
동 옆에서 시중들다
母が入院している間、ずっと付き添った。
어머니가 입원해 있는 동안 계속 시중을 들었다.

➕ 付き添い 곁에서 시중을 드는 사람 / 치다꺼리를 하는 사람

896 安静
명 안정
今日は一日安静にしていなければならない。
오늘은 하루 종일 안정을 해야 한다.

➕ 絶対安静 절대 안정

897 尽くす
동 다하다
医者は治療に全力を尽くしてくれた。
의사는 치료에 최선을 다해 주었다.

898 踏み切る
동 단행하다 / 밟고 뛰다
① 医師の判断で、手術に踏み切った。
② 高跳びで踏み切るタイミングを間違え、記録が伸びなかった。
① 의사의 판단으로 수술을 단행했다.
② 높이뛰기에서 밟고 뛸 타이밍을 틀려서 기록이 늘지 않았다.

👉 ① 문제에 대해 결단을 내리다 ② 걸어 차다

899 手遅れ
명 때늦음 / 시기를 놓침
もう少しで手遅れになるところだった。
조금 더 시간이 지났다면 때늦을 뻔했다.

900 経過
명 경과
医師に治療の詳しい経過を説明してもらう。
의사에게 치료의 자세한 과정을 설명받는다.

901 二の次
명 뒷전으로 하다
仕事は二の次にして、まず治療に集中する。
일은 뒷전으로 하고 우선 치료에 집중한다.

Chapter 7

902	奇跡的な きせきてき	奇跡的に全快し、退院することができた。
ナ形	기적적인	기적적으로 완쾌되어 퇴원할 수 있었다.

903	ひとりでに	時には、ひとりでに病気が治ることもある。
副	자연히 / 저절로 / 스스로	때로는 저절로 병이 낫는 경우도 있다.

904	全快〈する〉 ぜんかい	全快できると信じて治療を続ける。
名	완쾌<하다>	완쾌될 수 있다고 믿고 치료를 계속한다.

905	薬局 やっきょく	病院の近くにある薬局で、薬をもらって帰る。
名	약국	병원 근처에 있는 약국에서 약을 받아 돌아간다.

➕ ドラッグストア 드러그스토어 (약품뿐만 아니라 화장품 등 다른 품목도 취급)

906	処方せん しょほう	受付で処方せんをもらい、薬局に持参した。
名	처방전	접수처에서 처방전을 받아 약국에 가지고 갔다.

907	ガーゼ	傷口にガーゼを当てて保護する。
名	거즈	상처에 거즈를 대어 보호한다.

➕ ばんそうこう 반창고

908	薬剤師 やくざいし	薬剤師が薬についてアドバイスしてくれた。
名	약제사	약사가 약에 대해 조언해 주었다.

Section 5

미용

美容（びよう）

909	容姿（ようし） 명 외모	彼女は自分の容姿にとても気を遣っている。 그녀는 자신의 외모에 신경을 많이 쓰고 있다.
910	はり 명 생기 / 탄력	念入りなスキンケアで肌のはりを保つ。 정성스러운 스킨 케어로 피부의 탄력을 유지한다.
911	突っ張る（つっぱ） 동 근육이 땅기다 / 강경하게 나가다	①水分が不足すると、肌が突っ張る。 ②若い頃は、誰に対しても突っ張っていた。 ① 수분이 부족하면 피부가 땅긴다. ② 젊은 시절에는 누구에게나 반항적이었다.

👍 ① 팽팽한 ② 반항적인

912	艶（つや） 명 광택 / 윤기	疲れると顔の艶がなくなる。 피곤하면 얼굴의 윤기가 없어진다.
913	つやつや〈な / する〉 ナ형/부 반들반들한 / 반질반질한	妹はつやつやな素肌が自慢だ。（ナ形） 여동생은 반들반들한 피부가 자랑이다.
914	潤い（うるおい） 명 수분 / 습기 / 촉촉함	お風呂上りのパックで潤いをキープする。 목욕 후에 팩을 해서 촉촉함을 유지한다.

➕ 潤う(うるお) 습기를 띠다 / 눅눅해지다 / 축축해지다

915	保つ（たも） 동 유지하다	美しい素肌を保つには日々のケアが必要だ。 아름다운 피부를 유지하기 위해서는 매일의 케어가 필요하다.

➕ 維持(いじ)〈する〉 유지 〈하다〉

916	しっとり[と]〈する〉 부 촉촉한 [한] 〈하다〉	いい化粧品を使ったら、肌がしっとりしてきた。 좋은 화장품을 사용했더니 피부가 촉촉해졌다.

Chapter 7

917	はじく	①このクリームは泳いでも水をはじく。 ②このコップを指ではじくと、澄んだ音がする。
동	튕기다 / 튀기다	① 이 크림은 수영해도 물을 방수한다. ② 이 컵을 손가락으로 튕기면 맑은 소리가 난다.

➕ (〜が)はじける (~이) 튀다

👉 ① 접근할 수 없다 ② 튕겨 내다

918	透き通る	彼女の透き通るような肌が羨ましい。
동	투명하다	그녀의 투명한 피부가 부럽다.

919	瞳	この女優は大きな瞳がとても印象的だ。
명	눈동자	이 여배우는 큰 눈동자가 매우 인상적이다.

920	まばたき〈する〉	彼女はまばたきをするたびに、長いまつ毛が揺れる。
명	눈을 깜박이다	그녀는 눈을 깜박일 때마다 긴 속눈썹이 흔들린다.

921	つぶる	片方の目をつぶってお化粧をする。
동	눈을 감다	한쪽 눈을 감고 화장을 한다.

🟰 つむる

922	たるむ	最近、おなかの辺りが少したるんできた。
동	처지다 / 느슨해지다	최근 배 살 주위가 조금 처졌다.

➕ たるみ 피부의 처짐

923	のちのち	今ダイエットしなければ、のちのち後悔する。(副)
명 부	나중에	지금 다이어트하지 않으면 나중에 후회한다.

➕ あとあと 먼 훗날

924	成果	日々の運動の成果が出てきた。
명	성과	매일 운동한 성과가 나왔다.

925	ひけつ	若さのひけつは、適度な運動だ。
명	비결	젊음의 비결은 적당한 운동이다.

Section 5

926 生まれつき (副)
명/부 타고나다
妹は生まれつき目が大きい。
여동생은 태어날 때부터 눈이 크다.
➕ 生まれながら 태어날 때부터・天性 천성

927 帯びる
동 어떤 경향 / 성질을 띠다
最近、少し丸みを帯びてきた。
최근 약간 (얼굴이) 둥그스름해졌다.

928 がらっと
부 완전히 바뀐 모양
彼女はダイエットして、雰囲気ががらっと変わった。
그녀는 다이어트하고 분위기가 완전히 바뀌었다.
＝ がらりと

929 生まれ変わる
동 다시 태어나다
あのタレントはすっかり痩せて、生まれ変わったようだ。
그 탤런트는 아주 살이 빠져서 다른 사람처럼 보인다.
➕ 生まれ変わり 환생

930 反らす
동 뒤로 젖히다 / 휘게 하다
体を反らして腹筋を鍛える。
몸을 젖혀서 복근을 단련한다.
➕ (~が) 反る (~이) 휘다

931 引っ込む
동 쑥 들어가다 / 틀어박히다
腹筋運動を続けたら、おなかが引っ込んだ。
복근 운동을 계속했더니 배가 쑥 들어갔다.
➕ (~を) 引っ込める (~을) 움츠리다 / 내놓은 것을 도로 들이키다

932 すらりと〈する〉
부 날씬한 / 훤칠한
子どもの頃からすらりとした体つきだった。
어릴 적부터 날씬한 몸매였다.
＝ すらっと〈する〉 ➕ スリムな 슬림한

933 ほっそり[と]〈する〉
부 호리호리한
この雑誌のモデルのようにほっそりしたい。
이 잡지의 모델처럼 호리호리했으면 한다.

Chapter 7

934	コンプレックス	スタイルのコンプレックスを解消したい。かいしょう
명	콤플렉스	스타일의 콤플렉스를 해소하고 싶다.

935	油断〈する〉ゆ だん	少し痩せても、油断するとすぐ太る。すこ や ゆ だん ふと
명	방심 < 하다 >	조금 말랐다고 방심하면 바로 살찐다.

➕ 油断大敵 ゆだんたいてき 방심은 금물

936	過剰〈な〉か じょう	過剰なダイエットは体によくない。(ナ形) かじょう からだ
명 ナ형	과잉 (지나친)	지나친 다이어트는 몸에 좋지 않다.

➕ 自信過剰〈な〉 じしんかじょう 자신과잉・意識過剰〈な〉 いしきかじょう 의식 과잉

937	老けるふ	睡眠が不足すると、老けて見える。すいみん ふそく ふ み
동	늙다	수면이 부족하면 늙어 보인다.

938	執着〈する〉しゅうちゃく	姉は若さに執着している。あね わか しゅうちゃく
명	집착 < 하다 >	누나 / 언니는 젊음에 집착하고 있다.

939	はげる	父ははげてきたのを、とても気にしている。ちち き
동	머리가 벗어지다 / 대머리가 되다	아버지는 머리가 벗어진 것을 매우 걱정하고 있다.

Section 5

이것도 외우자! ⑭

접사⑭　接辞⑭　（경어　敬語）

• **相手を立てる表現**　상대를 세우는 표현

尊
_{そん}

尊父 (そんぷ)	춘부장 (남의 아버지를 높여 부르는 말)
尊兄 (そんけい)	영형 (남의 형을 높여 부르는 말)
尊母 (そんぼ)	자당 (남의 어머니를 높여 부르는 말)
尊称 (そんしょう)	존칭

貴
_き

貴兄 (きけい)	귀형 (친한 사이에서 상대방을 높이어 부르는 말)
貴殿 (きでん)	귀하 (편지 등에 남자끼리 동년배에 대하여 쓰는 높임말)
貴社 (きしゃ) (＝御社 おんしゃ)	귀사 (문어체)
貴校 (きこう)	귀교 (상대방의 학교를 높이어 이르는 말)
貴学 (きがく)	귀대학교

N1
Chapter
8
즐겨찾기

お気に入り
き い

			단어 No.
1	경기	競技 きょうぎ	940~976
2	패션	ファッション	977~1005
3	배우기	習い事 なら ごと	1006~1032
4	책	本 ほん	1033~1072
5	엔터테인먼트	エンターテインメント	1073~1105

Section 1

경기

競技（きょうぎ）

940 挑む いど 동 도전하다	どんな相手でも全力で挑む。 어떤 상대라도 전력으로 도전한다.
	➕ 挑戦〈する〉 도전〈하다〉
941 まとまる 동 하나로 뭉치다	チームが一つにまとまって練習を積む。 팀이 하나가 되어 연습을 거듭한다.
	➕ 団結〈する〉 단결〈하다〉
942 作戦 さくせん 명 작전	試合前に時間をかけて作戦を立てる。 시합 전에 시간을 들여 작전을 세운다.
	➕ 作戦会議 작전 회의
943 戦力 せんりょく 명 전력 (전투나 경기를 할 수 있는 능력)	中心選手がけがをして、大切な戦力を失った。 중심 선수가 부상을 당해서 소중한 전력을 잃었다.
944 負かす ま 동 꺾다 / 이기다	ライバルを負かして優勝した。 라이벌을 꺾고 우승했다.
945 対抗〈する〉 たいこう 명 대항〈하다〉	去年の優勝チームに対抗する。 작년 우승팀에 대항한다.
946 獲得〈する〉 かくとく 명 획득〈하다〉	Aチームは有望な選手を獲得した。 A 팀은 유망한 선수를 획득했다.
947 圧倒〈する〉 あっとう 명 압도〈하다〉	試合の後半で相手チームのパワーに圧倒された。 경기 후반에 상대 팀의 파워에 압도되었다.
948 一挙に いっきょ 부 일거에 / 단숨에 / 단번에	試合の前半で一挙に3点を取られた。 경기 전반에 단번에 3점을 빼앗겼다.

Chapter 8

949	意気込む いきご 動 단단히 마음먹다 / 분발하다	チーム全員、意気込んで試合に臨んだ。 팀 전원이 단단히 마음먹고 경기에 임했다.

➕ 意気込み 마음가짐 / 기세 / 자세

950	無我夢中 むがむちゅう 名 무아지경 (무엇에 열 중하는 모양)	勝利のために無我夢中で練習した。 승리를 위해 무아지경으로 연습했다.

951	負けず嫌いな まぎら ナ형 지기 싫어하는	負けず嫌いでなければ、勝負に勝てない。 지기 싫어하는 사람이 아니면 승부에 이길 수 없다.

➕ 勝ち気〈な〉 지기 싫어하는 / 기승스럽다

952	しぶとい イ형 완고하다 / 끈질기다	彼は最後までしぶとく戦った。 그는 끝까지 끈질기게 싸웠다.

➕ 粘り強い 끈질기다

953	顔つき かお 名 얼굴 (생김새 / 표정)	彼女は試合前になると顔つきが変わる。 그녀는 경기 전이 되면 얼굴 표정이 바뀐다.

➕ 目つき 눈빛

954	健闘〈する〉 けんとう 名 건투 < 하다 >	お互いに最後まで健闘した。 서로 끝까지 건투했다.

955	手加減〈する〉 てかげん 名 손어림 / 적당히 처리 함 / 요령 / 비결	相手が誰でも、絶対に手加減しない。 상대가 누구라도 절대로 사정봐주지 않는다.

956	補充〈する〉 ほじゅう 名 보충 < 하다 >	負けそうだ。戦力を補充しなければ。 질 것 같다. 전력을 보충해야 한다.

Section 1

957 反則(はんそく) 명 반칙
相手の選手が反則をした。
상대 선수가 반칙을 했다.

➕ 反則負け 반칙패

958 抗議〈する〉(こうぎ) 명 항의〈하다〉
監督が相手チームに抗議した。
감독이 상대 팀에 항의했다.

959 喪失〈する〉(そうしつ) 명 상실〈하다〉
敵が強すぎて、自信を喪失しそうだ。
적이 너무 강해서 자신감을 상실할 것 같다.

➕ 自信喪失 자신감 상실

960 お手上げ(てあ) 명 속수무책
こんなに点差がついたら、もうお手上げだ。
이렇게 점수차가 생기면 거의 속수무책이다.

➕ 降参〈する〉(こうさん) 항복〈하다〉・ギブアップ〈する〉 기브 업〈하다〉

961 行進〈する〉(こうしん) 명 행진〈하다〉
選手たちが堂々と行進してきた。
선수들이 당당히 행진해 왔다.

➕ 入場行進〈する〉(にゅうじょうこうしん) 입장 행진〈하다〉・行進曲(こうしんきょく) 행진곡

962 ポジション 명 포지션 (장소, 위치, 선수의 배치 위치)
監督は適性を見てポジションを決めた。
감독은 적성을 보고 포지션을 결정했다.

➕ 配置(はいち) 배치

963 技(わざ) 명 기술
彼は新しい技を次々と身に付けている。
그는 새로운 기술을 계속하여 몸에 익히고 있다.

964 屋内(おくない) 명 실내
大雨のため、今日の試合は屋内で行われた。
폭우 때문에 오늘 경기는 실내에서 진행됐다.

965 観戦〈する〉(かんせん) 명 관전〈하다〉
多くの人が会場で観戦している。
많은 사람이 대회장에서 관전하고 있다.

➕ サッカー観戦〈する〉(かんせん) 축구 관전〈하다〉

966	声援 〈する〉 せいえん	会場に声援が響いている。
명	성원 < 하다 >	대회장에 성원이 울리고 있다.

967	ぼうぜんと 〈する〉	終了直前に相手に点を入れられ、一同ぼうぜんとした。
부	망연자실 < 하다 >	종료 직전에 상대 팀에게 점수를 빼앗겨 우리 팀 일동은 망연자실했다.

➕ あぜんと〈する〉 아연실색 < 하다 >

968	かける	彼は今度の試合に人生をかけている。
동	걸다	그는 이번 경기에 인생을 걸고 있다.

969	化ける ば	①このまま努力すれば、彼は一流の選手に化けるだろう。 ②犯人は警察官に化けていた。
동	둔갑하다 / 변장하다 / 변하다	① 이대로 노력하면 그는 일류 선수로 변할 것이다. ② 범인은 경찰로 변장해 있었다.

➕ (〜を) 化かす (〜을) 호리다 / 정신을 흐리게 하다

👍 ① 이해할 수 없을 정도로 딴판으로 변화함 ② 둔갑하다

970	育成 〈する〉 いくせい	コーチは若い選手をじっくり育成している。
명	육성 < 하다 >	코치는 젊은 선수를 착실히 육성하고 있다.

971	人知れず ひとし	あの選手は人知れず厳しい練習を積んでいる。
부	남몰래	그 선수는 남몰래 힘든 연습을 거듭하고 있다.

972	実る みの	とうとう優勝して、今までの努力が実った。
동	결실을 맺다	드디어 우승해서 지금까지의 노력이 결실을 맺었다.

973	一躍 いちやく	この大会で優勝すれば、彼は一躍スターだ。
부	일약 /(지위 , 등급 , 가격 따위가) 단번에 높이 뛰어오르는 모양	이 대회에서 우승하면 그는 일약 스타다.

Section 1

974 転落 〈する〉
てんらく

① 今日負けて、彼はランキング一位から転落した。
② 駅の階段の上から転落して、大けがをした。

명 전락 < 하다 >/
굴러 떨어지다

① 오늘 패배로 그는 랭킹 1위에서 전락했다.
② 역의 계단 위에서 굴러떨어져서 크게 다쳤다.

👉 ① 순위가 떨어지다 ② 기세 좋게 굴러떨어지다

975 栄光
えいこう

A チームは勝ち続けて、日本一の栄光に輝いた。

명 영광

A 팀은 승승장구하여 일본 제일이라는 영광을 차지했다.

➕ 栄冠 (성공, 승리, 명예 따위의) 영예로운 관·チャンピオン 챔피언
えいかん

976 伝説
でんせつ

彼は伝説のチャンピオンだ。

명 전설

그는 전설의 챔피언이다.

Section 2

패션

ファッション

977	フォーマルな	フォーマルな服装でパーティーに出席する。
ナ形	공식적인 / 의례적인	의례적인 복장으로 파티에 참석한다.

↔ カジュアルな ➕ 正装〈する〉 정장〈하다〉

978	ラフな	彼の服は高級レストランではラフすぎる。
ナ形	러프한 / 평상복 스타일 / 예절이 없는	그의 옷은 고급 레스토랑에서는 너무 평상복 스타일이다.

979	着飾る	たまには着飾って食事に出かけたい。
動	차려입다 / 옷을 입고 몸을 꾸미다	가끔은 잘 차려입고 식사하러 나가고 싶다.

980	映える	このドレスには赤いバッグが映える。
動	잘 어울린다 / 빛나다	이 드레스에는 빨간 가방이 잘 어울린다.

981	引き立てる	白いシャツが、スカーフを引き立てている。
動	돋보이게 하다	흰 셔츠가 스카프를 돋보이게 한다.

982	粋〈な〉	祖父はおしゃれで、いつも粋な格好をして出かける。(ナ形)
名 / ナ形	멋진 / 세련된	할아버지는 세련돼서 항상 멋진 모습을 하고 나간다.

➕ シック〈な〉 시크 / 멋진 모양 / 세련된 모양이

983	気品	彼女は派手に着飾らず、気品がある。
名	기품	그녀는 화려하게 몸치장하지 않고 기품이 있다.

➕ 品格 품격

984	多様な	日本人は多様なファッションを受け入れている。
ナ形	다양한	일본인은 다양한 패션을 받아들이고 있다.

➕ 多種多様な 다종다양한 · 多様化 다양화〈하다〉

Section 2

985 目ざとい (イ형)
보는 눈이 빠르다 / 눈치가 빠르다

おしゃれな物には目ざとい方だ。
세련된 물건에는 눈치가 빠른 편이다..

986 キャッチ〈する〉 (명)
캐치< 하다 > / 잡다 / 얻다

① ネットでファッション情報をキャッチする。
② 高く上がったボールを見事にキャッチした。
① 인터넷에서 패션 정보를 얻는다.
② 높이 올라간 볼을 멋지게 캐치했다.

👉 ① 정보를 입수한다 ② 공을 잡다

987 ゲット〈する〉 (명)
손에 넣다 / 획득< 하다 >

ずっと欲しかったバッグをゲットした。
계속 갖고 싶었던 가방을 손에 넣었다.

988 見せびらかす (동)
과시하다 / 자랑하다

買ったばかりのバッグを妹に見せびらかした。
막 구입한 가방을 여동생에게 자랑했다.

➕ ひけらかす 자랑삼아 보이다

989 似通う (동)
서로 닮다 / 비슷하다

私と姉は洋服のセンスが似通っている。
나와 언니는 옷의 센스가 서로 비슷하다.

990 今どき (명)
요즘

今どきの若者はブランド品はあまり買わない。
요즘 젊은이들은 명품은 별로 사지 않는다.

991 重宝〈な/する〉 (명/ナ형)
편리하다 / 아끼다

シックなジャケットが1枚あると重宝する。(名)
세련된 재킷이 1벌 있으면 아낀다.

992 露出〈する〉 (명)
노출< 하다 >

この服は思ったより肌の露出が多い。
이 옷은 생각보다 피부의 노출이 많다.

➕ 露出度 노출도

993 念入りな (ナ형)
정성스런

朝出かける前に、服装を念入りにチェックする。
아침에 외출 전에 옷을 정성스럽게 체크한다.

= 入念な

Chapter 8

994 淡い (あわい)

① 春には淡い色の服を着たい。
② クラスメートに淡い思いを抱く。

イ형 밝은 / 어렴풋한 / 막연한

① 봄에는 밝은 색상의 옷을 입고 싶다.
② 같은 반 친구에게 막연히 좋아하는 마음을 품다.

👉 ① 색깔과 맛이 옅다 ② 느낌이 그다지 강하지 않다

995 タイトな

① このスカートはタイトで動きにくい。
② 今日はスケジュールがタイトな一日だ。

ナ형 몸에 딱 들어맞다 / 빡빡하다

① 이 스커트는 몸에 딱 맞아서 움직이기 불편하다.
② 오늘은 스케줄이 빡빡한 하루이다.

👉 ① 몸에 딱 들어맞다 ② 스케줄이 빡빡하다

996 インパクト

妹はインパクトのある服装が好きだ。

명 임팩트 (정서적인 충격 또는 그런 충격으로 생기는 강렬한 인상)

여동생은 임팩트 있는 복장을 좋아한다.

➕ ショック 충격

997 際立つ (きわだつ)

パーティーで彼女のドレスが際立ってきれいだった。

동 눈에 띄다

파티에서 그녀의 드레스가 눈에 띄게 아름다웠다.

998 ほどける

リボンがほどけちゃったから、結んで。

동 풀리다

리본이 풀렸으니까 묶어라.

➕ (〜を) ほどく (~을) 풀다

999 束ねる (たばねる)

会社では髪を束ねてスーツを着る。

동 묶다 / 한 묶음으로 하다

회사에서는 머리를 묶고 정장을 입는다.

1000 ほころびる

コートの袖がほころびてしまった。

동 (실밥이) 풀리다

코트의 소매가 풀려 버렸다.

1001 裏返し (うらがえし)

朝、慌てていて、くつ下を裏返しにはいて出かけた。

명 뒤집음

아침에 서두르다가 양말을 뒤집어 신고 나갔다.

➕ 裏返す (うらがえす) 뒤집다

Section 2

1002 リフォーム〈する〉
명 리폼 / 낡거나 오래된 물건을 고쳐 새롭게 만들다

母親に古いコートをリフォームしてもらった。
어머니가 오래된 코트를 고쳐 주었다.

1003 折り返す
동 두 겹으로 접다 / 되돌아가다

① シャツの袖を折り返して着る。
② マラソンコースはここで折り返す。

① 셔츠의 소매를 접어 올려 입는다.
② 마라톤 코스는 여기서 되돌아간다.

👉 ① 접어서 겹치다 ② 특정 장소에 가서 거기에서 다시 돌아오다

1004 パール
명 진주

大粒のパールはシンプルな服によく映える。
알이 굵은 진주는 심플한 옷에 잘 어울린다.

= 真珠

1005 見違える
동 다르게 보이다 / 잘못 보다

アクセサリーの使い方次第で、見違えた印象になる。
액세서리의 사용 방법에 따라 다른 인상으로 보인다.

Section 3
배우기

習い事（ならいごと）

1006 手芸 (しゅげい)
명 수예
先月から手芸教室に通い始めた。
지난달부터 수예 교실에 다니기 시작했다.

1007 編む (あむ)
동 뜨개질하다 / 짜다
彼に温かそうなセーターを編んであげた。
그에게 따뜻할 것 같은 스웨터를 짜 주었다.

➕ 編み物(あみもの) 뜨개질・裁縫(さいほう)〈する〉 재봉 < 하다 >

1008 織る (おる)
동 짜다
ソファーの下に敷く布を織っている。
소파 밑에 깔 천을 짜고 있다.

1009 縫う (ぬう)
동 옷을 짜다 / 바느질하다 / 누비다
①いつか自分で着物を縫いたいと思う。
②人波を縫って歩く。
① 언젠가 스스로 기모노를 만들어 입고 싶다.
② 인파를 누비며 걷는다.

➕ 裁縫(さいほう)〈する〉 재봉 < 하다 >

👉 ① 실과 바늘을 사용하여 옷을 만들다 ② 틈 사이로 빠져 나가다

1010 家庭菜園 (かていさいえん)
명 텃밭
友人に誘われて、家庭菜園を始めた。
친구의 권유로 텃밭을 시작했다.

➕ 園芸(えんげい) 원예・ガーデニング 취미로 하는 원예나 정원 가꾸기

1011 盆栽 (ぼんさい)
명 분재
世界中で盆栽ブームが起きている。
전 세계에서 분재 붐이 일고 있다.

➕ 植木(うえき) 정원수

1012 親しむ (したしむ)
동 즐기다
自然に親しみながら日本文化を学びたい。
자연스럽게 즐기면서 일본 문화를 배우고 싶다.

➕ 親しみ(したしみ) 친밀감

Section 3

1013 和紙 (わし)
명 (재래식) 일본 종이

家具や洋服など、和紙でいろいろな物が作られる。
가구나 의류 등 일본 종이로 여러가지 물건이 만들어진다.

1014 着付け (きつけ)
명 기모노를 입는 법식

先月から着付け教室に通っている。
지난달부터 기모노 착의 교실에 다니고 있다.

1015 手本 (てほん)
명 본보기 / 글씨본 / 그림본

先生の手本通りにやってみるが、なかなか難しい。
선생님의 본보기대로 해보지만 꽤 어렵다.

➕ 見本 (みほん) 견본

1016 高尚な (こうしょう)
ナ형 고상한

高尚な趣味に憧れて、ヴァイオリンを習うことにした。
고상한 취미를 동경해서 바이올린을 배우기로 했다.

1017 楽器 (がっき)
명 악기

子どもの頃からいろいろな楽器を習っていた。
어릴 때부터 다양한 악기를 배우고 있었다.

➕ 管楽器 (かんがっき) 관악기 · 弦楽器 (げんがっき) 현악기

1018 音色 (ねいろ)
명 음색

先生のヴァイオリンの音色は素晴らしい。
선생님의 바이올린 음색은 멋지다.

1019 癒す (いやす)
동 치유하다 / 병이나 고통 등을 가시게 하다

ピアノの優しい音色に癒される。
피아노의 부드러운 음색에 마음이 치유된다.

➕ 癒し (いやし) / ヒーリング 치유 / 힐링

1020 極める (きわめる)
동 끝까지 다하다 / 극한에 이르다

ぜひ日本の伝統の技を極めたい。
꼭 일본의 전통 기술을 끝까지 배우고 싶다.

➕ (〜が) 極まる (きわまる) (~이) 극도에 이르다 / 다하다

Chapter 8

1021 興じる きょう
[동] 흥겨워하다 / 즐거워하다

日本の伝統文化に興じる外国人が増加している。
일본의 전통 문화를 즐기는 외국인이 증가하고 있다.

👉 "興ずる" 라고도 읽는다

1022 千差万別 せんさばんべつ
[명] 천차만별

興味の対象は人によって千差万別だ。
관심의 대상은 사람에 따라 천차만별이다.

1023 一期一会 いちごいちえ
[명] 일기일회 (일생에 한 번 만나는 기회)

茶道を学んで、一期一会という言葉を知った。
다도를 배우며 일기일회라는 말을 알았다.

1024 茶会 ちゃかい
[명] 다화회 / 다도 / 차 마시는 모임

初めて茶会に出席する。
처음으로 차 마시는 모임에 참석한다.

1025 催す もよお
[동] 개최하다

今度の日曜日に茶会が催される。
이번 일요일에 차 마시는 모임이 개최된다.

➕ 開催〈する〉 개최〈하다〉

1026 早まる はや
[동] 앞당겨지다

発表会の開催日が1週間早まった。
발표회의 개최 날짜가 1주일 앞당겨졌다.

➕ (~を) 早める (~을) 앞당기다

1027 何らかの なん
[연체] 어떠한

何らかの事情で茶会が突然延期された。
어떠한 사정으로 차 마시는 모임이 갑자기 연기됐다.

1028 並びに なら
[접속] 및

先生方並びに関係者の皆様、本日はありがとうございました。
선생님 및 관계자 여러분 오늘은 감사했습니다.

1029 武道 ぶどう
[명] 무도 / 무술

武道の中でも剣道に興味がある。
무도 중에서도 검도에 관심이 있다.

Section 3

1030 囲碁 (いご)
명 바둑

先日、囲碁のプロアマ戦に参加した。
얼마 전 바둑의 프로 아마추어 합동 경기에 참가했다.

= 碁(ご)

1031 将棋 (しょうぎ)
명 장기

日本の将棋はチェスに似ているが、難しい。
일본의 장기는 체스와 비슷하지만, 어렵다.

1032 下火になる (したびになる)
관 (기세가) 약해지다 / (유행이) 한물 가다

ブームが下火になったので、習い事をやめた。
붐이 시들해져서 배우던 것을 그만두었다.

Section 4
책
本(ほん)

1033 書籍 (しょせき)
명 서적
多くの書籍を通して、いろいろな経験ができる。
많은 서적을 통해 다양한 경험을 할 수 있다.
➕ 書物(しょもつ) 책

1034 ベストセラー
명 베스트셀러
彼もとうとうベストセラー作家の仲間入りだ。
그도 마침내 베스트셀러 작가 대열에 들어갔다.

1035 エッセイ
명 에세이 / 수필
有名女優のエッセイが好評らしい。
유명 여배우의 수필이 호평인 것 같다.
➕ 随筆(ずいひつ) 수필・エッセイスト 수필가

1036 手記 (しゅき)
명 수기
大統領の手記が反響を呼んでいる。
대통령의 수기가 호응을 얻고 있다.
➕ 伝記(でんき) 전기・自伝(じでん) 자서전

1037 特集 (とくしゅう)
명 특집
今月号の温泉の特集は面白そうだ。
이번호 온천 특집은 재미있을 것 같다.
➕ 特集号(とくしゅうごう) 특별호

1038 読者 (どくしゃ)
명 독자
読者の一人として、これからも応援していく。
독자의 한 사람으로서 앞으로도 응원한다.
➕ 読み手(よみて) 읽는 사람

1039 ターゲット
명 타깃 / 대상
この本のターゲットは若い女性だ。
이 책의 타깃은 젊은 여성이다.
➕ 対象(たいしょう) 대상

1040 老若男女 (ろうにゃくなんにょ)
명 남녀 노소
彼の作品は老若男女に愛されている。
그의 작품은 남녀노소에게 사랑받고 있다.

Section 4

1041	マニア	この雑誌はイベントで<u>マニア</u>に売っている。
명	마니아	이 잡지는 이벤트에서 마니아에게 팔고 있다.
		➕ 鉄道マニア 철도 마니아・映画マニア 영화 마니아
1042	待望〈する〉	ファン<u>待望</u>の最新作の小説が書店に並んだ。
명	대망<하다>/기다리다	팬이 기다리던 최신작 소설이 서점에 진열되었다.
		➕ 待ち焦がれる 손꼽아 기다리다 / 애타게 기다리다
1043	共感〈する〉	きっとこのストーリーには誰もが<u>共感する</u>だろう。
명	공감<하다>	분명히 이 이야기에는 모두가 공감할 것이다.
1044	こみ上げる	この本を読み終えたとき、感動が<u>こみ上げて</u>きた。
동	복받치다	이 책을 다 읽었을 때 감동이 복받쳐왔다.
1045	掲載〈する〉	雑誌にうちの猫が<u>掲載された</u>。
명	게재<하다>	잡지에 우리 집 고양이가 게재되었다.
1046	連載〈する〉	この小説はもう10年も<u>連載されて</u>いる。
명	연재<하다>	이 소설은 이미 10년이나 연재되고 있다.
		➕ 連載漫画 연재 만화
1047	突破〈する〉	人気タレントの本の売り上げが100万部を<u>突破した</u>。
명	돌파<하다>	인기 탤런트 책의 매출이 100만부를 돌파했다.
1048	しのぐ	①新作が前作を<u>しのぐ</u>売り上げを記録した。 ②エアコンで猛暑を<u>しのぐ</u>。
동	능가하다 / 참고 견디다	① 신작이 전작을 능가하는 매출을 기록했다. ② 에어컨으로 무더위를 참고 견딘다.
👉 ① 일정 정도를 웃돌다 ② 고통스러운 경험을 하다
1049	出回る	人気漫画の海賊版が<u>出回って</u>いる。
동	나돌다	인기 만화의 해적판이 나돌고 있다.

Chapter 8

1050 圧巻(あっかん)
명 압권 (가장 뛰어난 것)
これはシリーズの中でも圧巻の一冊だ。
이 시리즈 중에서도 가장 뛰어난 한 권이다.

1051 反響(はんきょう)
명 반향 / 호응
高校生作家の本が大きな反響を呼んでいる。
고등학생 작가의 책이 큰 호응을 얻고 있다.

1052 強(し)いて
부 억지로 / 굳이
彼の作品は全て好きだが、強いて言えば3冊目が一番いい。
그의 작품은 모두 좋아하지만 굳이 말하자면 3권째가 가장 좋다.

1053 先行(せんこう)〈する〉
명 선행 <하다>/ 앞서다
話題作が世界に先行して日本で発売された。
화제작이 세계에 앞서 일본에서 발매되었다.

➕ 先行発売〈する〉 선행 발매 < 하다 >

1054 原稿(げんこう)
명 원고
彼女は手書きで原稿を書いている。
그녀는 손으로 원고를 쓰고 있다.

1055 著作権(ちょさくけん)
명 저작권
世界中の書籍は著作権で守られている。
전 세계의 책은 저작권으로 보호되고 있다.

1056 記(しる)す
동 적다 / 새기다
南極旅行の思い出を記したエッセイが出た。
남극 여행의 추억을 적은 에세이가 나왔다.

1057 描写(びょうしゃ)〈する〉
명 묘사 < 하다 >
この小説は主人公の心の変化がよく描写されている。
이 소설은 주인공의 심리 변화가 잘 묘사되어 있다.

➕ 心理描写 심리 묘사・風景描写 풍경 묘사

1058 直訳(ちょくやく)〈する〉
명 직역 < 하다 >
海外の本は直訳の方が作者の意図が伝わる。
외국 책은 직역하는 편이 저자의 의도가 전해진다.

↔ 意訳〈する〉(いやく)

Section 4

1059 予言〈する〉
よげん
名 예언 < 하다 >

本に書かれている予言が当たったら恐ろしい。
책에 쓰여 있는 예언이 들어맞는다면 무섭다.

➕ 予知〈する〉 예지 < 하다 >

1060 いわく
名 말하기를

有名作家いわく、アイディアはどんどん湧いてくるそうだ。
유명 작가가 말하기를 아이디어는 계속 솟아난다고 한다.

1061 特色
とくしょく
名 특색

それぞれの作家が作品に特色を出している。
각각의 작가가 작품에 특색을 띠고 있다.

1062 主題
しゅだい
名 주제

この作家が選ぶ主題は、若者の好みに合っている。
이 작가가 선정하는 주제는 젊은이들 취향에 맞는다.

1063 観点
かんてん
名 관점

これはユニークな観点で政治の世界を描いた作品だ。
이것은 독특한 관점으로 정치 세계를 그린 작품이다.

➕ 視点 시점

1064 つじつま
名 조리 / 이치

この本にはストーリーのあちこちにつじつまの合わない箇所がある。
이 책에는 스토리 곳곳에 이치에 맞지 않는 부분이 있다.

1065 架空
かくう
名 가공

これは架空の話だが、とても現実的だ。
이것은 가공의 이야기지만 매우 현실적이다.

1066 忌まわしい
イ形 꺼림칙하다

この作品には忌まわしい事件が描かれている。
이 작품에는 꺼림칙한 사건이 그려져 있다.

1067 正体
しょうたい
名 정체

最終章でも、犯人の正体はなかなか明かされない。
마지막 장에서도 범인의 정체는 좀처럼 밝혀지지 않는다.

➕ 正体不明 정체 불명

Chapter 8

1068	わな	主人公が恐ろしいわなに気づかず、どきどきする。
명	올가미 / 덫 / 함정	주인공이 무서운 함정을 알아차리지 못해, 두근두근하다.

1069	覆す	この作品の最後は予想を覆すシーンで終わる。
동	뒤엎다	이 작품의 마지막은 예상을 뒤엎는 장면에서 끝난다.

1070	[お] しまい	母「～そして二人は幸せに暮らしました。おしまい。」 子「ママ、もう1回読んで。」
명	끝	어머니 " ～그리고 두 사람은 행복하게 살았습니다. 끝." 아들 "엄마, 한 번 더 읽어 줘."

1071	海賊版	海賊版は厳しく取り締まられている。
명	해적판	해적판은 엄격히 단속되고 있다.

👍 불법 복제 된 CD 와 DVD 는 "해적판" 이라고 말한다.

1072	活字	最近本を読む人が少なくなり、活字離れが進んでいる。
명	활자	최근 책을 읽는 사람이 줄어들어 활자 이탈이 진행되고 있다.

➕ 活字離れ 활자 이탈 (인쇄물에 관심을 두지 않음)

Section 4

이것도 외우자! ⑮

➕ 접사⑮ 接辞⑮ (경어 敬語)

• 自分がへりくだる表現 자기를 낮추는 표현

拝

拝見する	배견하다 / 삼가 봄
拝借する	삼가 빌림
拝聴する	배청하다 / 삼가 들음
拝読する	배독하다 / 삼가 읽음

拙 졸 (자기를 낮추어 일컫는 말)

拙宅	저희 집 (자기 집의 겸양어)
拙文	졸문 (자기 문장의 겸양어)
拙論	졸론 (자기의 의론 / 논리의 겸양어)
拙者 (古い言い方)	졸자 (오래된 말)(자기를 낮추어 일컫는 말)

弊 폐 (자기가 소속된 곳을 낮추어 일컫는 말)

弊店	폐점 (자기 가게 / 상점의 겸양어)
弊校	폐교 (자기 학교의 겸양어)

Section 5
엔터테인먼트
エンターテイメント

1073 公開〈する〉
こうかい
명 공개 < 하다 >

話題のアニメが今週の土曜日に公開される。
화제의 애니메이션이 이번주 토요일에 공개된다.

➕ 一般公開〈する〉 일반공개 < 하다 > ・ 特別公開〈する〉 특별공개 < 하다 > ・
非公開 비공개

1074 上演〈する〉
じょうえん
명 상연 < 하다 >

芝居の上演スケジュールをネットで確認した。
연극의 상연 일정을 인터넷으로 확인했다.

➕ 公演 공연

1075 前売り〈する〉
まえうり
명 예매 < 하다 >

前売りのチケットを2枚購入した。
예매 티켓 2장을 구입했다.

➕ 当日券 당일권

1076 抽選〈する〉
ちゅうせん
명 추첨 < 하다 >

人気のコンサートのチケットが抽選で当たった。
인기 콘서트 티켓이 추첨으로 당첨되었다.

➕ 抽選会 추첨회

1077 独占〈する〉
どくせん
명 독점 < 하다 >

このアーティストは、若い女性の人気を独占している。
이 아티스트는 젊은 여성의 인기를 독점하고 있다.

➕ 独占企業 독점 기업

1078 衛星放送
えいせいほうそう
명 위성 방송

うちにはアンテナがないので、衛星放送が見られない。
우리집에는 안테나가 없어서 위성 방송을 볼 수 없다.

1079 放映〈する〉
ほうえい
명 방영 < 하다 >

見たかった映画が土曜日に放映される。
보고 싶었던 영화가 토요일에 방영된다.

Section 5

1080 視聴率(しちょうりつ)
명 시청률
話題のドラマの視聴率が20パーセントを超えた。
화제 드라마의 시청률이 20%를 넘어섰다.
➕ 視聴者(しちょうしゃ) 시청자

1081 無名(むめい)
명 무명
無名の新人俳優がこのドラマの主人公だ。
무명 신인 배우가 이 드라마의 주인공이다.

1082 知名度(ちめいど)
명 지명도
あの俳優はドラマのヒットで知名度が一気に上がった。
그 배우는 드라마가 히트해서 지명도가 단번에 올랐다.

1083 好感(こうかん)
명 호감
多くの女性が彼に好感を持っている。
많은 여성들이 그에게 호감을 갖고 있다.
➕ 好感度(こうかんど) 호감도

1084 絶大な(ぜつだい)
ナ형 절대적인 / 더없이 큰
今、この映画が絶大な人気を呼んでいる。
지금 이 영화가 더없이 큰 인기를 끌고 있다.

1085 シナリオ
명 시나리오
何と言っても、この映画はシナリオが素晴らしい。
뭐니 뭐니해도 이 영화는 시나리오가 훌륭하다.
➕ 脚本(きゃくほん) 각본・台本(だいほん) 대본

1086 しょせん
부 어차피 / 결국은
感動で涙が止まらなかったが、しょせん架空の話だ。
감동으로 눈물이 멈추지 않았지만 어차피 가상의 이야기다.

1087 フィクション
명 소설 / 픽션
この映画はフィクションだが、歴史的な背景などがリアルに描かれている。
이 영화는 픽션이지만 역사적 배경 등이 리얼하게 그려져 있다.
↔ ノンフィクション

Chapter 8

1088	ドキュメンタリー	ドキュメンタリー番組を見て、社会の問題点に気づいた。
명	다큐멘터리	다큐멘터리 방송을 보고 사회의 문제점을 알게 되었다.

1089	実在〈する〉	この映画の舞台になった町は実在するそうだ。
명	실재 < 하다 >	이 영화의 무대가 된 도시는 실재한다고 한다.

1090	巨匠	この映画はロシアの巨匠が監督している。
명	거장	이 영화는 러시아의 거장이 감독을 맡았다.

1091	誇り	この監督はロシアの誇りと言われる存在だ。
명	자랑	이 감독은 러시아의 자랑이라고 일컬어지는 존재다.

➕ 誇る 자랑하다

1092	殺到〈する〉	俳優のサイン会にファンが殺到した。
명	쇄도 < 하다 >	배우의 사인회에 팬이 쇄도했다.

➕ 押し寄せる 밀려들다

1093	押しかける	大勢のファンが会場に押しかけた。
동	밀어닥치다 / (우르르) 밀려들다	많은 팬들이 대회장에 밀어닥쳤다.

1094	物々しい	大統領が来たため、会場は物々しい空気に包まれた。
イ형	삼엄한	대통령이 왔기 때문에 대회장은 삼엄한 공기에 휩싸였다.

1095	持ち込む	危険物が持ち込まれないように入り口でチェックしている。
동	반입하다	위험물이 반입되지 않도록 입구에서 체크하고 있다.

1096	騒動	大きな騒動もなく、無事にイベントが終わった。
명	소동	큰 소동없이 무사히 이벤트가 끝났다.

➕ もめ事 말썽

Section 5

1097 湧き起こる
동 끓어오르다 / (함성이) 터져 나오다

演奏が終わると、拍手が湧き起こった。
연주가 끝나자 박수가 터졌다.

1098 惜しむ
동 안타깝다 / 아끼다 / 아쉽다

① 人気番組の終了を多くの人が惜しんでいる。
② 寝る間も惜しんで演技の練習をした。

① 인기 프로그램이 끝나서 많은 사람이 아쉬워하고 있다.
② 자는 시간도 아끼며 연기 연습을 했다.

👉 ① 안타깝다고 생각한다 ② 아깝다고 느낀다

1099 出演〈する〉
명 출연<하다>

この俳優が出演した作品は必ずヒットする。
이 배우가 출연한 작품은 반드시 히트한다.

1100 ゲスト
명 게스트(특별 출연자)

毎回この番組のゲストが楽しみだ。
매번 이 프로그램의 게스트가 기다려진다.

➕ レギュラー 레귤러(상시 출연자)

1101 リアルな
ナ형 리얼한(사실적인)

恐竜の映像があまりにリアルで、襲われるかと思った。
공룡 영상이 너무 리얼해서 실제로 습격받는 줄 알았다.

1102 物まね〈する〉
명 흉내<하다>

この俳優は有名人の物まねが上手だ。
이 배우는 유명인의 흉내를 잘낸다.

1103 立体的な
ナ형 입체적인

最新技術で立体的に見える映像は迫力がある。
최신 기술로 입체적으로 보이는 영상은 박력이 있다.

↔ 平面的な

1104 こっけいな
ナ형 우스꽝스러운

彼の表情がこっけいで、つい笑ってしまう。
그의 표정이 우스꽝스러워서 나도 모르게 웃어 버린다.

Chapter 8

1105 芸 (げい)
명 **재주 / 기예**

この公園には様々な芸をする人たちが集まる。
이 공원에는 다양한 기예를 하는 사람들이 모인다.

➕ 芸人(げいにん) 연예인・芸達者(げいたっしゃ) 연예인 / 재주꾼

Section 5

이것도 외우자! ⓰

→ 「~っぱなし」 어떤 일을 한 뒤 그대로 놓아두었다는 뜻을 나타냄

• A:何かをしたあと、そのままにする (무엇을 하고 그대로 두는 경우)

食べっぱなし	먹은 채로
飲みっぱなし	마신 채로
使いっぱなし	사용한 채로
読みっぱなし	읽은 채로
脱ぎっぱなし	벗은 채로
置きっぱなし	놓은 채로
干しっぱなし	말린 채로
出しっぱなし	내놓은 채로
開けっぱなし	열어 둔 채로
つけっぱなし	켠 채로 / 붙인 채로
ちらかしっぱなし	어수선한 채로 / 흐트려 놓은 채로

• B:ある状態が長く続く (어떤 상태가 지속되는 경우)

立ちっぱなし	선채로
座りっぱなし	앉은 채로
泣きっぱなし	계속 울면서
笑いっぱなし	계속 웃으면서
しゃべりっぱなし	계속 말하면서
降りっぱなし	계속 내린 채로

N1
Chapter
9
세계

世界
せかい

			단어 No.
1	여행 계획	旅のプラン たび	1106~1130
2	여행지에서	旅行先で りょこうさき	1131~1159
3	나라	国 くに	1160~1189
4	국제 관계①	国際関係① こくさいかんけい	1190~1219
5	국제 관계②	国際関係② こくさいかんけい	1220~1241

Section 1
여행 계획

旅のプラン (たびのぷらん)

1106	見所 (みどころ) 명 볼거리	この町は見所が多く、今人気の観光地だ。 이 도시는 볼거리가 많고 지금 인기 있는 관광지이다.
1107	穴場 (あなば) 명 남에게 알려지지 않은 좋은 곳	現地の人に穴場のレストランを教えてもらった。 현지인한테 일반인에게 알려지지 않은 좋은 레스토랑을 소개받았다.
1108	本場 (ほんば) 명 본고장	日本でもよく食べるが、本場のキムチを食べてみたい。 일본에서도 자주 먹지만 본고장의 김치를 먹어보고 싶다.
1109	主要な (しゅような) ナ형 주요한	旅行の前に主要な駅は覚えておこう。 여행 전에 주요한 역은 기억해 두자.

➕ 主要産業 (しゅようさんぎょう) 주요 산업

1110	事前 (じぜん) 명 사전	事前にネットを使って現地の情報を調べてみる。 사전에 인터넷을 사용하여 현지 정보를 알아본다.

➕ あらかじめ 미리

1111	かねがね 부 전부터 / 진작부터	かねがね、この国に訪れたいと思っていた。 전부터 이 나라를 방문하고 싶었다.

➕ かねてから 전부터

1112	網羅〈する〉 (もうら) 명 망라〈하다〉	このガイドブックは主要な見所を網羅している。 이 가이드북은 주요 관광 명소를 망라하고 있다.
1113	特典 (とくてん) 명 특전 / 혜택	今ツアーに申し込むと特典がある。 지금 투어를 신청하면 특전이 있다.

➕ 会員特典 (かいいんとくてん) 회원 특전

Chapter 9

1114 前払い〈する〉
まえばら
名 선불<하다>

ツアー料金は10日以内に前払いしなければいけない。
투어 요금은 10일 이내에 선불해야 한다.

⇔ 後払い〈する〉
あとばら

1115 うかうか[と]〈する〉
부 얼떨결에 / 멍청히 / 깜박하다

うかうかしていたら、申し込み締切日を過ぎていた。
멍청히 있다가 신청 마감일이 지났다.

1116 手っ取り早い
てとばや
イ형 재빨리 / 손쉬운

手っ取り早く航空券はネットで申し込むことにした。
손쉽게 항공권은 인터넷으로 신청하기로 했다.

1117 オプション
명 옵션

オプションのツアーは現地で申し込むつもりだ。
옵션 투어는 현지에서 신청할 생각이다.

➕ オプショナルツアー 옵션 투어

1118 グレード
명 등급

両親の希望で、ホテルのグレードを上げた。
부모님이 희망해서 호텔 등급을 올렸다.

➕ 階級 계급
かいきゅう

1119 同伴〈する〉
どうはん
명 동반<하다>

両親を同伴してヨーロッパに行く。
부모님을 동반하여 유럽에 간다.

➕ 家族同伴 가족 동반 · 夫人同伴 부인 동반
かぞくどうはん　　　　　　ふじんどうはん

1120 急きょ
きゅう
부 갑작스럽게

大雪のため、飛行機の到着時刻が急きょ変更された。
폭설로 인해 비행기의 도착 시각이 갑작스럽게 변경됐다.

1121 要する
よう
동 필요로 하다

今回の旅行に要する費用を計算しておく。
이번 여행에 필요한 비용을 계산하여 둔다.

Section 1

1122 称する (しょう)
동 칭하다 / 불리다
「江戸東京歴史巡り」と称するツアーに参加する。
" 에도 도쿄 역사 탐방 " 이라는 투어에 참가한다 .

1123 見知らぬ (みし)
연체 낯선
見知らぬ土地を歩くと、発見が多い。
낯선 땅을 걸으면 발견이 많다 .

➕ 未知 미지

1124 着目〈する〉 (ちゃくもく)
명 주목 < 하다 >
歴史に着目したこのツアーは面白そうだ。
역사에 주목한 이 투어는 재미있을 것 같다 .

➕ 着眼〈する〉 착안 < 하다 >

1125 触れ合う (ふあ)
동 접하다 / 만나다
町を歩いて、現地の人と触れ合いたい。
거리를 거닐며 현지 사람과 만나고 싶다 .

➕ 触れ合い 만남

1126 利点 (りてん)
명 이점 (이로운 점)/ 장점
ツアーにも個人旅行にも、それぞれ利点がある。
투어에도 개인 여행에도 각각 장점이 있다 .

➕ メリット 장점・デメリット 단점

1127 緯度 (いど)
명 위도
東京よりずっと緯度が高い町なので、とても寒い。
도쿄보다 훨씬 위도가 높은 도시이기 때문에 매우 춥다 .

➕ 経度 경도

1128 予備 (よび)
명 예비
旅行には予備のお金も用意しておこう。
여행에는 예비의 돈도 준비해 두자 .

➕ 予備日 예비일

1129 身軽な (みがる)
ナ형 홀가분한
できるだけ荷物を減らして、身軽に出かける。
가능한 한 짐을 줄이고 홀가분하게 출발한다 .

➕ 軽装 경장 (가벼운 복장)

Chapter 9

1130	無茶 〈な〉 むちゃ	観光地を1日に10か所も回るなんて無茶だ。(ナ形) かんこうち にち しょ まわ むちゃ
명 ナ형	당치않음 / 터무니없음 / 무리	관광지를 하루에 10곳이나 돌다니 무리다.

Section 2

여행지에서

旅行先で（りょこうさきで）

1131 片言(かたこと)
명 서투른 말
たとえ片言でも現地の言葉を使ってみる。
비록 서투른 말이라도 현지 언어를 사용해 본다.

1132 身振り手振り(みぶりてぶり)
명 몸짓 손짓
店では身振り手振りで何とか注文が通じた。
가게에서는 몸짓 손짓으로 어떻게든 주문이 통했다.
= ジェスチャー

1133 疎通〈する〉(そつう)
명 소통<하다>
ジェスチャーで意思の疎通を図る。
몸짓으로 의사소통을 꾀한다.

1134 先入観(せんにゅうかん)
명 선입관
先入観を持たずに、いろいろな人と接する。
선입관을 가지지 않고 여러 사람과 접한다.

1135 もてなす
동 대접하다
現地の人に温かくもてなされた。
현지인에게 따뜻하게 대접받았다.
+ [お]もてなし 대접

1136 人情(にんじょう)
명 인정
いろいろな所で温かい人情に触れた。
여러 곳에서 따뜻한 인정에 접했다.

1137 目の当たり(まのあたり)
부 눈앞 / 목전 / 직접
日本との習慣の違いを目の当たりにした。
일본과 습관의 차이를 눈앞에서 보았다.

1138 勝る(まさる)
동 앞서다
旅に出ると、注意力より好奇心が勝る。
여행을 떠나면 주의력보다 호기심이 앞선다.
↔ 劣る(おと)

1139 異国(いこく)
명 이국(다른 나라)
異国の文化を心から楽しむ。
이국의 문화를 진심으로 즐긴다.
+ 異国情緒(いこくじょうちょ) 이국정서

Chapter 9

1140	融合 〈する〉 ゆうごう	この国では東西の文化が融合している。
명	융합 < 하다 >	이 나라에서는 동서 문화가 융합하고 있다.

➕ 融和〈する〉 ゆうわ 융화 < 하다 >

1141	手違い てちが	ホテルの予約で、旅行会社の手違いがあった。
명	착오	호텔 예약에서 여행사의 착오가 있었다.

1142	まごつく	注文の仕方が分からず、まごついてしまった。
동	허둥지둥하다 / 갈팡질팡하다	주문 방법을 몰라 허둥지둥했다.

➕ まごまご〈する〉 우물쭈물 < 하다 >

1143	右往左往 〈する〉 うおうさおう	途中で財布を落として右往左往した。
명	우왕좌왕 < 하다 >	도중에 지갑을 잃어버려서 우왕좌왕했다.

1144	さまよう	道に迷って、夜の街をさまよった。
동	방황하다 / 헤매다	길을 잃고 밤거리를 헤맸다.

1145	撮影 〈する〉 さつえい	歴史的な建物をバックに写真を撮影した。
명	촬영 < 하다 >	역사적인 건물을 배경으로 사진을 촬영했다.

➕ 記念撮影 きねんさつえい 기념 촬영

1146	とどめる	たくさんの思い出を記憶にとどめたい。
동	남기다	많은 추억을 기억에 남기고 싶다.

➕ (〜が) とどまる (〜이) 그대로 남아 있다

1147	鮮明な せんめい	美しい風景が記憶に鮮明に残った。
ナ형	선명한	아름다운 풍경이 기억에 선명하게 남았다.

1148	オーロラ	一生に一度でいいからオーロラを見てみたい。
명	오로라	일생에 한 번이라도 좋으니까 오로라를 보고 싶다.

Section 2

1149	きらびやかな	建物に入ると、当時のきらびやかな光景が想像できた。
ナ形	(눈부시게) 화려하고 아름다운	건물에 들어가니 당시의 화려하고 아름다운 광경이 상상됐다.

1150	感無量 かんむりょう	幸運にもオーロラが見られて感無量だ。
명	감개무량	다행히도 오로라를 볼 수 있어 감개무량하다.

➕ 感慨無量 감개무량

1151	満喫〈する〉 まんきつ	7泊8日の旅で、ヨーロッパを満喫することができた。
명	만끽 < 하다 >	7박 8일의 여행에서 유럽을 만끽할 수 있었다.

1152	こぐ	ボートをこいで、湖を巡った。
동	젓다	보트를 저어 호수를 둘러보았다.

1153	潜る もぐ	海に潜ると、青や黄色の魚たちがたくさん泳いでいた。
동	잠수하다 / 물에 들어가다	바다에 들어가니 파란색과 노란색 물고기들이 많이 헤엄을 치고 있었다.

1154	用心深い ようじんぶかい	旅行先では用心深いくらいがちょうどいい。
イ形	조심성이 많다 / 주의 깊다 / 신중하다	여행지에서는 조심성이 많은 것이 딱 좋다.

➕ 注意深い 주의 깊다

1155	おちおち [~ない]	タイトなスケジュールで、おちおちお茶も飲んでいられない。
부	마음 놓고 [~없다]	빡빡한 스케줄이라서 마음 놓고 차도 마실 수 없다.

1156	いっそ	この国が気に入った。いっそ住んでみようか。
부	차라리	이 나라가 마음에 들었다. 차라리 이 나라에서 살아볼까.

Chapter 9

1157 永住〈する〉 えいじゅう
명 영주 < 하다 >

ここに永住したいという日本人も多いそうだ。
여기에 영주하고 싶다는 일본인도 많다고 한다.

➕ 移住〈する〉 이주 < 하다 > ・ 永住権 영주권

1158 別荘 べっそう
명 별장

いつか、ここに別荘を持てたらうれしい。
언젠가 이곳에 별장을 가질 수 있으면 좋겠다.

1159 懲りる こりる
동 질리다 / 넌더리나다

トラブルが多すぎて、もう旅行は懲りた。
트러블이 너무 많아서 이제 여행은 질렸다.

➕ こりごり〈する〉 지긋지긋함 / 질색임

Section 3

나라
国（くに）

1160 国家（こっか） 명 국가
世界には200を超える国家が存在する。
세계에는 200을 넘는 국가가 존재한다.

1161 大国（たいこく） 명 대국
現在、この国は経済大国を目指している。
현재 이 나라는 경제 대국을 목표로 하고 있다.

➕ 軍事大国（ぐんじたいこく） 군사 대국・アニメ大国（たいこく） 애니메이션 대국・経済大国（けいざいたいこく） 경제 대국

1162 母国（ぼこく） 명 모국
日本の企業で技術を身につけたら、母国で会社を設立したい。
일본의 기업에서 기술을 익힌 후 모국에서 회사를 설립하고 싶다.

➕ 母国語（ぼこくご） 모국어・祖国（そこく） 조국

1163 領土（りょうど） 명 영토
どの国も領土を守りたいと思う気持ちは同じだ。
어느 나라도 영토를 지키고 싶은 마음은 같다.

➕ 領土問題（りょうどもんだい） 영토 문제

1164 民族（みんぞく） 명 민족
100を超える民族が住む国もある。
100을 넘는 민족이 사는 나라도 있다.

➕ 民族性（みんぞくせい） 민족성・民族衣装（みんぞくいしょう） 민족 의상

1165 万人（ばんにん） 명 만인 / 모든 사람
万人が平等に教育を受けられる環境を作ろう。
만인이 평등하게 교육을 받을 수 있는 환경을 만들자.

➕ 万人向き（ばんにんむき） 누구에게나 적합함

1166 成り立つ（なりたつ） 동 성립되다 / 이루어지다
国は国民によって成り立っている。
국가는 국민에 의해 이루어지고 있다.

➕ 成り立ち（なりたち） 성립

Chapter 9

1167	起源 (きげん)	国の<u>起源</u>を学校で学ぶ。
명	기원	나라의 기원을 학교에서 배운다.

1168	定める (さだめる)	政府は8月11日を祝日と<u>定めた</u>。
동	정하다	정부는 8월 11일을 경축일로 정했다.

1169	断言〈する〉(だんげん)	首相は経済の回復を<u>断言した</u>。
명	단언〈하다〉	수상은 경제 회복을 단언했다.

➕ 明言〈する〉(めいげん) 명언〈하다〉

1170	目覚ましい (めざましい)	A国は<u>目覚ましい</u>発展を見せている。
イ형	눈부신	A국은 눈부신 발전을 보이고 있다.

➕ 著しい (いちじるしい) 현저한

1171	前途洋々な (ぜんとようよう)	資源に恵まれて、この国の経済は<u>前途洋々だ</u>。
ナ형	전도 양양한 (장래가 열려 미래에 희망을 품게 됨)	자원이 풍부해서 이 나라의 경제는 전도 양양이다.

1172	前途多難な (ぜんとたなん)	新しい大統領の政治は<u>前途多難だ</u>。
ナ형	전도 다난한	새 대통령의 정치는 전도 다난이다.

1173	おびただしい	伝染病で<u>おびただしい</u>数の国民が亡くなった。
イ형	엄청난	전염병으로 엄청난 수의 국민이 사망했다.

1174	依然として (いぜん)	A国の国民の生活は<u>依然として</u>苦しい。
관	의연하게 / 여전히	A국 국민의 생활은 여전히 힘들다.

➕ 相変わらず (あいかわらず) 여전히 / 변함없이

1175	権力 (けんりょく)	<u>権力</u>を握る者によって、国の状況は変わる。
명	권력	권력을 잡는 사람에 따라 국가의 상황은 달라진다.

➕ 権力者 (けんりょくしゃ) 권력자

Section 3

1176 実権 (じっけん) 名 실권
前大統領の息子が実権を握った。
전 대통령의 아들이 실권을 잡았다.

1177 強制 〈する〉 (きょうせい) 名 강제 < 하다 >
当時の権力者は国民に労働を強制していた。
당시의 권력자는 국민에게 노동을 강제로 시켰다.
➕ 強制的な (きょうせいてき) 강제적인

1178 崇拝 〈する〉 (すうはい) 名 숭배 < 하다 >
国民は皆、大統領を崇拝している。
국민 모두가 대통령을 숭배하고 있다.

1179 移行 〈する〉 (いこう) 名 이행 < 하다 >
新しい政権への移行が進んでいる。
새로운 정권으로 이행이 진행되고 있다.

1180 軍事 (ぐんじ) 名 군사
ここ数年、A国に軍事を拡大する動きがある。
최근 몇 년간 A국에 군사를 확대하는 움직임이 있다.
➕ 軍事費 (ぐんじひ) 군사비

1181 武器 (ぶき) 名 무기
あの国は海外から多くの武器を輸入している。
그 나라는 외국에서 많은 무기를 수입하고 있다.
➕ 兵器 (へいき) 무기

👉 대부분의 사람들이 가지고 있지 않은 재능과 특성을 나타내는 데에도 사용된다.

1182 事態 (じたい) 名 사태
A国の事態は急速に悪化してきた。
A국의 사태는 급속히 악화되었다.

1183 仕組み (しくみ) 名 구조
政治の仕組みは複雑で理解しにくい。
정치의 구조는 복잡하고 이해하기 어렵다.
➕ 構造 (こうぞう) 구조

1184 革命 (かくめい) 名 혁명
政府への不満が爆発して革命が起きた。
정부에 대한 불만이 폭발하여 혁명이 일어났다.
➕ 産業革命 (さんぎょうかくめい) 산업 혁명・クーデター 쿠데타

Chapter 9

1185 暴動 (ぼうどう)
명 폭동
国内各地で暴動が起きている。
국내 각지에서 폭동이 일어나고 있다.

1186 動向 (どうこう)
명 동향
A国はB国の動向を常に探っている。
A국은 B국의 동향을 항상 탐색하고있다.

1187 善悪 (ぜんあく)
명 선악
国によって善悪の判断は異なる。
국가에 따라 선악의 판단은 다르다.

1188 一様な (いちよう)
ナ형 한결같은
A国の提案に対し、参加国は一様に賛成した。
A국의 제안에 대해 참가국들은 한결같이 찬성했다.

1189 飢える (うえる)
동 굶주리다
世界には飢えて苦しむ子どもたちがたくさんいる。
세계에 굶주리고 고통받는 아이들이 많이 있다.

➕ 飢え(う) 굶주림 · 飢餓(きが) 기아

Section 4
국제 관계 ①

国際関係(こくさいかんけい) ①

| 1190 | 親交 しんこう 명 친교/친분 | 隣国と親交を深め、良好な関係を維持する。
이웃 나라와 친교를 쌓아 좋은 관계를 유지한다. |

| 1191 | 密接な みっせつ ナ形 밀접한 | 隣国と密接な関係を築いていく。
이웃 나라와 밀접한 관계를 구축해 나간다. |

| 1192 | 申し出る もうでる 동 자청하다 | 災害が起きた隣国に援助を申し出た。
재해가 일어난 이웃 나라에 원조를 자청했다. |

➕ 申し入れる 신청하다
もうい

| 1193 | 双方 そうほう 명 쌍방 | 両国双方の意見を聞く。
양국 쌍방의 의견을 듣는다. |

| 1194 | 交互 こうご 명 서로 번갈아 | A国とB国の大統領が交互に訪問し合う。
A 국과 B 국의 대통령이 서로 번갈아 방문한다. |

| 1195 | 好ましい この イ形 바람직한 | 両国の関係は、年々好ましくなっている。
양국의 관계는 해가 갈수록 좋아지고 있다. |

| 1196 | 利害 りがい 명 이해 | A国とB国は互いの利害が一致した。
A 국과 B 국은 서로의 이해 관계가 일치했다. |

➕ 損得 손실과 이득
そんとく

| 1197 | 寛容〈な〉 かんよう 명 / ナ形 관용/관대[한] | A国は他国に寛容な態度を示す。(ナ形)
A 국은 타국에 관대한 태도를 보인다. |

| 1198 | 偏見 へんけん 명 편견 | 外交の際、偏見を持つべきではない。
외교를 할 때 편견을 가져서는 안된다. |

| 1199 | 侮辱〈する〉 ぶじょく 명 모욕<하다> | A国の大統領がB国を侮辱した。
A 국의 대통령이 B 국을 모욕했다. |

Chapter 9

1200 かみ合う 【동】 맞물리다 / 일치하다
両国のトップの話が全くかみ合わない。
양국 수뇌의 이야기가 전혀 일치하지 않는다.

1201 食い違う 【동】 엇갈리다
両国の意見が食い違い、話し合いが進まない。
양국의 의견이 엇갈려 논의가 진행되지 않는다.

1202 駆け引き〈する〉 【명】 흥정 / 교섭 <하다>
各国が経済問題について駆け引きをする。
각국이 경제 문제에 대해 줄다리기를 한다.

1203 干渉〈する〉 【명】 간섭 <하다>
むやみに他の国に干渉するのは良くない。
함부로 다른 국가에 간섭하는 것은 좋지 않다.

1204 取り合う 【동】 서로 빼앗다
隣国同士で領土を取り合う。
이웃 나라끼리 영토를 서로 빼앗다.

➕ 取り合い 쟁탈・奪い合う 쟁탈 / 서로 빼앗음

1205 相反する 【동】 상반하다
A国とB国が相反する立場を主張している。
A 국과 B 국이 상반된 입장을 주장하고 있다.

1206 正当な 【ナ형】 정당한
正当な理由なく他国を攻めることはできない。
정당한 이유없이 타국을 공격할 수 없다.

1207 差し出す 【동】 내밀다
首相は大統領に握手を求めて手を差し出した。
수상은 대통령에게 악수를 청하며 손을 내밀었다.

1208 取り囲む 【동】 둘러싸다
A国は大国に取り囲まれている。
A 국은 강대국에 둘러싸여 있다.

➕ 取り巻く 둘러싸다 / 에워싸다・包囲〈する〉 포위 <하다>

1209 阻む 【동】 막다 / 방해하다
A国の発展を周囲の国が阻んでいる。
A 국의 발전을 주변 국가가 방해하고 있다.

➕ 阻止〈する〉 저지 <하다>

Section 4

1210 異議 (いぎ) / 명 이의
A国はある問題を議題にすることに異議があるようだ。
A 국은 어떤 문제를 의제로 하는 것에 이의가 있는 것 같다.
➕ 異論(いろん) 이론

1211 拒む (こばむ) / 동 거부하다
A国はB国の申し入れをきっぱりと拒んだ。
A 국은 B 국의 제의를 단호히 거부했다.
➕ 拒否(きょひ)〈する〉 거부〈하다〉・拒絶する(きょぜつ) 거절하다

1212 核心 (かくしん) / 명 핵심
話し合いが核心に迫ってきた。
대화가 핵심에 다가왔다.

1213 追い込む (おいこむ) / 동 몰다 / 몰아넣다
多くの国がB国を孤立に追い込んでいる。
많은 국가가 B 국을 고립으로 몰아넣고 있다.

1214 孤立 (こりつ)〈する〉 / 명 고립 < 하다 >
B国は国際的に孤立しつつある。
B 국은 국제적으로 고립되어 가고 있다.

1215 改める (あらた) / 동 개선하다 / 바꾸다
① A国はB国との関係を改めようとしている。
② 日を改めて両国のトップが話し合う。
① A 국은 B 국과의 관계를 개선하려고 하고 있다.
② 날을 바꿔 양국의 수뇌가 논의한다.
➕ (〜が) 改まる(あらた) (~이) 새로워지다 / 고쳐지다 / 개선되다
👉 ① 개선하다 ② 다른 새로운 것으로 하다

1216 模索 (もさく)〈する〉 / 명 모색 < 하다 >
政府はA国との関係改善を模索している。
정부는 A 국과의 관계 개선을 모색하고 있다.

1217 国連 (こくれん) / 명 유엔
国連がA国とB国の間に難民キャンプを作った。
유엔이 A 국과 B 국 사이에 난민 캠프를 만들었다.
👉 " 국제 연합 " 의 약자

Chapter 9

1218 克明な
こくめい

ナ형 극명한

この会談は克明に記録しておく必要がある。
かいだん こくめい きろく ひつよう

이 회담은 극명하게 기록해 둘 필요가 있다.

➕ 明確な 명확한
めいかく

1219 振り出し
ふ だ

명 최초의 상태 / 원점

残念ながら交渉は振り出しに戻ってしまった。
ざんねん こうしょう ふ だ もど

유감스럽게도 협상은 원점으로 돌아갔다.

Section 5
국제 관계 ②

国際関係(こくさいかんけい) ②

1220	紛争(ふんそう) 명 분쟁	世界各地で紛争が絶えない。 세계 각지에서 분쟁이 끊이지 않는다.

➕ 国際紛争(こくさいふんそう) 국제 분쟁・内戦(ないせん) 내전

1221	介入(かいにゅう)〈する〉 명 개입 < 하다 >	いくつかの大国が紛争に介入する。 몇 몇 대국이 분쟁에 개입한다.

➕ 軍事介入(ぐんじかいにゅう)〈する〉 군사 개입 < 하다 >

1222	強いる(しいる) 동 강요하다 / 억지로 시키다	人々は苦しい生活を強いられている。 사람들은 어려운 생활을 강요당하고 있다.

1223	支援(しえん)〈する〉 명 지원 < 하다 >	国連がA国への支援を発表した。 유엔이 A 국에 대한 지원을 발표했다.

1224	打ち切る(うちきる) 동 중단하다 / 중지하다	A国への支援は半年で打ち切られた。 A 국에 대한 지원은 반년 만에 중단되었다.

➕ 打ち切り(うちきり) 중단

1225	合意(ごうい)〈する〉 명 합의 < 하다 >	両国はようやく合意に達した。 양국은 마침내 합의에 도달했다.

1226	和解(わかい)〈する〉 명 화해 < 하다 >	二人の大統領は和解後しっかりと握手をした。 두 대통령은 화해 후 굳게 악수를 했다.

1227	確立(かくりつ)〈する〉 명 설립 < 하다 >	A国は世界のリーダーとしての地位を確立した。 A 국은 세계 리더로서의 지위를 확립했다.

1228	結束(けっそく)〈する〉 명 결속 < 하다 >	今後は両国が結束して地域の安全を守る。 앞으로 양국이 결속해서 지역의 안전을 지킨다.

Chapter 9

1229 唱える(とな)
동 주창하다 / 주장하다

A国がB国の主張に異議を唱えた。
A 국이 B 국의 주장에 이의를 제기했다.

➕ 提唱〈する〉(ていしょう) 제창〈하다〉

1230 捧げる(ささ)
동 바치다

その政治家は、世界平和に人生を捧げた。
그 정치인은 세계 평화에 인생을 바쳤다.

1231 説く(と)
동 설명하다 / 설득하다

国連が団結の重要性を説く。
유엔이 단결의 중요성을 설파한다.

1232 危ぶむ(あや)
동 걱정하다 / 위태로워하다

学者の中には世界平和を危ぶむ声がある。
학자 중에는 세계 평화를 걱정하는 목소리가 있다.

1233 危うい(あや)
イ형 위태로운

A国とB国の関係は危うい状態だ。
A 국과 B 국의 관계는 위태로운 상태다.

1234 おびえる
동 겁내다 / 무서워서 벌벌 떨다

人々は戦争の不安におびえている。
사람들은 전쟁 불안에 떨고 있다.

1235 見失う(みうしな)
동 놓치다 / 잃다

世界は平和への道を見失ってはいけない。
세계는 평화로 가는 길을 잃어서는 안 된다.

1236 強行〈する〉(きょうこう)
명 강행〈하다〉

A国はB国への軍事介入を強行した。
A 국은 B 국에 대한 군사 개입을 강행했다.

➕ 強行手段(きょうこうしゅだん) 강행 수단

1237 仕掛ける(しか)
동 공세를 취하다 / 준비하다 / 설치하다

①A国がB国に攻撃を仕掛けた。
②A国が仕掛けたわなにはまった。

① A 국이 B 국에 공격을 가했다.
② A 국이 설치한 함정에 빠졌다.

➕ 仕掛け(しか) 장치

👉 ① 공격하다 ② 준비하다, 도모하다

Section 5

1238	極めて (きわめて)	両国の関係を改善することは、現在極めて難しい状況だ。
부	극히 / 매우	양국 관계를 개선하는 것은 현재 극히 어려운 상황이다.

1239	証し (あかし)	A国は親善の証しとして、B国に経済的支援を約束した。
명	증거 / 증명 / 표시	A국은 친선의 표시로 B국에 대한 경제적 지원을 약속했다.

1240	至る (いたる)	両国の関係が深刻な状態に至らず安心した。
동	이르다 / 다다르다	양국 관계가 심각한 상태에 이르지 않아 안심했다.

1241	抜け出す (ぬけだす)	両国の関係は危うい状況を抜け出した。
동	벗어나다 / 빠져 나가다	양국 관계는 위험한 상황을 벗어났다.

N1
Chapter
10
자연

自然
し ぜん

			단어 No.
1	기후와 날씨	気候と天気	1242~1265
2	재해	災害	1266~1304
3	지구 환경	地球環境	1305~1333
4	대자연	大自然	1334~1361
5	레저	レジャー	1362~1384

Section 1

기후와 날씨

気候と天気（きこうとてんき）

1242 豪雨 (ごうう)
명 호우

各地で豪雨による大きな被害が出ている。
각지에서 호우로 인한 큰 피해가 나고 있다.

➕ 集中豪雨 (しゅうちゅうごうう) 집중 호우 · ゲリラ豪雨 (ごうう) 게릴라 호우

1243 暴風雨 (ぼうふうう)
명 폭풍우

夜中から朝にかけて暴風雨の危険がある。
밤부터 아침까지 폭풍우의 위험이 있다.

➕ 暴風 (ぼうふう) 폭풍 · 風雨 (ふうう) 비바람

1244 雨雲 (あまぐも)
명 비구름

急に雨雲が広がり、にわか雨が降りそうだ。
갑자기 비구름이 넓게 퍼져 소나기가 올 것 같다.

1245 ざあざあ
부 좍좍 / 쏴쏴

朝からざあざあ雨が降り続けている。
아침부터 비가 좍좍 계속 내리고 있다.

➕ ざあざあ降り (ぶり) 굉장히 많이 퍼붓는 비

ざあっと 좍좍 (비가 갑자기 강하게 내리기 시작하는 모양)

土砂降り (どしゃぶり) 비가 억수처럼 쏟아짐

1246 ぴたりと
부 딱 / 바짝

①大雨がぴたりと止んだ。
②二つの机をぴたりとつける。
① 호우가 딱 그쳤다.
② 두 책상을 바짝 붙인다.

👉 ① 지속적인 무언가가 갑자기 정지하다 ② 공간을 떼지 않고 물건을 이어 붙이다

1247 前線 (ぜんせん)
명 전선

日本全体を前線が覆っている。
일본 전체를 전선이 덮고 있다.

➕ 桜前線 (さくらぜんせん) 벚꽃 전선 · 寒冷前線 (かんれいぜんせん) 한랭 전선 · 梅雨前線 (ばいうぜんせん) 장마 전선

1248 停滞 〈する〉 (ていたい)
명 정체 < 하다 >

東日本に寒冷前線が停滞している。
동일본에 한랭 전선이 정체하고 있다.

Chapter 10

1249 日本列島 (にほんれっとう)
명 일본 열도
日本列島に台風が向かっている。
일본 열도로 태풍이 향하고 있다.

1250 貯水率 (ちょすいりつ)
명 저수율
ダムの貯水率が50パーセントを下回った。
댐의 저수율이 50%를 밑돌았다.

1251 ダム
명 댐
降水量が少なく、ダムの水が減少している。
강수량이 적어서 댐의 물이 감소하고 있다.

➕ 貯水池(ちょすいち) 저수지

1252 強まる (つよまる)
동 강해지다
時間とともに風雨が強まってきた。
시간이 지나면서 비바람이 강해졌다.

➕ (〜を) 強める(つよめる) (〜을) 강화하다

1253 弱まる (よわまる)
동 약화하다 / 약해지다
風の勢いが徐々に弱まっている。
바람의 기세가 점차 약해지고 있다.

➕ (〜を) 弱める(よわめる) (〜을) 약하게 하다

1254 舞う (まう)
동 흩날리다
午後から雪が舞い始めた。
오후부터 눈이 흩날리기 시작했다.

➕ 舞い上がる(まいあがる) 날아 올라가다

1255 兆候 (ちょうこう)
명 조후 / 징후
今日はゲリラ豪雨の兆候が見られる。
오늘은 게릴라성 호우의 징후가 보인다.

👍 "徴候"라고도 쓴다   ➕ 前兆(ぜんちょう) 전조

1256 暑苦しい (あつくるしい)
イ형 더위로 숨 막힐듯하다 / 무덥다
先週から湿度が高く、暑苦しい日が続いている。
지난주부터 습도가 높고 무더운 날이 계속되고 있다.

1257 寝苦しい (ねぐるしい)
イ형 잘 수 없다
猛暑日が続いて、夜も寝苦しい。
무더운 날씨가 계속되어 밤에도 잠을 잘 수 없다.

Section 1

1258 부	じめじめ[と]〈する〉 눅눅 [한]< 하다 >	雨の日が続いて、じめじめしている。 비 오는 날이 계속되어 눅눅하다.
1259 ナ형	かんかんな 쨍쨍 쬐다 / 펄펄 뛰다	①朝から日がかんかんに照っている。 ②弟のうそに父はかんかんだ。 ① 아침부터 해가 쨍쨍 쬐고 있다. ② 동생의 거짓말에 아버지는 펄펄 뛰신다.

➕ かんかん照り 쨍쨍 쬠

👉 ① 햇볕이 무척 강하다 ② 격노

1260 관	気がめいる 기분 / 마음이 우울하다	こう雨の日が続いては気がめいる。 이렇게 비 오는 날이 계속되면 마음이 우울하다.
1261 부	やけに 무척 / 몹시	今日はやけに蒸し暑い。 오늘은 무척 무더운 날씨다.

➕ 妙に 묘하게

1262 명	さなか 한창일 때	猛暑のさなかに、台風が発生した。 폭염이 한창일 때 태풍이 발생했다.

➕ 最中 한창일 때

1263 명 ナ형	気まぐれ〈な〉 변덕 [스러운] < 스럽다 >	秋の天気は気まぐれで、とても変わりやすい。(ナ形) 가을 날씨는 변덕스러워서 매우 쉽게 변한다.
1264 동	遮る 가로막다	豪雨がドライバーの視界を遮っている。 폭우가 운전자의 시야를 가리고 있다.

➕ 妨げる 방해하다

1265 동	避ける 피하다	こんな悪天候の中、外出は避けた方がいい。 이런 악천후 속에서는 외출은 피하는 것이 좋다.

Chapter 10

이것도 외우자! ⑰

カ 가타카나 표현① カタカナ語①

アナリスト	애널리스트 / 분석가
アレンジ〈する〉	어레인지 / 배열 / 배치 <하다>
アンコール	앙코르
エキスパート	전문가
エピソード	에피소드 / 일화
オーソドックスな	전통적인
オフィシャルな	공식적인
オリエンテーション（＝オリエン）	오리엔테이션
カルチャーショック	문화 충격
ギャップ	갭
グローバルな	글로벌
コーディネート〈する〉	코디네이터 <하다>
コントラスト	대비
サプライズ	서프라이즈
ジェンダー	젠더 (사회적인 성 구분)
シミュレーション	시뮬레이션

Section 2
재해
災害（さいがい）

1266	警報 (けいほう) 名 경보	10年に一度の災害警報が出された。 10년에 한 번인 재해경보가 나왔다.
1267	注意報 (ちゅういほう) 名 주의보	東京に大雨強風注意報が出された。 도쿄에 호우 강풍 주의보가 나왔다.
1268	震源地 (しんげんち) 名 진원지	ここは震源地からは遠いが、かなり揺れた。 이곳은 진원지로부터 멀지만 꽤 흔들렸다.
1269	震度 (しんど) 名 진도	おそらくこの町の震度は3くらいだろう。 아마 이 도시의 진도는 3 정도일 것이다.

➕ マグニチュード 매그니튜드 (진도)

1270	緊急〈な〉(きんきゅう) 名 긴급 [한]〈하다〉	極めて危険な状態なので、緊急に避難する。 매우 위험한 상태이므로 긴급히 대피한다.

➕ 緊急事態 (きんきゅうじたい) 긴급 사태

1271	速やかな (すみやか) ナ形 신속한	警報を聞いて、住民は速やかに避難した。 경보를 듣고 주민들은 신속하게 피난했다.
1272	強烈な (きょうれつ) ナ形 강렬한	今度の台風は今までになく強烈だ。 이번 태풍은 그 어느 때보다 더 강렬하다.
1273	猛烈な (もうれつ) ナ形 맹렬한	台風10号が猛烈なスピードで日本列島に向かっている。 태풍 10호가 맹렬한 속도로 일본 열도를 향하고 있다.
1274	驚異的な (きょういてき) ナ形 경이적인	九州地方で驚異的な降水量を記録した。 규슈 지방에서 경이적인 강수량을 기록했다.

Chapter 10

1275 はなはだしい
イ形 극심한 / 막대한

損害ははなはだしい金額に上った。
손해는 막대한 금액에 달했다.

1276 竜巻(たつまき)
名 토네이도 / 강렬한 회오리 바람

今日は全国で竜巻が発生している。
오늘은 전국에서 회오리 바람이 발생했다.

1277 土砂(どしゃ)
名 토사

豪雨によって崩れた土砂で、多くの家が流された。
호우로 인해 무너진 토사로 많은 집이 쓸려나갔다.

➕ 土砂崩れ(どしゃくず) 토사 붕괴 / 산사태・土砂災害(どしゃさいがい) 토사 재해

1278 浸水(しんすい)〈する〉
名 침수 < 하다 >

近くの川があふれて、我が家も浸水した。
근처의 강이 넘쳐 우리 집도 물에 잠겼다.

➕ 床下浸水(ゆかしたしんすい) 마루 밑 까지의 침수・床上浸水(ゆかうえしんすい) 마루 위 까지의 침수・洪水(こうずい) 홍수

1279 雪崩(なだれ)
名 눈사태

春の登山には雪崩の危険性がある。
봄 등산은 눈사태의 위험이 있다.

1280 噴火(ふんか)〈する〉
名 분화 < 하다 >

50年ぶりにA火山が噴火した。
50년 만에 A 화산이 분화했다.

1281 災い(わざわい)
名 재앙

日本では各地で災いを追い払う祭りを行う。
일본에서는 각지에서 재앙을 쫓기 위한 축제를 실시한다.

➕ 災難(さいなん) 재난

1282 被災(ひさい)〈する〉
名 재해를 입다

被災した地域にボランティアが集まった。
재해를 입은 지역에 자원 봉사자들이 모였다.

➕ 被災地(ひさいち) 재해지・被災者(ひさいしゃ) 이재민

1283 損害(そんがい)
名 손해 / 파손

地震による損害は予想以上に大きい。
지진에 의한 손해는 예상보다 크다.

➕ 損害保険(そんがいほけん) 손해 보험

Section 2

1284	異変 (いへん)	裏の山の異変に気づいたら、速やかに逃げましょう。
명	이변	뒷산의 이변을 느꼈을 때는 즉시 피합시다.

1285	襲う (おそ)	①夜中に大地震に襲われた。 ②死の恐怖に襲われる。
동	덮치다 / 사로잡다	① 한밤중에 지진이 덮쳤다. ② 죽음의 공포에 사로잡히다.

👉 ① 공격으로 손상을 입다 ② 불쾌감이 매우 강하다

1286	裂ける (さ)	揺れが大きく、大地が裂けた。
동	갈라지다 / 찢어지다	흔들림이 크고 땅이 갈라졌다.

➕ (〜を) 裂く (〜을) 찢다

1287	いざというとき	いざというときのために食料を多めに買っておく。
관	만일의 경우	만일의 경우를 위해 식량을 많이 사 둔다.

1288	破壊〈する〉(はかい)	大きな揺れで多くの建物が破壊された。
명	파괴〈하다〉	큰 흔들림으로 많은 건물이 파괴되었다.

➕ 破壊力 파괴력・環境破壊 환경 파괴

1289	荒らす (あ)	イノシシに畑を荒らされた。
동	엉망으로 만들다	멧돼지가 밭을 엉망으로 만들었다.

1290	有り様 (ありさま)	現地は目を覆う有り様だった。
명	모양 / 상태 / 지경 / 꼴	현지는 눈을 뜨고 볼 수 없는 지경이었다.

👉 좋지 않은 상황에서 사용한다.

1291	実況〈する〉(じっきょう)	被害が大きい地域から実況中継している。
명	실황〈하다〉	피해가 큰 지역에서 실황 중계하고 있다.

➕ 実況中継〈する〉 실황 중계〈하다〉・実況放送〈する〉 실황 방송〈하다〉

1292	根こそぎ (ね)	大洪水で大きな木が根こそぎ流された。
부	송두리째	대홍수로 큰 나무가 송두리째 떠내려갔다.

Chapter 10

1293 ことごとく
부 모조리

この地域の家はことごとく被害を受けた。
이 지역의 집은 모조리 피해를 입었다.

1294 ひずみ
명 일그러짐 / 뒤틀림

地震後、多くの家にひずみが発見された。
지진 후 많은 주택에 뒤틀림이 발견되었다.

1295 ぐにゃぐにゃ〈な/する〉
ナ形 부 구불구불 [한]<하다>

地震で高速道路がぐにゃぐにゃに曲がった。(ナ形)
지진으로 고속도로가 구불구불하게 구부러졌다.

➕ ぐちゃぐちゃ〈な/する〉 엉망인

1296 くっきり[と]〈する〉
부 선명 [한]<하다>

衛星写真で台風の目がくっきりと見える。
위성 사진에서 태풍의 눈이 선명하게 보인다.

1297 一帯
명 일대

この辺り一帯が洪水で被災した。
이 주변 일대가 홍수로 피해를 보았다.

➕ 一円 어떤 장소의 일대

1298 仮定〈する〉
명 가정 <하다>

大地震が起きたと仮定し、被害を予想する。
대지진이 일어났다고 가정하고 피해를 예상한다.

1299 配給〈する〉
명 배급 <하다>

被災地で食料品や毛布などが配給された。
피해 지역에서 식료품과 담요 등이 배급되었다.

1300 分配〈する〉
명 분배 <하다>

ボランティアのスタッフが配給を平等に分配する。
자원 봉사 직원이 배급을 평등하게 분배한다.

1301 くむ
동 물을 긷다

水が止まったので井戸の水をくんだ。
수돗물이 멈추었기 때문에 우물 물을 길었다.

➕ 汲み取る 퍼내다

Section 2

1302	復旧 〈する〉 ふっきゅう	電気は復旧したが、ガスは時間がかかりそうだ。
명	복구 < 하다 >	전기는 복구되었지만 가스는 시간이 걸릴 것 같다.

➕ 復旧工事 복구 공사・復興する 부흥하다

1303	風評 ふうひょう	災害後の風評による被害も深刻だ。
명	풍문 / 풍평 / 뜬소문	재해 후 뜬소문에 의한 피해도 심각하다.

1304	不幸中の幸い ふこうちゅう さいわ	家族みんなが無事だったのは不幸中の幸いだ。
관	불행 중 다행	가족 모두가 무사 한 것은 불행 중 다행이다.

Section 3
지구 환경
地球環境（ちきゅうかんきょう）

1305	紫外線 (しがいせん) 명 자외선	夏は必ず紫外線対策をして出かける。 여름에는 반드시 자외선 대책을 하고 나간다.
		➕ 赤外線(せきがいせん) 적외선

1306	オゾン層(そう) 명 오존층	オゾン層の破壊が心配されている。 오존층의 파괴가 우려되고 있다.

1307	温室効果ガス (おんしつこうかガス) 명 온실 효과 가스	温室効果ガスの減少が各国の課題だ。 온실 효과 가스의 감축이 각국의 과제다.

1308	氷河 (ひょうが) 명 빙하	北極の氷河が急速に溶けている。 북극의 빙하가 빠르게 녹고 있다.
		➕ 氷河期(ひょうがき) 빙하기

1309	悩ます (なや) 동 성가시게 굴다 / 괴롭히다	先進国は地球温暖化対策に頭を悩ましている。 선진국들은 지구 온난화 대책에 골치를 앓고 있다.

1310	致命的な (ちめいてき) ナ형 치명적인	このまま温暖化が進めば、致命的な状況になる。 이대로 온난화가 진행되면 치명적인 상황이 된다.

1311	経緯 (けいい) 명 경위	環境破壊の経緯を調査する。 환경 파괴의 경위를 조사한다.
		➕ いきさつ 경위・過程(かてい) 과정

1312	食い止める (くと) 동 막다	世界が団結して温暖化の進行を食い止めなければならない。 세계가 단결하여 온난화의 진행을 막아야만 한다.

Section 3

1313 協議〈する〉 きょうぎ
名 협의 < 하다 >

各国のトップが集まり、環境改善の対策を協議する。
각국의 수뇌들이 모여 환경 개선 대책을 협의한다.

➕ 審議〈する〉 しんぎ 심의 < 하다 >

1314 言い分 いいぶん
名 주장하고 싶은 말 / 해명

それぞれの国の言い分に耳を傾ける。
각 나라의 주장에 귀를 기울인다.

1315 気体 きたい
名 기체

天然ガスはメタンでできた燃えやすい気体だ。
천연 가스는 메탄으로 된 가연성 기체이다.

➕ 液体 えきたい 액체・固体 こたい 고체

1316 増殖〈する〉 ぞうしょく
名 증식 < 하다 >

希少な生物を人工的に増殖させる研究が進んでいる。
희귀한 생물을 인공적으로 증식시키는 연구가 진행되고 있다.

1317 生態系 せいたいけい
名 생태계

地球の生態系が崩れてきている。
지구 생태계가 무너지고 있다.

1318 要因 よういん
名 요인

A国で空気汚染の要因を調査した。
A국에서 대기오염의 요인을 조사했다.

1319 生じる しょうじる
動 발생하다

世界の各地で深刻な環境問題が生じている。
세계 각지에서 심각한 환경 문제가 발생하고 있다.

1320 膨大な ぼうだい
ナ形 방대한

研究者は膨大なデータを分析して、対策を考えている。
연구자는 방대한 데이터를 분석하여 대책을 생각하고 있다.

1321 顕著な けんちょ
ナ形 현저한

空気の汚染は経済成長とともに顕著になる。
대기오염은 경제 성장과 함께 현저해진다.

1322 根本的な こんぽんてき
ナ形 근본적인

この汚染水の対策は根本的な解決になっているのだろうか。
이 오염수 대책은 근본적인 해결이 된 것인가?

Chapter 10

1323 本質 (ほんしつ)
環境問題の<u>本質</u>は人間の生活を見直すことにつながる。

名 본질
환경 문제의 본질은 인간 생활을 재검토하는 것으로 이어진다.

➕ 本質的な(ほんしつてき) 본질적인

1324 早急な (さっきゅう)
地球温暖化問題は<u>早急な</u>対応が求められている。

ナ形 조속한
지구 온난화 문제는 조속한 대응이 요구되고 있다.

👍 "そうきゅう"라고도 읽는다

1325 前例 (ぜんれい)
<u>前例</u>のない問題は対策を立てるのが難しい。

名 전례
전례없는 문제는 대책을 세우는 것이 어렵다.

➕ 先例(せんれい) 선례

1326 等しい (ひとし)
A国の対策は何も進んでいないのに<u>等しい</u>。

イ形 같다
A국의 대책은 아무것도 진행되지 않은 것과 같다.

1327 放棄〈する〉(ほうき)
どの国も環境改善の責任を<u>放棄する</u>ことは許されない。

名 포기 < 하다 >
어느 나라도 환경 개선의 책임을 포기하는 것은 허용되지 않는다.

1328 やみくもな
A国は利益を優先し、温暖化対策に<u>やみくもに</u>反対する。

ナ形 닥치는 대로 / 맹목적으로
A국은 이익을 우선하여 온난화 대책에 맹목적으로 반대한다.

1329 気長〈な〉(きなが)
環境問題は<u>気長</u>に構えているわけにはいかない。
(ナ形)

名・ナ形 느긋[한]< 하다 >
환경 문제는 느긋하게 보고 있을 수만은 없다.

1330 脱する (だっ)
何とか危機的な状況は<u>脱した</u>ようだ。

動 벗어나다
어떻게든 위기 상황은 벗어난 것 같다.

➕ 脱出〈する〉(だっしゅつ) 탈출 < 하다 >

215

Section 3

1331 いかなる
いかなる事情があろうとも、自然環境を壊してはいけない。

[연체] **어떤 / 어떠한**
어떠한 사정이 있더라도 자연 환경을 파괴하면 안 된다.

1332 過酷な
地球には過酷な環境の中でも生命を維持する動植物がいる。

[ナ形] **가혹한**
지구에는 가혹한 환경 속에서도 생명을 유지하는 동식물이 있다.

1333 至るところ
最近至るところで温暖化が原因と思われる天災が起きている。

[관] **곳곳**
최근 곳곳에서 온난화가 원인이라고 생각되는 자연 재해가 일어나고 있다.

Section 4
대자연
大自然（だいしぜん）

1334 果てしない
は
イ형 끝없다

目の前には大地が果てしなく続いていた。
눈앞에는 대지가 끝없이 이어지고 있었다.

1335 限りない
かぎ
イ형 무한하다 / 한없다

宇宙は限りなく広がっている。
우주는 무한하게 펼쳐져 있다.

➕ 無限〈な〉 무한 [한]〈하다〉
むげん

1336 壮大な
そうだい
ナ형 장대한

自然が作り上げた壮大な風景に感動した。
자연이 만들어 낸 장대한 경관에 감동했다.

1337 はかない

イ형 덧없다

①宇宙から見たら、人の命はあまりにはかない。
②宇宙への旅は、人類のはかない夢だ。
① 우주에서 보면 사람의 생명은 너무 덧없다.
② 우주 여행은 인류의 덧없는 꿈이다.

👉 ① 오래 가지 않는다 ② 가능성이 매우 낮다

1338 ちっぽけな

ナ형 하찮은 / 보잘 것 없는

大自然の中では、人間はちっぽけな存在だ。
대자연 속에서 인간은 하찮은 존재다.

1339 創造〈する〉
そうぞう
명 창조 < 하다 >

大自然はどのように創造されたのだろうか。
대자연은 어떻게 창조된 것일까.

1340 一面
いちめん
명 일면 / 전체

①辺り一面に花が咲いている。
②新聞の一面に昨日のニュースが載った。
① 근처 전체에 꽃이 피어 있다.
② 신문의 일면에 어제 뉴스가 실렸다.

👉 ① 전 지역 ② 신문의 톱 기사

1341 見晴らし
みは
명 전망

山頂には見晴らしのいい山小屋が建っている。
산정에는 전망 좋은 산장이 세워져 있다.

Section 4

1342 かすむ
①遠くに山がかすんで見える。
②パソコンの使いすぎで目がかすむ。

동 흐릿하다
① 멀리 산이 흐릿하게 보인다.
② 컴퓨터의 과다 사용으로 눈이 침침해지다.

👉 ① 흐릿하게 보이다 ② 시력이 떨어진다

1343 染まる
大地が夕焼けに染まっている。

동 물들다
대지가 노을에 물들어 있다.

➕ (～を) 染める (~을) 물들이다

1344 さらす
①世界遺産は長い年月雨や風にさらされている。
②自然破壊の実態がマスコミによってさらされた。

동 방치하다 / 드러나다
① 세계 유산은 오랜 세월 비바람에 노출되어 있다.
② 자연 파괴의 실태가 언론에 의해 드러났다.

👉 ① 태양이나 비에 노출되다 ② 비밀이 널리 알려지다

1345 朽ちる
大きな木が100年間風雨にさらされて朽ちてしまった。

동 썩다
큰 나무가 100년 동안 비바람을 맞아 썩어 버렸다.

1346 大陸
地球には6つ、あるいは7つの大陸がある。

명 대륙
지구에는 6개 또는 7개의 대륙이 있다.

1347 地形
高い場所に立つと、周辺の地形がよくわかる。

명 지형
높은 장소에 서면 주변 지형을 잘 알 수 있다.

➕ 地形図 지형도

1348 起伏
この辺りは高低の差があまりなく、起伏がない地形だ。

명 기복
이 근처는 높낮이 차이가 별로 없고 기복이 없는 지형이다.

➕ でこぼこ 울퉁불퉁・凹凸 요철

Chapter 10

1349 頂上 (ちょうじょう)
명 정상
山の頂上から街を眺める。
산 정상에서 도시를 바라본다.
➕ ピーク 피크・山頂(さんちょう) 산꼭대기

1350 とがる
동 뾰족하다
向かいの山は、やりのように頂上がとがっている。
건너편 산은 창과 같이 정상이 뾰족하다.

1351 連なる (つらなる)
동 이어지다
私の故郷には山が果てしなく連なる風景がある。
내 고향에는 산이 끝없이 이어지는 풍경이 있다.

1352 恵み (めぐみ)
명 은혜
やっと恵みの雨が降った。
드디어 은혜로운 비(단비)가 내렸다.

1353 富む (とむ)
동 많다 / 풍부하다
この辺りの地形は変化に富んでいる。
이 주변의 지형은 변화가 많다.

1354 群れる (むれる)
동 떼를 지어 모이다 / 군집하다
おびただしい数の鳥が群れている。
엄청난 수의 새가 군집하여 있다.
➕ 群(むら)がる 몰리다・群(む)れ 무리

1355 さえずる
동 지저귀다
鳥たちが美しい声でさえずっている。
새들이 아름다운 소리로 지저귀고 있다.
➕ さえずり 지저귐

1356 惑星 (わくせい)
명 행성
8つの惑星が太陽の周囲を回っている。
8개의 행성이 태양 주위를 돌고 있다.

1357 星座 (せいざ)
명 별자리
夜の空を眺めて、さそりの形の星座を探す。
밤 하늘을 바라보며 전갈 모양의 별자리를 찾는다.
➕ 星座占(せいざうらな)い 별점

Section 4

1358 満月 (まんげつ)
명 보름달

天気に恵まれて、満月がきれいに輝いている。
좋은 날씨라서 보름달이 예쁘게 빛나고 있다.

➕ 三日月 (みかづき) 초승달

1359 謎 (なぞ)
명 수수께끼

海にはまだ解明されていない多くの謎がある。
바다는 아직 밝혀지지 않은 많은 수수께끼가 있다.

➕ ミステリー 미스테리

1360 影 (かげ)
명 그림자

① 湖に山の影が映っている。
② 友達と影を踏みながら歩く。

① 호수에 산 그림자가 비치고 있다.
② 친구와 그림자를 밟으며 걷는다.

👉 ① 물건의 모양 ② 빛을 막음으로써 생기는 어두운 부분

1361 現象 (げんしょう)
명 현상

世の中には、科学では証明できない様々な自然現象がある。
세상에는 과학으로는 증명할 수 없는 다양한 자연 현상이 있다.

➕ 怪奇現象 (かいきげんしょう) 괴기 현상

Section 5
레저
レジャー

1362	余暇 (よか) 명 여가	仕事が忙しくて、余暇を楽しむ余裕がない。 일이 바빠서 여가를 즐길 여유가 없다.
1363	盛大な (せいだいな) ナ형 성대한	今年の夏、盛大な音楽フェスティバルに参加した。 올 여름 성대한 음악 페스티벌에 참가했다.
1364	成り行き (なりゆき) 명 어찌 하다보니 / 되어가는 형편 / 결과	成り行きで、友達とキャンプに行くことになった。 어찌 하다보니 친구들과 캠핑을 가게 되었다.
1365	絶好〈な〉(ぜっこう) 명 ナ형 절호의	当日は絶好のキャンプ日和だった。(名) 그 날은 절호의 캠핑하기 좋은 날씨였다.
1366	方々 (ほうぼう) 명 여기저기 / 이것저것	キャンプ場で荷物がなくなってしまい、方々を探した。 캠핑장에서 짐이 없어져서 여기저기 찾았다.
1367	バーベキュー 명 바비큐	自然の中でのバーベキューは久しぶりだ。 자연 속에서의 바비큐는 오랜만이다.
1368	調達〈する〉(ちょうたつ) 명 조달 < 하다 >	キャンプ場の近くのスーパーで、食料品を調達した。 캠핑장 근처의 슈퍼에서 식료품을 조달했다. ➕ 現地調達〈する〉현지 조달 < 하다 >
1369	野生 (やせい) 명 야생	キャンプ場には野生の動物がいた。 캠핑장에는 야생 동물이 있었다.
1370	希少な (きしょうな) ナ형 희귀한	たくさんの希少な動物に遭遇した。 많은 희귀한 동물과 뜻하지 않게 만났다. ➕ 希少価値 희소 가치・レアな 레어 (희귀한 / 진귀한)

Section 5

1371	巣(す)	森の中で動物の巣を見つけた。
명	둥지	숲 속에서 동물의 둥지를 발견했다.

1372	翼(つばさ)	湖で渡り鳥が翼を休めていた。
명	날개	호수에서 철새가 날개를 쉬고 있다.

➕ 羽(はね) 날개

1373	遭遇(そうぐう)〈する〉	この辺りで熊に遭遇することもあるらしい。
명	조우 < 하다 >	이 근처에서 곰과 조우하는 경우도 있는 것 같다.

1374	摘(つ)む	山にはたくさんの花が咲いていたので、摘んで持ち帰(かえ)った。
동	따다 / 뜯다	산에는 많은 꽃이 피어 있어서 따서 가져왔다.

1375	すいすい [と]	彼女は初めてのスケートだったのに、すいすいと滑(すべ)った。
부	거침없이 / 술술 / 휙휙	그녀는 처음 타는 스케이트였는데도 거침없이 탔다.

1376	物体(ぶったい)	空に不思議な物体が飛んでいた。
명	물체	하늘에 이상한 물체가 날고 있었다.

1377	アトラクション	この遊園地(ゆうえんち)には、子どもが楽しめるアトラクションが多(おお)い。
명	어트랙션	이 어린이 놀이터에는 어린이가 즐길 수 있는 어트랙션이 많다.

1378	ジェットコースター	このジェットコースターは怖いと評判(ひょうばん)だ。
명	제트 코스터	이 제트 코스터는 무섭다는 평판이다.

1379	ちゅうちょ〈する〉	彼女はジェットコースターに乗るのをちゅうちょした。
명	주저 < 하다 >	그녀는 제트 코스터를 타는 것을 주저했다.

Chapter 10

1380 強がる つよ
동 강한 척하다

強がっているが、実は彼は高い所は苦手のようだ。
강한 척하지만 사실 그는 높은 곳은 싫어하는 것 같다.

1381 操縦〈する〉 そうじゅう
명 조종 < 하다 >

友達が操縦する小型飛行機に乗せてもらった。
친구가 조종하는 소형 비행기를 태워줬다.

➕ 操縦士 조종사 そうじゅうし

1382 あっけない
イ형 어이없이

夏休みは特に楽しいこともなく、あっけなく終わった。
여름 방학은 특별히 재미도 없이 어이없이 끝났다.

1383 沈黙〈する〉 ちんもく
명 침묵 < 하다 >

映画を見終わって、一同はしばらく沈黙していた。
영화를 보고 난 다음 일동은 잠시 침묵했다.

1384 断念〈する〉 だんねん
명 단념 < 하다 >

天候が悪く、登山は断念した。
날씨가 나빠서 등산은 단념했다.

Section 5

이것도 외우자! ⑱

カ 가타카나 표현② カタカナ語②

ジレンマ	딜레마
シンポジウム	심포지엄
スタンス	입장
ダイレクトな	다이렉트인
ディスカッション〈する〉	토론＜하다＞
ノウハウ	노하우
ハウツー	입문서의 / 초보적인
パーフェクトな	완벽한
パフォーマンス	퍼포먼스
バラエティ	버라이어티 (다양성)
バリエーション	베리에이션 (변화)
ビジュアル	비주얼
ビジョン	비전
ファンタジー	판타지
ブランク	공백
ボイコット〈する〉	보이콧＜하다＞
メーカー	메이커
メジャー〈な〉	메이저 [인]＜이다＞
マイナー〈な〉	마이너 [인]＜이다＞
モチベーション	동기
ライフスタイル	라이프 스타일
レパートリー	레퍼토리

N1
Chapter
11
뉴스

ニュース

			단어 No.
1	사고	事故	1385~1413
2	사건 · 트러블	事件・トラブル	1414~1451
3	사회	社会	1452~1485
4	정치	政治	1486~1512
5	경제	経済	1513~1541

Section 1

사고

事故 (じこ)

1385	衝突 〈する〉 しょうとつ	近所で車と自転車が衝突した。
명	충돌 < 하다 >	근처에서 자동차와 자전거가 충돌했다.

➕ 衝突事故 충돌 사고

1386	搬送 〈する〉 はんそう	負傷者が救急車で病院に搬送された。
명	반송 / 이송 < 하다 >	부상자가 구급차로 병원에 이송됐다.

➕ 輸送〈する〉 운송 < 하다 >

1387	もがく	子どもが海で溺れてもがいている。
동	허우적거리다	아이가 바다에 빠져 허우적거리고 있다.

1388	犠牲 ぎせい	①今回の事故は多くの犠牲を出した。 ②自分を犠牲にして、社会に尽くす。
명	희생	① 이번 사고는 많은 희생을 냈다. ② 자신을 희생해서 사회에 이바지하다.

➕ ①犠牲者 희생자 · ②犠牲的な 희생적인

👉 ① 사고로 피해를 본 사람, 물건 ② 목적을 위해 중요한 것을 제공하다

1389	無謀 〈な〉 むぼう	無謀な運転をする車が走って行った。(ナ形)
명 ナ形	무모한	무모한 운전을 하는 차가 달려갔다.

1390	ひき逃げ 〈する〉 に	ひき逃げした犯人が逃げている。
명	뺑소니 운전 < 하다 >	뺑소니 운전의 범인이 도망치고 있다.

1391	立ち去る た さ	運転手は負傷者を無視して立ち去ったらしい。
동	가버리다 / 그 자리를 떠나다	운전사는 부상자를 무시하고 가 버린 것 같다.

1392	通報 〈する〉 つうほう	目撃者がすぐに110番に通報した。
명	통보 < 하다 >	목격자가 즉시 110 번에 신고했다.

Chapter 11

1393 出動〈する〉
しゅつどう
명 출동 < 하다 >

目撃者の通報でパトカーが出動した。
목격자의 신고로 경찰차가 출동했다.

1394 証拠
しょうこ
명 증거

犯人の逮捕に必要な証拠を探す。
범인 체포에 필요한 증거를 찾는다.

1395 根拠
こんきょ
명 근거

犯人の話には根拠がない。
범인의 이야기에는 근거가 없다.

1396 消し去る
け さ
동 지워버리다 /
지워없애다

犯人は現場の証拠を全て消し去った。
범인은 현장의 증거를 모두 지워버렸다.

➕ 消去〈する〉 삭제 < 하다 >
しょうきょ

1397 ごまかす
동 속이다

犯人は事実をごまかしている。
범인은 사실을 속이고 있다.

1398 妨害〈する〉
ぼうがい
명 방해 < 하다 >

事故の捜査を妨害する者がいる。
사고 수사를 방해하는 사람이 있다.

➕ 安眠妨害〈する〉 숙면 방해 < 하다 > · 妨害電波 방해 전파
あんみんぼうがい　　　　　　　　　　　　　　　　ぼうがいでんぱ

1399 あわや
부 하마터면

あわや大事故になるところだった。
하마터면 대형 사고로 이어질 뻔했다.

1400 別状
べつじょう
명 별다른 이상 / 이상

幸い負傷者の命に別状はないそうだ。
다행히 부상자의 생명에 이상은 없다고 한다.

➕ 異状 이상
いじょう

1401 身元
みもと
명 신원

警察が負傷者の身元を調べている。
경찰이 부상자의 신원을 조사하고 있다.

Section 1

➕ 身元不明 신원 불명

1402 当人 とうにん
명 당사자
警察が事故を起こした当人に話を聞いた。
경찰이 사고를 일으킨 당사자에게 이야기를 들었다.

➕ 本人 본인

1403 痛ましい いた
イ형 처참하다
あまりに痛ましい事故に社会が憤っている。
너무 처참한 사고에 사회가 분개하고 있다.

1404 憤る いきどお
동 분개하다
被害者は、逃げ続ける犯人に憤っている。
피해자는 계속 도망치는 범인에 분개하고 있다.

➕ 憤り 분노

1405 見抜く みぬ
동 알아채다
警察が犯人のうそを見抜いた。
경찰이 범인의 거짓말을 알아챘다.

➕ 見破る 간파하다

1406 究明 〈する〉 きゅうめい
명 규명 < 하다 >
事故の原因を究明する。
사고의 원인을 규명한다.

➕ 解明〈する〉해명 < 하다 >

1407 合致 〈する〉 がっち
명 합치 < 하다 >
目撃者の証言と状況が合致した。
목격자의 증언과 상황이 합치됐다.

➕ 一致〈する〉 일치 < 하다 >

1408 自首 〈する〉 じしゅ
명 자수 < 하다 >
事故の翌日、犯人が自首した。
사고 다음날 범인이 자수했다.

1409 手抜き 〈する〉 てぬ
명 부실 < 하다 >
建設会社の手抜き工事で事故が起きた。
건설 회사의 부실 공사로 사고가 일어났다.

1410 再現 〈する〉 さいげん
명 재현 < 하다 >
現場で事故を再現する。
현장에서 사고를 재현한다.

Chapter 11

➕ 再現ドラマ 재현 드라마

1411 賠償〈する〉	事故を起こした者は犠牲者に賠償する責任がある。
명 배상 < 하다 >	사고를 낸 사람은 피해자에게 배상할 책임이 있다.

➕ 賠償金 배상금・損害賠償 손해 배상

1412 再三	警察は再三、安全運転を訴えている。
부 재삼 / 거듭 / 여러 번	경찰은 거듭해서 안전 운전을 호소하고 있다.

= 再三再四

1413 後を絶たない	この道路では交通事故が後を絶たない。
관 끊이지 않는다	이 도로에서 교통 사고가 끊이지 않고 있다.

Section 2

사건・트러블

事件(じけん)・トラブル

1414 동	脅す おど 위협하다	若い男が通行人を脅して金を奪った。 젊은 남자가 행인을 위협해서 돈을 빼앗았다.

➕ 脅し 위협・脅迫〈する〉 협박〈하다〉

1415 명 ナ形	不審〈な〉 ふしん 수상[한]〈하다〉	近所で不審な人物が目撃されていた。(ナ形) 인근에서 수상한 인물이 목격되고 있었다.

➕ 不審者 수상한 사람・不審物 수상한 물건

1416 명	手口 てぐち 수법	事件の手口が明らかになった。 사건의 수법이 밝혀졌다.

1417 ナ形	巧妙な こうみょう 교묘한	巧妙な手口からして、犯人はプロだろう。 교묘한 수법으로 보아 범인은 프로일 것이다.

1418 명	偽造〈する〉 ぎぞう 위조〈하다〉	カードを偽造するグループが逮捕された。 카드를 위조하는 그룹이 체포되었다.

1419 동	もくろむ 꾸미다 / 꾀하다	犯人は完全犯罪をもくろんでいる。 범인은 완전 범죄를 기도하고 있다.

➕ もくろみ 계획・企てる 기도하다 / 꾀하다

1420 イ形	あくどい 악랄하다	過去に例がないあくどい手口だ。 과거에 예가 없는 악랄한 수법이다.

➕ 悪質な 악질적인

1421 イ形	浅ましい あさ 비열하다	お年寄りのお金をだまし取るなんて浅ましい。 노인의 돈을 가로채는 것은 정말 비열하다.

1422 동	逃れる のが 도주하다 / 피하다	最も怪しい男が取り調べを逃れたままだ。 가장 의심스러운 남자가 심문을 피한 상태다.

Chapter 11

1423	逃げ出す にげだす	犯人と思われる男が警察から逃げ出した。
動	도망치다	범인으로 생각되는 남자가 경찰서에서 도망쳤다.

1424	逃す のがす	警察のミスで犯人を逃してしまった。
動	놓치다	경찰의 실수로 범인을 놓쳐버렸다.

1425	あがく	犯人がどうあがいても、逮捕は時間の問題だ。
動	발버둥질치다 / 몸부림치다	범인이 아무리 발버둥질 치더라도 체포는 시간 문제이다.

1426	一連 いちれん	一連の事件には、いくつか共通点がある。
名	일련 (관계가 있는 일의 한 연결)	일련의 사건에는 몇 가지 공통점이 있다.

1427	根底 こんてい	この事件の根底には現代の社会問題がある。
名	밑바닥	이 사건의 밑바닥에는 현대의 사회 문제가 있다.

1428	同一〈な〉 どういつ	二つの事件の犯人は、おそらく同一人物だ。(名)
名 ナ形	동일 [한]< 하다 >	두 사건의 범인은 틀림없이 동일 인물이다.

1429	真実 しんじつ	事件に関する真実が明らかになりつつある。
名	진실	사건에 대한 진실이 밝혀지고 있다.

1430	真相 しんそう	真相はまだ闇の中だ。
名	진상	진상은 아직도 오리무중이다.

1431	報じる ほうじる	昨日の事件が大きく報じられた。
動	보도하다	어제 사건이 크게 보도되었다.

1432	騒ぎ立てる さわぎたてる	事件についてマスコミが騒ぎ立てている。
動	야단법석을 떨다	사건에 대해 매스컴이 떠들어대고 있다.

1433	揺るがす ゆるがす	これは社会を揺るがすような大事件だ。
動	뒤흔들다	이것은 사회를 뒤흔드는 대사건이다.

Section 2

1434 引き起こす
動 일으키다
マスコミの報道が混乱を引き起こした。
언론 보도가 혼란을 일으켰다.

1435 さらわれる
動 납치되다
この近くで幼い子どもがさらわれた。
이 근처에서 어린 아이가 납치되었다.

➕ 誘拐〈される〉 유괴〈되다〉・人さらい 유괴범

1436 詐欺
名 사기
お年寄りをターゲットにした詐欺が急増している。
노인을 대상으로 한 사기가 급증하고 있다.

➕ 詐欺事件 사기 사건・詐欺師 사기꾼

1437 あげくの果て[に]
慣 결국
犯人は犯行を続け、あげくの果てに海外に逃げた。
범인은 범행을 계속 저지르다가 결국 해외로 달아났다.

1438 推測〈する〉
名 추측〈하다〉
警察は犯行の動機を推測する。
경찰은 범행 동기를 추측한다.

➕ 推論〈する〉 추론〈하다〉

1439 断定〈する〉
名 단정〈하다〉
警察はその事件を殺人事件と断定した。
경찰은 그 사건을 살인 사건으로 단정했다.

1440 突き止める
動 규명하다 / 밝혀내다
警察がようやく事件の真相を突き止めた。
경찰이 드디어 사건의 진상을 밝혀냈다.

1441 指差す
動 가리키다
被害者が犯人の逃げた方向を指差した。
피해자가 범인이 도망간 방향을 가리켰다.

1442 不当〈な〉
名 / ナ形 부당[한]〈하다〉
ある男性が不当な捜査で逮捕された。(ナ形)
어떤 남성이 부당한 수사로 체포됐다.

1443 ずさんな
ナ形 틀린 것이 많고 거칠음 / 날림 / 엉터리
ずさんな捜査で、証拠が残らなかった。
엉터리 수사로 증거가 남아 있지 않았다.

Chapter 11

1444 手がかり 【て】
명 단서
事件解決の手がかりがなかなかつかめない。
사건 해결의 단서를 좀처럼 잡을 수 없다.

➕ 糸口(いとぐち) 실마리

1445 取り調べ 【と しら】
명 취조 / 심문
警察の取り調べが始まった。
경찰의 취조가 시작되었다.

➕ 取り調べる 취조하다 / 심문하다

1446 追い詰める 【お つ】
동 막다른 지경에 까지 몰아넣다
警察はせっかく追い詰めた犯人を逃した。
경찰은 모처럼 막다른 지경에 까지 몰아넣은 범인을 놓쳤다.

1447 行き詰まる 【い/ゆ づ】
동 정체 상태에 빠지다 / 막다르게 되다
捜査は行き詰まっているようだ。
수사는 답보 상태에 빠진 것 같다.

1448 裁く 【さば】
동 심판하다 / 재판하다
犯人は法律によって裁かれる。
범인은 법률에 따라 심판을 받게 된다.

1449 有罪 【ゆうざい】
명 유죄
犯人は裁判で有罪になった。
범인은 재판에서 유죄 판결을 받았다.

↔ 無罪 무죄 ➕ 刑 형・刑期 형기

1450 もしくは
접속 그렇지 않으면 / 또는 / 혹은
刑期は3年、もしくは5年だろう。
형기는 3년 혹은 5년이 될 것이다.

1451 刑務所 【けいむしょ】
명 형무소 / 교도소
刑期が決まると、犯人は刑務所に入ることになる。
형기가 결정되면 범인은 교도소에 들어가게 된다.

Section 3

사회

社会（しゃかい）

| 1452 | 治安（ちあん）
명 치안 | 日本は夜出かけても危険が少なく、治安がいい。
일본은 야간에 외출해도 위험이 적고 치안이 좋다. |

| 1453 | 世論（よろん）
명 여론 / 세론 | マスコミが政府の支持率を調査するため、世論調査を行った。
언론이 정부의 지지율을 조사하기 위해 여론 조사를 실시했다. |

👍 "せろん"이라고도 읽는다

| 1454 | 表向き（おもてむき）
명 겉으로 / 표면상 | 表向きは平和な社会でも、様々な問題を抱えている。
겉으로는 평화로운 사회라도 다양한 문제를 안고 있다. |

| 1455 | 優位〈な〉（ゆうい）
명 ナ형 우위 [인]< 이다 > | 現代でも男性が優位な社会が多い。（ナ形）
현대에도 남성 우위인 사회가 많다. |

| 1456 | ハンデ
명 핸디캡 | まだまだ女性の昇進にはハンデがある。
아직도 여성의 승진에는 핸디캡이 있다. |

= ハンディキャップ

| 1457 | 格差（かくさ）
명 격차 | 日本では経済的格差が拡大していると言われる。
일본에서는 경제적 격차가 확대되고 있다고 한다. |

➕ 収入格差（しゅうにゅうかくさ）소득 격차・格差社会（かくさしゃかい）격차 사회

| 1458 | 不服〈な〉（ふふく）
명 ナ형 불복 [인]< 이다 > | 彼は会社の処分について不服を訴えた。（名）
그는 회사의 처분에 대해 불복을 제기했다. |

➕ 不平〈な〉（ふへい）불평 [인]< 이다 >

| 1459 | 大々的な（だいだいてき）
ナ형 대대적인 | A国で国民による大々的なデモがあった。
A국에서 국민에 의한 대대적인 시위가 있었다. |

Chapter 11

1460 誇大な (こだい) [ナ形]
과대한
商品の誇大な広告は信用できない。
상품의 과대한 광고는 신용할 수 없다.
➕ 誇大広告 과대 광고・誇大妄想 과대 망상

1461 デマ [명]
루머
あたかも真実のように伝えられた報道はデマだった。
마치 진실인 것처럼 알려진 보도는 루머였다.

1462 速報 (そくほう) [명]
속보
テレビやネットでニュース速報が伝えられた。
텔레비전이나 인터넷에서 뉴스 속보가 전해졌다.
➕ 緊急速報 긴급 속보・地震速報 지진 속보

1463 行き渡る (い/ゆきわたる) [동]
빠짐없이 골고루 미치다
A市は災害時に住民に十分に行き渡る水を配給した。
A 시는 재해시 주민에게 충분히 보급될 물을 배급했다.

1464 アイデンティティー [명]
정체성
民族的文化的アイデンティティーは尊重されるべきだ。
민족적 문화적 정체성은 존중돼야 한다.

1465 主体 (しゅたい) [명]
주체
一般の人々が主体となる社会が理想だ。
일반 사람들이 주체가 되는 사회가 이상적이다.
➕ 主体的な 주체적인

1466 貢献〈する〉 (こうけん) [명]
공헌 < 하다 >
社会に貢献した人たちが賞を授かった。
사회에 공헌한 사람들이 상을 받았다.
➕ 社会貢献〈する〉 사회 공헌 < 하다 >・貢献度 공헌도

1467 名誉〈な〉 (めいよ) [명][ナ形]
명예 [인] < 이다 >
文化の発展に貢献できたことを名誉に思う。(ナ形)
문화의 발전에 공헌하게 된 것을 명예로 생각한다.
➕ 名誉市民 명예 시민

1468 及ぶ (およぶ) [동]
영향 등을 미치다
指導者の影響力が社会全体に及ぶ。
지도자의 영향력이 사회 전체에 미친다.

Section 3

1469 恵む(めぐむ)
동 베풀다

名前を明かさないまま貧しい人にお金を恵む。
이름을 밝히지 않은 채 가난한 사람에게 돈을 베풀다.

1470 有する(ゆうする)
동 가지고 있다

全ての人が自分の行動に責任を有している。
모든 사람이 자신의 행동에 책임을 가지고 있다.

1471 出直す(でなおす)
동 다시 시작하다 / 돌아갔다가 다시 나오다

①世間を欺いた政治家は二度と出直すことはできない。
②友達の家を訪ねたが留守だった。また出直そう。

① 세상 사람들을 속인 정치가는 다시 시작할 수 없다.
② 친구의 집을 방문했지만 부재중이었다. 다시 와야겠다.

👉 ① 처음부터 다시 하다 ② 사람이 없어서 일단 되돌아갔다가 다시 오다

1472 カテゴリー
명 카테고리

この二つの問題はカテゴリーが異なる。
이 두 문제는 카테고리가 다르다.

➕ はんちゅう 범주

1473 不穏な(ふおんな)
ナ형 불온한

社会全体に不穏な空気が漂っている。
사회 전체에 불온한 공기가 감돌고 있다.

1474 よどむ
동 고이다 / 정체하다

①教室の空気がよどんでいたので、窓を開けて換気した。
②現代のよどんだ社会を何とかしたい。

① 교실의 공기가 고여 있었기 때문에 창문을 열어 환기했다.
② 현대의 정체된 사회를 어떻게든 하고 싶다.

➕ よどみなく 막힘없이 / 거침없이

👉 ① 물과 공기의 흐름이 멈춰 있다 ② 답답하다

1475 案じる(あんじる)
동 염려하다 / 걱정하다

若者から将来を案じる声が聞かれる。
젊은이들에게서 장래를 염려하는 소리가 들린다.

Chapter 11

1476 同感〈する〉
どうかん
图 동감 < 하다 >

国民の多くが彼の意見に同感し、投票した。

국민 대부분이 그의 의견에 동감하여 투표했다.

1477 なあなあ

图 적당히 타협함

なあなあの関係では、きちんとした話し合いにならない。

적당히 타협하는 관계에서는 제대로 논의가 되지 않는다.

➕ なれ合い 야합 / 공모

1478 露呈〈する〉
ろてい
图 드러남 < 하다 >

この件で日本社会が抱える問題が露呈した。

이 사건으로 일본 사회가 안고 있는 문제가 드러났다.

➕ 露見〈する〉 드러나다
ろけん

1479 暗示〈する〉
あんじ
图 암시 < 하다 >

アナリストが今後の経済回復を暗示した。

분석가들은 향후 경제 회복을 암시했다.

➕ 自己暗示 자기 암시
じこあんじ

1480 朗報
ろうほう
图 좋은 소식 / 낭보

不況の中、経済に関する朗報が伝わってきた。

불황 속에 경제에 관한 좋은 소식이 전해져왔다.

➕ 悲報 비보・吉報 길보 / 좋은 소식
ひほう　きっぽう

1481 出現〈する〉
しゅつげん
图 출현 < 하다 >

今こそ偉大なリーダーの出現が期待されている。

지금이야말로 위대한 지도자의 출현이 기대되고 있다.

1482 特有な
とくゆう
ナ形 특유한

海外からの観光客は日本特有な文化に興味がある。

외국 관광객은 일본 특유의 문화에 관심이 있다.

➕ 固有な 고유한
こゆう

1483 予告〈する〉
よこく
图 예고 < 하다 >

労働者を解雇する際は30日前までの予告が必要だ。

노동자를 해고할 경우 30일 전까지 예고가 필요하다.

Section 3

1484 施行〈する〉 (しこう)
来月から新しい法律が施行される。
명 시행 < 하다 >
다음달부터 새로운 법률이 시행된다.
👉 "せこう"라고도 읽는다

1485 且つ (かつ)
現代社会は複雑、且つ不安定である。
접속 게다가 / 또한 / 동시에
현대 사회는 복잡하고 게다가 불안정하다.

Section 4
정치
政治（せいじ）

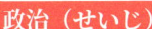

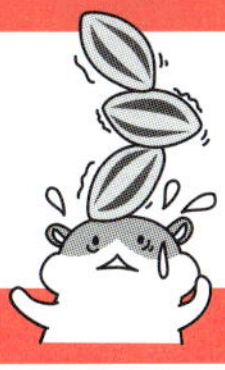

1486 □ 명
内閣 ないかく — **내각**
新しい内閣のメンバーが決定した。（あたら／ないかく／けってい）
새 내각의 멤버가 결정됐다.
➕ 大臣（だいじん） 장관 · 内閣総理大臣（ないかくそうりだいじん） 내각총리대신

1487 □ 명
体制 たいせい — **체제**
ようやく国の新しい体制が整った。（くに／あたら／たいせい／ととの）
드디어 나라의 새로운 체제가 갖추어졌다.
➕ 社会体制（しゃかいたいせい） 사회 체제

1488 □ ナ형
有力な ゆうりょく — **유력한**
有力な政治家が大臣に選ばれた。（ゆうりょく／せいじか／だいじん／えら）
유력한 정치인이 장관으로 선정됐다.
➕ 無力な（むりょく） 무기력한 · 有力者（ゆうりょくしゃ） 유력자

1489 □ 명
声明〈する〉 せいめい — **성명 < 하다 >**
政府から新しい方針に関する声明が出された。（せいふ／あたら／ほうしん／かん／せいめい／だ）
정부에서 새로운 정책에 관한 성명이 나왔다.
➕ 声明文（せいめいぶん） 성명문

1490 □ 명
会見〈する〉 かいけん — **회견 < 하다 >**
首相がマスコミの前で会見した。（しゅしょう／まえ／かいけん）
수상이 언론 앞에서 회견했다.
➕ 記者会見〈する〉（きしゃかいけん） 기자 회견 < 하다 >

1491 □ 명
意向 いこう — **의향**
国のトップとしての意向を国民に伝える。（くに／いこう／こくみん／つた）
국가 수뇌로서의 의향을 국민에게 전달한다.

1492 □ 명
弁明〈する〉 べんめい — **변명 < 하다 >**
A議員は自身の問題発言を弁明した。（ぎいん／じしん／もんだいはつげん／べんめい）
A 의원은 자신의 문제 발언을 변명했다.

Section 4

1493 明かす（あかす）
①首相が今後の外国訪問の予定を明かした。
②緊急国会が長引き、とうとう夜を明かした。

동 밝히다 / 밤을 새우다
① 수상이 향후 외국 방문 예정을 밝혔다.
② 긴급 국회가 길어져 결국 밤을 새웠다.

➕ ②（〜が）明ける 날이 밝다 / 날이 새다

👍 ① 숨기고 있던 것을 공개하다 ② 잠을 자지 않고 아침을 맞이하다

1494 率いる（ひきいる）
人気のある政治家が率いる新しい政党が誕生した。

동 이끌다
인기있는 정치인이 이끄는 새로운 정당이 탄생했다.

1495 結成〈する〉（けっせい）
このところ、次々と新しい政党が結成されている。

명 결성 < 하다 >
최근 계속해서 새로운 정당이 결성되고 있다.

1496 保守的な（ほしゅてき）
候補者の中には保守的な考えを持つ若者も多い。

ナ형 보수적인
후보자 중에는 보수적인 생각을 가진 젊은이도 많다.

↔ 革新的な（かくしんてき）　➕ リベラルな 리버럴한 (자유주의적인)

1497 極端〈な〉（きょくたん）
極端な考えは人々に理解されにくい。（ナ形）

명/ナ형 극단 < 적인 >
극단적인 생각은 사람들에게 이해되기 어렵다.

➕ 両極端〈な〉（りょうきょくたん）양극단인

1498 賢明な（けんめい）
政府の賢明な判断が望まれる。

ナ형 현명한
정부의 현명한 판단이 요구된다.

1499 思惑（おもわく）
大臣の思惑は不明だ。

명 의도 / 생각
장관의 의도는 불분명하다.

➕ 思惑通り（おもわくどお）의도대로

1500 うやむやな
何事もうやむやなままにするのはよくない。

ナ형 흐지부지한
어떤 일도 흐지부지한 채로 놔두는 것은 좋지 않다.

➕ 曖昧な（あいまい）애매한

Chapter 11

1501 可決〈する〉
명 가결 < 하다 >

国会で新しい法律案が<u>可決された</u>。
국회에서 새로운 법률안이 가결되었다.

⇔ 否決〈する〉

1502 押し切る
동 (반대를 무릅쓰고) 강행하다

野党の反対は<u>押し切られた</u>。
야당의 반대는 (여당의) 강행에 밀렸다.

1503 委ねる
동 위임하다 / 남에게 맡기다

この問題に関する判断を国民に<u>委ねる</u>。
이 문제에 대한 판단을 국민에게 맡긴다.

1504 当選〈する〉
명 당선 < 하다 >

今回の選挙で多くの新人議員が<u>当選した</u>。
이번 선거에서 많은 신인 의원이 당선됐다.

⇔ 落選〈する〉

1505 棄権〈する〉
명 기권 < 하다 >

選挙を<u>棄権する</u>のは国民として無責任だ。
선거를 기권하는 것은 국민으로서 무책임하다.

1506 暴露〈する〉
명 폭로 < 하다 >

政治家の過去の問題が<u>暴露された</u>。
정치인의 과거 문제가 폭로되었다.

➕ 暴露話 폭로담・暴露本 남의 비밀을 폭로한 책

1507 欺く
동 기만하다

国民を<u>欺く</u>ような態度は許されない。
국민을 기만하는 태도는 허용되지 않는다.

➕ だます 속이다

1508 遺憾〈な〉
명 ナ형 유감 [인]< 이다 >

大臣の不正について、首相が<u>遺憾</u>の意を示した。(名)
장관의 부정에 대해 총리가 유감의 뜻을 나타냈다.

1509 賄賂
명 뇌물

政治家が<u>賄賂</u>を受け取っていたことが発覚した。
정치인이 뇌물을 받았던 것이 발각되었다.

Section 4

1510 背く (そむく)
동 등을 돌리다

あの政治家は権力に背いて意志を貫いた。
그 정치인은 권력에 등을 돌리고 의지를 관철했다.

1511 過ち (あやまち)
명 잘못

大きな過ちを犯した政治家が逮捕された。
큰 잘못을 저지른 정치인이 체포되었다.

1512 狙う (ねらう)
동 노리다

彼女は大臣のポストを狙っているのだろう。
그녀는 장관 포스트를 노리고 있을 것이다.

➕ 狙い(ねらい) 겨누는 표적 / 목표

Section 5

경제

経済 (けいざい)

1513	財政 (ざいせい) 명 재정	国民は国の財政の安定を望んでいる。 국민은 나라의 재정 안정을 바라고 있다.

➕ 財政難 재정난

1514	金融 (きんゆう) 명 금융	日本銀行は新たな金融政策を行った。 일본은행은 새로운 금융 정책을 실시했다.

➕ 金融業 금융업

1515	緩和〈する〉(かんわ) 명 완화〈하다〉	景気を好転させるためには、金融緩和政策が必要だ。 경기를 호전시키기 위해서는 금융 완화 정책이 필요하다.

➕ 緊張緩和 긴장 완화

1516	好転〈する〉(こうてん) 명 호전〈하다〉	専門家は経済が好転すると予想している。 전문가들은 경제가 호전될 것으로 예상하고 있다.

➕ 暗転〈する〉 악화되다

1517	陥る (おちいる) 동 빠지다	国は深刻な不況に陥った。 국가는 심각한 불황에 빠졌다.

1518	抑制〈する〉(よくせい) 명 억제〈하다〉	日本の中央銀行は深刻なデフレを抑制する。 일본 중앙은행은 심각한 디플레이션을 억제한다.

➕ 抑える 억제하다 / 누르다

1519	バブル 명 버블(경제)/거품 경제	90年代に入ってすぐにバブルが崩壊した。 90년대에 들어가자 마자 버블(경제)이 붕괴했다.

🟰 バブル経済　➕ バブル時代 버블 시대

Section 5

1520 見通し (みとおし)
명 전망
景気回復の見通しが、なかなかつかない。
경기 회복 전망이 좀처럼 서지 않는다.

1521 兆し (きざし)
명 조짐
国の経済に明るい兆しが見えてきた。
국가의 경제에 밝은 조짐이 보이기 시작했다.

1522 対策 (たいさく)
명 대책
効果的な景気回復の対策が待たれる。
효과적인 경기 회복 대책이 기다려진다.

➕ 景気対策 경기 대책・インフレ対策 인플레이션 대책

1523 操る (あやつる)
동 조종하다 / 구사하다
① 彼は日本経済を操るほどの有力者だ。
② 彼女は5か国語を操る。
① 그는 일본 경제를 주무를 정도의 유력자이다.
② 그녀는 5개국 언어를 구사한다.

👉 ① 다른 사람이나 조직을 통제한다 ② 기술과 언어 능력이 있다

1524 ばらまく
동 뿌리다
政府はお金をばらまいているだけだと批判されている。
정부는 돈을 뿌리고 있을 뿐이라고 비판받고 있다.

1525 公表〈する〉 (こうひょう)
명 공표 < 하다 >
政府が今年度の経済統計を公表した。
정부가 올해 경제 통계를 공표했다.

1526 推移〈する〉 (すいい)
명 추이 < 하다 >
このグラフは国民の所得の推移を示している。
이 그래프는 국민 소득의 추이를 나타내고 있다.

1527 上昇〈する〉 (じょうしょう)
명 상승 < 하다 >
昨年から物価が上昇している。
지난해부터 물가가 상승하고 있다.

↔ 下降〈する〉(かこう)

1528 飛躍的な (ひやくてき)
ナ형 비약적인
A国の経済は飛躍的に発展した。
A 국의 경제는 비약적으로 발전했다.

➕ 飛躍〈する〉(ひやく) 도약 < 하다 >

Chapter 11

1529 遂げる (と)
①A国の経済力は大きな飛躍を遂げた。
②彼は転落の人生を歩み、悲惨な死を遂げた。

동 이루다
① A 국의 경제력은 큰 비약을 이루었다.
② 그는 전락한 인생을 보내고 비참한 죽음을 맞았다.

👍 ① 목적과 계획을 수행하다 ② 결과로서 생긴 일

1530 運用〈する〉(うんよう)
政府は国民の老後のための保障金を運用している。

명 운용 < 하다 >
정부는 국민의 노후를 위한 보장금을 운용하고 있다.

➕ 資産運用〈する〉 자산 운용 < 하다 >

1531 融資〈する〉(ゆうし)
銀行は有望な企業に積極的に融資する。

명 융자 < 하다 >
은행은 유망한 기업에 적극적으로 융자한다.

1532 外貨 (がいか)
外貨のレートは毎日変わる。

명 외환
외화 환율은 매일 바뀐다.

➕ 為替レート 환율

1533 有数〈な〉(ゆうすう)
A銀行は世界でも有数の銀行だ。(名)

명/ナ형 유수 [한]< 하다 >
A 은행은 세계 유수의 은행이다.

➕ 屈指の 굴지의 / 손꼽히는・指折りの 손꼽히는

1534 流通〈する〉(りゅうつう)
この国では外貨は流通していない。

명 유통 < 하다 >
이 나라에서는 외화가 유통되지 않고 있다.

1535 頭打ち (あたまうち)
順調に伸びていた経済は頭打ちになった。

명 한계점 / 정점
순조롭게 성장하고 있던 경제는 한계점에 도달했다.

1536 乗っ取る (のっとる)
A社がB社を乗っ取ったと報道された。

동 빼앗다 / 납치하다
A 사가 B 사를 빼앗았다고 보도되었다.

➕ 買収〈する〉 매수 < 하다 >

1537 明白な (めいはく)
A社によるB社買収は明白な事実だ。

ナ형 명백한
A 사가 B 사를 매수한 것은 명백한 사실이다.

Section 5

1538 交わす(か)
동 주고받다

銀行が企業と融資契約を交わす。
은행이 기업과 융자 계약을 주고받는다.

1539 有益な(ゆうえき)
ナ形 유익한

専門家が国の経済に有益な対策を検討する。
전문가가 국가 경제에 유익한 대책을 검토한다.

↔ 無益な(むえきな)

1540 空白〈な〉(くうはく)
명 / ナ形 공백 < 한 >

バブル崩壊後は「空白の時代」と呼ばれる。(名)
버블 붕괴 후는 "공백의 시대"라고 불린다.

➕ ブランク 여백/블랭크

1541 ひいては
부 나아가서는

世界経済の回復が、ひいては自国の経済回復になる。
세계 경제의 회복이 나아가서는 자국의 경제 회복이 된다.

N1
Chapter
12
상태 · 이미지

様子・イメージ
ようす

			단어 No.
1	성격	性格 せいかく	1542~1573
2	좋은 기분	いい気分 きぶん	1574~1591
3	우울한 기분	ブルーな気分 きぶん	1592~1611
4	긍정적인 이미지	プラスのイメージ	1612~1632
5	부정적인 이미지	マイナスのイメージ	1633~1658

Section 1

성격

性格（せいかく）

| 1542 ナ形 | 大(おお)らかな
느긋하고 대범한 | 彼は大らかな性格で、みんなに愛されている。
그는 느긋하고 대범한 성격이라서 모두에게 사랑받고 있다. |

| 1543 ナ形 | 朗(ほが)らかな
명랑한 | 朗らかな笑い声は、周りの雰囲気を明るくする。
명랑한 웃음소리는 주위의 분위기를 밝게 한다. |

➕ 明朗(めいろう)な 명랑한

| 1544 イ形 | 人懐(ひとなつ)こい
붙임성 있는 | 彼女は人懐こい性格で、友達が多い。
그녀는 붙임성 있는 성격으로 친구가 많다. |

👉 "人なつっこい"라고도 말함

| 1545 名 ナ形 | 生真面目(きまじめ)〈な〉
고지식[한]〈하다〉 | あんなに生真面目な人に会ったことがない。(ナ形)
저렇게 고지식한 사람을 만난 적이 없다. |

| 1546 ナ形 | 几帳面(きちょうめん)な
꼼꼼한 | 姉は子どもの頃から几帳面な性格だった。
언니/누나는 어릴 때부터 꼼꼼한 성격이었다. |

➕ だらし(が)ない 단정하지 않다

| 1547 名 ナ形 | 誠実(せいじつ)〈な〉
성실[한]〈하다〉 | 彼は誠実で、信頼できる人だ。(ナ形)
그는 성실해서 신뢰할 수 있는 사람이다. |

↔ 不誠実(ふせいじつ)〈な〉

| 1548 ナ形 | 気(き)さくな
허물없다 / 싹싹한 | 田中先生は気さくで、親しみやすい先生だ。
다나카 선생님은 싹싹해서 대하기 편한 선생님이다. |

| 1549 ナ形 | シャイな
수줍어하다 | 彼女はシャイで、人が来ると隠れてしまう。
그녀는 수줍어해서 사람이 오면 숨어 버린다. |

➕ 内気(うちき)な 내성적・はにかみ屋(や) 부끄럼쟁이・恥(は)ずかしがり屋(や) 부끄럼을 잘 타는 사람

Chapter 12

1550 潔い (いさぎよ)
イ形 떳떳이 / 깨끗이

彼は自分のミスを潔く認める人だ。
그는 자신의 실수를 깨끗이 인정하는 사람이다.

1551 まめな
ナ形 착실하고 꼼꼼한

彼はまめな人で、よく連絡をくれる。
그는 착실하고 꼼꼼한 사람이라 자주 연락을 준다.

➕ 筆まめな 편지 등의 연락을 자주 꼼꼼히 보내는 사람・不精〈な/する〉 게으른 / 게으르다・無精〈な/する〉 귀찮아하는 / 귀찮아하다

1552 気立て (きだ)
名 (타고난) 마음씨

素直で気立てのいい女性が理想だ。
솔직하고 마음씨가 좋은 여성이 이상형이다.

1553 人当たり (ひとあ)
名 사람을 대하는 태도

部長は人当たりがソフトで、話しやすい。
부장님은 대인관계가 소프트해서 이야기하기 쉽다.

1554 情け深い (なさぶか)
イ形 인정이 많은

情け深い彼女は、多くの人に慕われている。
인정이 많은 그녀는 많은 사람에게 사랑받고 있다.

1555 純粋な (じゅんすい)
ナ形 순수한

いつまでも純粋な心を忘れたくない。
언제까지나 순수한 마음을 잊고 싶지 않다.

➕ ピュアな 순수한

1556 クールな
ナ形 냉정한 / 쿨한

彼は一見クールだが、実は情熱的な人だ。
그는 얼핏 보면 냉정해 보이지만 실은 열정적인 사람이다.

1557 ドライ〈な〉
名 / ナ形 드라이 [한] < 하다 >

① 彼のドライな性格も魅力の一つだ。(ナ形)
② ドライアイなので、目薬を使っている。(名)
① 그의 드라이한 성격도 매력의 하나다.
② 안구 건조증이기 때문에 안약을 사용하고 있다.

👉 ① 이성적 ② 건조하여 수분이 부족하다

1558 シビアな
ナ形 엄격한

彼女は物の見方がとてもシビアだ。
그녀는 사물을 보는 눈이 매우 엄격하다.

Section 1

1559 繊細な (せんさい) [ナ形]
섬세한
彼女は傷つきやすく、繊細だ。
그녀는 상처를 잘 받고 섬세하다.

➕ デリケートな 민감한

1560 意地っ張り〈な〉 (いじっぱり) [명/ナ形]
고집통이
あの人の意地っ張りな性格はきっと直らないだろう。(ナ形)
그 사람의 고집스런 성격은 틀림없이 고쳐지지 않을 것이다.

1561 強情〈な〉 (ごうじょう) [명/ナ形]
고집이 세다
彼は強情で、絶対に意見を変えない。(ナ形)
그는 고집이 세서 절대로 의견을 바꾸지 않는다.

➕ 強情っぱり〈な〉 고집통이

1562 おっちょこちょい〈な〉 [명/ナ形]
덜렁이
おっちょこちょいな彼女は、よくかぎを無くす。(ナ形)
덜렁이인 그녀는 자주 열쇠를 잃어버린다.

1563 おせっかい〈な〉 [명/ナ形]
쓸데없는 참견 / 오지랖 넓은 사람
母はよく人の世話を焼いて、おせっかいだと思われている。(ナ形)
어머니는 자주 남의 일에 관여해서 오지랖이 넓은 사람으로 보인다.

1564 出しゃばり〈な〉 (で) [명/ナ形]
주제넘게 참견함
彼女はすぐに口を出してくる。出しゃばりだ。(ナ形)
그녀는 바로 말참견을 한다. 주제넘은 사람이다.

➕ 出しゃばる 주제넘게 참견하다

1565 荒っぽい (あら) [イ形]
난폭한 / 거칠은
私は運転すると、急に性格が荒っぽくなる。
나는 운전하면 갑자기 성격이 난폭해진다.

1566 キレる [동]
화내다 / 이성을 잃다
弟はキレやすく、よく友達とけんかしている。
남동생은 쉽게 화를 내서 자주 친구와 다툰다.

Chapter 12

1567	横柄な おうへい	彼は横柄な態度で、ずいぶん損をしている。
ナ形	오만한	그는 오만한 태도 때문에 상당히 손해를 보고 있다.

1568	冷淡な れいたん	彼はクールと言うより冷淡な性格だ。
ナ形	냉담한	그는 쿨하다기보다는 냉담한 성격이다.

➕ 冷酷〈な〉 냉혹 [한]〈하다〉

1569	無神経〈な〉 むしんけい	人に気を遣わない無神経な人とは付き合いたくない。(ナ形)
명 ナ形	무신경 [한]〈하다〉	다른 사람을 배려하지 않는 무신경한 사람과는 사귀고 싶지 않다.

1570	軽率な けいそつ	社会人として軽率な行動は控えるべきだ。
ナ形	경솔한	사회인으로서 경솔한 행동은 삼가야 한다.

1571	おっかない	隣の家のおじさんは話し方も態度もおっかない。
イ形	무섭다	옆집 아저씨는 말투도 태도도 무섭다.

👉 "恐ろしい"의 격식 없는 표현

1572	陰気な いんき	陰気だった弟が、彼女ができて明るくなった。
ナ形	음침한 / 명랑하지 못하고 어두운	어두웠던 남동생이 여자 친구가 생긴 후 밝아졌다.

↔ 陽気な　➕ 陰気くさい 몹시 음침하다

1573	せこい	あんなせこい奴とは、もう付き合わない。
イ形	인색하다	저런 인색한 녀석과는 더는 교제하지 않는다.

Section 2

좋은 기분
いい気分（きぶん）

1574 ナ형	爽快な（そうかい） 상쾌한	爽快な気分で朝を迎えた。 상쾌한 기분으로 아침을 맞이했다.

➕ すがすがしい 시원한

1575 ナ형	軽快な（けいかい） 경쾌한	軽快な音楽を聴きながら1日を過ごす。 경쾌한 음악을 들으면서 하루를 보낸다.

➕ 軽やかな（かろ） 경쾌한

1576 ナ형	和やかな（なご） 부드러운 / 온화한	友達と和やかにパーティーをした。 친구와 부드러운 분위기의 파티를 했다.

➕ 和む（なご） 온화해지다 / 누그러지다

1577 부/연체	和気あいあいと（わき） 화기애애하게	和気あいあいとおしゃべりが弾む。(副) 화기애애하게 이야기가 활기를 띠다.

➕ 一家団らん（いっかだん） 일가 단란

1578 イ형	喜ばしい（よろこ） 기쁜	家族みんなが集まれたのは、とても喜ばしい。 가족 모두가 모일 수 있었던 것은 매우 기쁘다.

1579 イ형	華々しい（はなばな） 눈부시다 / 매우 화려하다	大好きな俳優が華々しく活躍している。 좋아하는 배우가 눈부시게 활약하고 있다.

1580 부	いそいそと 부리나케 / 허겁지겁	おしゃれをして、いそいそと出かける。 예쁘게 잘 차려입고 부리나케 나간다.

1581 부	うきうき〈する〉 마음이 들뜨다	これからコンサートかと思うと、うきうきする。 이제부터 콘서트라고 생각하니 마음이 들뜬다.

Chapter 12

1582 **ときめく**
동 설레다
彼女のことを考えるだけで、胸がときめく。
그녀를 생각하기만 해도 가슴이 설렌다.
➕ ときめき 설레임

1583 **意気揚々 [と]**
부 / 연체 의기양양 [하게]
試合でライバルに勝って、意気揚々と帰った。(副)
경기에서 라이벌한테 이겨서 의기양양하게 돌아왔다.

1584 **得意満面 〈な〉**
명 / ナ형 득의만면 [한]< 하다 >(기쁜 표정이 얼굴에 가득한 모양)
可愛い彼女ができて、弟は得意満面だ。(ナ形)
귀여운 여자 친구가 생겨 남동생은 득의만면하다.

1585 **心が躍る**
관 (마음이) 뛰다 / 설레다 / 두근거리다
明日から旅行だ。今から心が躍っている。
내일부터 여행이다. 지금부터 마음이 설레인다.

1586 **待ち遠しい**
イ형 몹시 기다려지다
来週からの夏休みが待ち遠しい。
다음주부터의 여름 방학이 몹시 기다려진다.

1587 **せいせいする**
동 후련하다
悩みが解消されて、せいせいした。
고민이 해소되어 후련했다.

1588 **さばさば 〈する〉**
부 시원하다
あんな彼と別れて、さばさばした。
그런 그와 헤어져 시원하다.

1589 **乗り気 〈な〉**
명 / ナ형 마음이 내키다 / 할 마음이 있다
友達はこのビジネスプランに乗り気だ。(ナ形)
친구는 이 사업 계획에 참가할 것 같다.

1590 **テンション**
명 텐션 / 정신적 긴장, 기분
軽快な曲を聴くと、テンションが上がる。
경쾌한 곡을 들으면 텐션이 올라간다.

1591 **喜怒哀楽**
명 희로애락
親友とは喜怒哀楽を素直に出せる関係だ。
친한 친구란 희로애락을 솔직히 표현할 수 있는 관계다.

Section 3

우울한 기분

ブルーな気分（きぶん）

1592	うっとうしい	①このところ、うっとうしい天気が続いている。 ②弟の聞いている音楽がうっとうしくて仕方ない。
イ형	울적하다 / 거슬리다	① 최근 울적한 날씨가 이어지고 있다. ② 남동생이 듣고 있는 음악이 귀에 거슬러서 견딜 수 없다.

👍 ① 기후로 인해 기분이 우울해진다 ② 성가시고 귀찮다

1593	切ない	失恋して切ない気持ちを、友達に打ち明けた。
イ형	(슬픔 / 외로움 등으로) 애달프다 / 안타깝다	실연당해 애달픈 마음을 친구에게 털어놓았다.

1594	やるせない	片思いはやるせない。
イ형	(마음을 풀 길 없어) 안타깝다 / 애절하다	짝사랑은 애절하다.

1595	しゃくに障る	兄の態度がいちいちしゃくに障る。
관	화가 나다 / 부아가 나다	형 / 오빠의 태도가 일일이 화가 난다.

1596	へこむ	勝てると思ったライバルに負けてへこんでいる。
동	마음이 침울하다	이길 수 있다고 생각한 라이벌에게 져서 마음이 침울하다.

1597	くよくよ〈する〉	小さいことに、いつまでもくよくよするな。
부	(작은 일에) 끙끙 앓다 / 속상하다	작은 것에 언제까지나 끙끙 앓지 마라.

➕ 気に病む 마음에 걱정을 두고 속을 끓이다

1598	心苦しい	何から何まで面倒をみていただいて心苦しい。
イ형	(미안해서) 마음이 괴롭다	하나부터 열까지 다 챙겨 주셔서 마음이 괴롭다.

Chapter 12

1599 むなしい
イ형 허무하다 / 헛되다

努力したのに失敗し、むなしい気持ちになった。
노력했는데도 실패해서 허무한 기분이다.

➕ 空虚な 공허한

1600 憂うつ〈な〉
명 / ナ형 우울[한]<하다>

雨が続いただけで、憂うつな気分になる。(ナ形)
계속 비가 내리는 것만으로도 기분이 우울해진다.

1601 惨めな
ナ형 비참한

彼に恥をかかされた。こんな惨めな思いは二度としたくない。
그에게 창피를 당했다. 이런 비참한 경험은 다시는 하고 싶지 않다.

1602 根に持つ
관 (원한을) 마음속에 담아두다

彼は小さなことをいつまでも根に持つ性格だ。
그는 사소한 일을 두고두고 마음속에 담아두는 성격이다.

➕ 恨む 원망하다

1603 ねたむ
동 질투하다

人をねたむより、自分が努力すべきだ。
다른 사람을 질투하기보다 자기가 노력해야 한다.

1604 劣等感
명 열등감

劣等感を捨てて、前向きに頑張ろう。
열등감을 버리고 긍정적으로 노력하자.

⇄ 優越感 ゆうえつかん

1605 孤独〈な〉
명 / ナ형 고독[한]<하다>

日本に来たばかりの頃は、友達がいなくて孤独だった。(ナ形)
일본에 온 지 얼마 안 됐을 때는 친구가 없어 고독했다.

1606 屈折〈する〉
명 비뚤어지다 / 굴절<하다>

①彼の性格は複雑で、屈折している。
②光をガラスに通すと、屈折する。
① 그의 성격은 복잡하고 비뚤어져 있다.
② 빛을 유리에 통과시키면 굴절한다.

👉 ① 똑바르게 있어야 할 것이 구부러짐 ② 빛의 굴절

Section 3

1607 관	気が向かない 마음이 내키지 않다	今日は気が向かないから、飲み会に行きたくない。 오늘은 마음이 내키지않아서 회식에 가고 싶지 않다.
1608 ナ形	未熟な 미숙한	まだまだ未熟だ。もっと自分を鍛えなくては。 아직 미숙하다. 더 자신을 단련하지 않으면 안 된다.

➕ 成熟〈する〉 성숙〈하다〉

1609 부	びくびく[と]〈する〉 (벌벌) 떨다	彼は自信が持てないのか、いつもびくびくしている。 그는 자신이 없어서인지 항상 떨고 있다.
1610 부	おどおど〈する〉 주저주저 / 흠칫흠칫	彼はいつもおどおどしていて、自分の意見が言えない。 그는 항상 주저해서 자신의 의견을 말하지 못한다.
1611 부	もやもや〈する〉 마음이 개운하지 않다 / 떨떠름하다	友達と仲直りしたが、まだもやもやしている。 친구와 화해했지만 아직 마음이 개운하지 않다.

Section 4
긍정적인 이미지
プラスのイメージ

1612	ポジティブな	彼女は何度失敗しても、いつもポジティブだ。
ナ형	긍정적인	그녀는 몇 번 실패하더라도 항상 긍정적이다.

1613	みずみずしい	朝、採れた野菜はみずみずしい。
イ형	신선한	아침에 수확한 야채는 신선하다.

1614	しとやかな	着物姿の女性は、とてもしとやかな印象だ。
ナ형	정숙한	기모노 차림의 여성은 매우 정숙한 인상이다.

👉 여성에게 쓰는 표현

1615	優雅〈な〉	友人は女優のように優雅な生活を送っている。(ナ形)
명/ナ형	우아[한]<하다>	친구는 여배우처럼 우아한 생활을 보내고 있다.

1616	チャーミングな	彼女は顔もしぐさもチャーミングだ。
ナ형	매력적인	그녀는 얼굴도 태도도 매력적이다.

➕ 魅力的な 매력적인

1617	ソフトな	彼のソフトな印象が人をリラックスさせる。
ナ형	부드러운	그의 부드러운 인상이 사람을 편하게 해준다.

1618	シャープな	彼女は頭が切れて、シャープだと言われている。
ナ형	영리하다	그녀는 두뇌가 명석하고 영리하다고 알려져 있다.

1619	明快な	田中先生の言葉は明快で、とてもわかりやすい。
ナ형	명쾌한	다나카 선생님의 말씀은 명쾌해서 매우 알기 쉽다.

➕ 明瞭な 명료한

1620	りりしい	弟はスーツを着ていると、りりしくみえる。
イ형	늠름한 / 씩씩한	남동생은 정장을 입고 있으면 늠름해 보인다.

Section 4

➕ りんと〈する〉 늠름히 / 의연히

1621	やんわり [と]	相手を傷つけないようにやんわりと誘いを断った。
부	부드럽게 / 살며시	상대가 마음 상하지 않도록 부드럽게 권유를 거절했다.

1622	滑らかな	①彼女の英語の発音は滑らかだ。 ②彼女の滑らかな肌が羨ましい。
ナ형	(거침없이) 유창하다 / 매끄럽다	① 그녀의 영어 발음은 유창하다. ② 그녀의 매끄러운 피부가 부럽다.

👉 ① 유창하다 ② 표면이 매끄럽다

1623	堂々 [と]	観客の前で堂々とスピーチをした。(副)
부 연체	당당히	관중 앞에서 당당히 연설을 했다.

1624	健全な	彼はとても健全な考えを持った人だ。
ナ형	건전한	그는 아주 건전한 생각을 가진 사람이다.

↔ 不健全な

1625	とびきり	彼女は友人の中でもとびきりの美人だ。(副)
명 부	월등한	그녀는 친구 중에서도 월등한 미인이다.

1626	抜群な	彼女は性格も容姿も抜群だ。
ナ형	뛰어난 / 뛰어나다	그녀는 성격도 외모도 뛰어나다.

1627	すばしっこい	愛犬は動きがすばしっこくて、追いつけない。
イ형	민첩하다	애견은 움직임이 민첩해서 따라잡을 수 없다.

👉 "すばしこい"라고도 말함

1628	恥じらう	彼女は恥じらって、頬を赤くした。
동	부끄러워하다 / 수줍어하다	그녀는 부끄러워하며 뺨을 붉혔다.

➕ 恥じらい 부끄러움 / 수줍음

Chapter 12

1629 イ형	たやすい 쉬운 / 쉽다	こんな問題ならたやすく解ける。 이런 문제라면 쉽게 풀 수 있다.
1630 부 연체	悠々 [と] ゆうゆう 유유히 / 여유롭게	早めに着いた。約束の時間には悠々間に合うだろう。(副) 일찍 도착했다. 약속 시간에는 충분히 댈 수 있을 것이다.
1631 부	めきめき [と] 부쩍부쩍 / 무럭무럭	彼は日本語がめきめき上達している。 그는 일본어가 부쩍부쩍 향상되고 있다.
1632 관	至れり尽くせり いた つ 더할 나위 없다 / 극진하다	このホテルのサービスは至れり尽くせりだ。 이 호텔의 서비스는 극진하다.

Section 5
부정적인 이미지
マイナスのイメージ

1633	ネガティブな	ネガティブな考えからは何も生まれない。
ナ形	부정적인	부정적인 생각에서는 아무것도 나오지 않는다.

1634	見苦しい	彼の潔くない態度は、とても見苦しい。
イ形	보기 흉하다	그의 떳떳하지 못한 태도는 매우 보기 흉하다.

1635	ややこしい	あの人の話はややこしくて、よくわからない。
イ形	까다롭다 / 복잡하다	그 사람의 이야기는 까다로워서 잘 모르겠다.

1636	悲惨な	悲惨な光景を見て、胸が痛くなった。
ナ形	비참한	비참한 광경을 보고 가슴이 아파졌다.

➕ 残酷な 잔혹한

1637	みすぼらしい	みすぼらしい格好で出かけるのはやめなさい。
イ形	초라한 / 볼품없는	초라한 모습으로 외출하는 것은 그만두세요.

1638	乏しい	自分の国に関する知識が乏しくて、情けない。
イ形	부족한	자기 나라에 대한 지식이 부족해 한심스럽다.

1639	貧弱な	弟はやせていて、貧弱な体格だ。
ナ形	빈약한	남동생은 말라서 빈약한 체격이다.

1640	汚らわしい	そんな話、聞くのも汚らわしい。
イ形	역겨운 / 불쾌한 / 더러운	그런 이야기 듣는 것도 역겹다.

1641	いやらしい	いやらしい目つきの男が彼女を見ている。
イ形	음란한 / 불쾌하다	불쾌한 눈빛의 남자가 그녀를 보고 있다.

1642	卑しい	彼は得をすることばかり考えていて、卑しい人だ。
イ形	저속하다 / 천하다	그는 이득을 보는 것만 생각하고 있는 저속한 사람이다.

Chapter 12

1643 希薄な
きはく
ナ形 희박한

彼女は頑張ろうという気持ちが希薄だ。
그녀는 열심히 하려는 마음이 희박하다.

1644 月並みな
つきなみ
ナ形 진부한 / 평범한

考えても月並みなアイディアしか出てこない。
생각해봐도 진부한 아이디어 밖에 나오지 않는다.

➕ 通り一遍な 건성인 / 형식적인
とお いっぺん

1645 ぶっきらぼうな
ナ形 무뚝뚝한 / 퉁명스런

彼女のぶっきらぼうな話し方は印象が悪い。
그녀의 무뚝뚝한 말투는 인상이 나쁘다.

1646 むっつり[と]〈する〉
副 말수가 적고 뚱한

彼女は怒っているのか、むっつりしている。
그녀는 화가 났는지 입을 꾹 다물고 있다.

이것도 외우자! ⑲

🏢 일본의 주요 부처 명칭　日本の主な省庁の名称
にほん おも しょうちょう めいしょう

外務省 がいむしょう	외무성
環境省 かんきょうしょう	환경성
経済産業省 けいざいさんぎょうしょう	경제산업성
厚生労働省 こうせいろうどうしょう	후생노동성
国土交通省 こくどこうつうしょう	국토교통성
財務省 ざいむしょう	재무성
総務省 そうむしょう	총무성
農林水産省 のうりんすいさんしょう	농림수산성
防衛省 ぼうえいしょう	방위성
文部科学省 もんぶかがくしょう	문부과학성
復興庁 ふっこうちょう	부흥청

Section 5

1647	不細工な ぶさいく	せっかく人形を作ったが、少し不細工だ。
ナ形	솜씨가 서툴고 모양이 없다	모처럼 인형을 만들었는데 조금 서툴고 모양이 없다.

1648	つれない	友達なのに、そんなつれないこと言わないで。
イ形	야속하다 / 냉담하다 / 무정하다	친구인데 그런 야속한 말을 하지 마라.

1649	しぼむ	何度も失敗して、夢がしぼんでしまった。
동	위축하다	여러 번 실패해서 꿈이 위축돼 버렸다.

➕ 膨らむ 부풀다

1650	あやふやな	いつまでもあやふやな態度を取るのはよくない。
ナ形	애매모호한	언제까지나 애매모호한 태도를 보이는 것은 좋지 않다.

1651	生ぬるい なま	①部長の叱り方は生ぬるい。 ②このビールは生ぬるくておいしくない。
イ形	미지근하다 / 흐리터분하다	① 부장님의 질책 방식은 흐리터분하다. ② 이 맥주는 미지근해 맛이 없다.

👉 ① 엄하지 않다 ② 차가와야 할 것이 차갑지 않다 (미지근하다)

1652	無礼〈な〉 ぶれい	彼は人にあいさつもせず、無礼な態度だ。(ナ形)
명 ナ形	무례 [한]〈 하다 〉	그는 사람에게 인사도 하지 않고 무례한 태도이다.

➕ 非礼〈な〉 무례

1653	気取る きど	あの人は気取っていて、話しかけづらい。
동	거드름피우다	그 사람은 거드름피우고 있어 말을 걸기 어렵다.

➕ 気取り屋 거드름피우는 사람・
きざ〈な〉 언어 / 동작 / 복장이 비위에 거슬린

1654	近寄りがたい ちかよ	社長は怖そうで近寄りがたい。
관	가까이 하기 어려운	사장님은 무서울 것 같아 가까이 하기 어렵다.

➕ 近寄る 가까이 가다

Chapter 12

1655 ちやほや〈する〉

부 애지중지 / 추어 올리고 얼러맞추다

妹は末っ子で、家族にちやほやされて育った。

여동생은 막내라 가족이 애지중지 키웠다.

➕ もてはやす 추어올리다 / 극구 칭찬하다

1656 窮屈な

ナ형 갑갑한 / 거북한 / 꽉 끼다

①この靴は窮屈で、足が痛くなる。
②昨日のパーティーは初対面の人ばかりで窮屈な思いをした。

① 이 신발은 꽉 끼어서 발이 아프다.
② 어제 파티는 처음 만나는 사람뿐이라 거북했다.

👍 ① 너무 작아 움직이기 어렵다 ② 주위 환경 탓에 긴장을 풀 수 없다

1657 ヤバい

イ형 위험하다(정말 나쁘다)

今回のテストの点数はヤバい。どうしよう。

이번 시험 점수는 위험하다. 어떻게 하지.

👍 "이 라면은 ヤバイ (= 맛있다)"처럼 젊은이들 사이에서는 좋은 의미로 사용하는 경우가 있다.

1658 どん底

명 맨 밑바닥

今が人生のどん底だ。これから良くなっていくだろう。

지금이 인생의 밑바닥이다. 앞으로 좋아질 것이다.

Section 5

이것도 외우자! ⑳

일본의 지방 명칭　日本の地方の名称

北海道地方	홋카이도 지방
東北地方	도호쿠 지방
関東地方	간토 지방
甲信越地方	고신에쓰 지방
中部地方	주부 지방
北陸地方	호쿠리쿠 지방
近畿地方	긴키 지방
中国地方	주고쿠 지방
四国地方	시코쿠 지방
九州地方	규슈 지방
沖縄地方	오키나와 지방
東日本	동일본
西日本	서일본
北日本	북일본

N1 Chapter 13
틀리기 쉬운 표현 ①

間違えやすい表現 ①
まちが   ひょうげん

			단어 No.
1	부사①	副詞①	**1659~1674**
2	부사②	副詞②	**1675~1690**
3	부사③ · 그 외	副詞③・その他	**1691~1714**
4	혼동하기 쉬운 말①	まぎらわしい言葉①	**1715~1741**
5	혼동하기 쉬운 말②	まぎらわしい言葉②	**1742~1764**

Section 1

부사 ①

副詞（ふくし）①

1659	くすくす	女の子たちが、楽しそうにくすくす笑っている。
	킥킥	여자 아이들이 즐거운 듯이 킥킥 웃고 있다.

1660	げらげら	この映画は何度見てもげらげら笑える。
	껄껄 / 깔깔	이 영화는 몇 번 봐도 껄껄 웃을 수 있다.

1661	そこそこ	勉強もそこそこに、遊びに出かける。
	대충 / 하는 둥 마는 둥	공부도 하는 둥 마는 둥하고 놀러 나간다.

1662	ぺこぺこ〈する〉	彼はいつも上司にぺこぺこしている。
	굽실굽실 <하다>	그는 항상 상사에게 굽실거리고 있다.

👍 "ぺこぺこ"는 배가 너무 고프다는 의미도.

1663	ひしひし [と]	彼女は何も言わないが、その悲しみがひしひしと伝わってくる。
	절절히 / 뼈저리게	그녀는 아무것도 말하지 않지만, 그 슬픔이 절절히 전해져 온다.

1664	ばらばら [と]	大雨がばらばらと降ってきた。
	후드득후드득	폭우가 후드득후드득 내리기 시작했다.

1665	ぱらぱら [と]	①雨がぱらぱら降り始めた。 ②雑誌をぱらぱら見る。
비 따위가 조금 오는 모양 / 드문드문 / 훌훌	① 비가 조금씩 내리기 시작했다. ② 잡지를 훌훌 훑어본다.

👍 ① 물방울, 비 따위가 조금씩 떨어지는 모양 ② 책장을 빠르게 넘기는 모양

1666	ぞろぞろ [と]	コンサート会場からぞろぞろ観客が出てきた。
	줄줄이	공연장에서 줄줄이 관객이 나왔다.

1667	ぼちぼち	もう10時だ。ぼちぼち出かけよう。
	슬슬	벌써 10시다. 슬슬 나가 보자.

Chapter 13

➕ ほつほつ 조금씩

1668	ずるずる [と]	①結論が出ないまま、会議がずるずる続いている。 ②ずるずる音を立ててラーメンを食べる。
질질 / 훌쩍훌쩍 / 후루룩후루룩	① 결론이 나지 않은 채 회의가 질질 계속 이어지고 있다. ② 후루룩 후루룩 소리를 내며 라면을 먹는다.

👉 ① 불쾌한 상태가 계속되어 해결이 안 된다 ② 우동이나 메밀 국수를 먹을 때 내는 소리

1669	ちくちく[と]〈する〉	セーターの毛がちくちくする。
쿡쿡 찔리다 / 따끔따끔	스웨터의 털이 따끔따끔한다.

1670	のこのこ	友達が約束に1時間も遅れて、のこのこ現れた。
어슬렁어슬렁	친구가 약속 시간에 1시간이나 늦게 어슬렁어슬렁 나타났다.

1671	くらくら[と]〈する〉	急に立ち上がったら、目まいでくらくらした。
어질어질	갑자기 일어섰더니 현기증이 나서 어질어질했다.

1672	ちょくちょく	大学の友達とはちょくちょく集まっている。
가끔	대학 친구와 가끔 모인다.

➕ たびたび 자주

1673	ふわふわ[と]〈する〉	空にふわふわと雲が浮かんでいる。
둥실둥실	하늘에 둥실둥실 구름이 떠 있다.

➕ ふんわり[と]〈する〉 두둥실・ふかふか[と]〈する〉 폭신폭신

1674	ちらほら[と]〈する〉	雪がちらほらと舞っている。
드문드문	눈이 드문드문 흩날리고 있다.

Section 2
부사 ②

副詞（ふくし）②

1675 ふらりと
훌쩍

時間ができると、ふらりと旅に出る。

시간이 생기면 훌쩍 여행을 떠난다.

➕ ぶらりと 훌연히・ふらっと 훌쩍

1676 じっとり［と］〈する〉
축축하다 / 촉촉하다

湿気が多くて、肌がじっとりする。

습기가 많아 피부가 촉촉하다.

➕ じめじめ［と］〈する〉 축축하다

1677 ずばり［と］
단도직입적으로 / 분명히

彼は遠回しではなく、ずばりと意見を言う。

그는 말을 돌리지 않고 단도직입적으로 의견을 말한다.

1678 まさしく
바로 / 틀림없이 / 확실히

そう言ったのは、まさしく彼だ。

그렇게 말한 것은 바로 그다.

＝ まさに

1679 ありありと
역력히 / 생생히

疲れがありありと顔に出る。

피로가 역력히 얼굴에 나타난다.

1680 しばし
잠시

男は女に話した後、しばし沈黙した。

남자는 여자에게 말한 후에 잠시 침묵했다.

1681 まんまと
감쪽같이

あんな手口に、まんまとだまされるなんて情けない。

저런 수법에 감쪽같이 속다니 한심하다.

1682 まるっきり
전혀

このうわさは、まるっきりうそでもない。

이 소문은 전혀 거짓말은 아니다.

👍 "まるきり"이라고도 말한다

Chapter 13

1683 てんで [～ない]
そんな理由では、てんで話にならない。
아예 [~ 없다]
그런 이유로는 아예 말도 안 된다.
👉 "全然"의 통속적인 표현

1684 とうてい [～ない]
A社の条件は、とうてい了承できない。
도저히 [~ 없다]
A사의 조건은 도저히 받아들일 수 없다.
➕ とても[～ない] 아주 [~ 없다]

1685 第一(だいいち)
彼の話はうそだ。第一、彼はそこにいなかった。
첫째
그의 말은 거짓말이다. 첫째, 그는 거기에 없었다.

1686 まして
この問題は大人でも解けない。まして、子どもには無理だ。
하물며
이 문제는 어른도 풀 수 없다. 하물며 아이에게는 무리다.
➕ なおさら 더욱이

1687 努(つと)めて
風邪気味だが、努めて元気に見せている。
애써
감기 기운이지만 애써 건강하게 보이려고 하고 있다.

1688 ふんだんに
ふんだんに野菜を使って、スープを作る。
듬뿍
듬뿍 야채를 사용하여 수프를 만든다.

1689 誠(まこと)に
本日はお越しいただき、誠にありがとうございました。
진심으로
오늘은 찾아와 주셔서 진심으로 감사합니다.

1690 切(せつ)に
皆様のご成功を、切にお祈りいたします。
간절히
여러분의 성공을 간절히 기원합니다.

Section 3

부사 ③ · 그 외

副詞（ふくし）③・その他（そのた）

1691	いささか	今回の選挙は、いささか盛り上がりに欠ける。
부	조금 / 약간 / 다소	이번 선거는 조금 분위기의 고조가 부족하다.

1692	もろに	駅の階段で、もろに転んでしまった。
부	완전히 / 그대로	역의 계단에서 그대로 넘어져 버렸다.

1693	もはや	点差がついた。勝負は、もはやこれまでだ。
부	이제는	점수차가 생겼다. 승부는 이제는 끝났다.

1694	さほど［～ない］	故郷は10年前とさほど変わっていない。
부	그다지 [~ 없다]	고향은 10년 전과 그다지 변하지 않았다.

1695	何ら［～ない］	悪いのは彼だ。君は何ら問題ない。
부	아무런 [~ 없다]	나쁜 사람은 그다. 당신은 아무런 문제가 없다.

1696	無論	明日の試験では、無論遅刻は許されない。
부	물론	내일의 시험에는 물론 지각은 허용되지 않는다.

1697	何やら	私の誕生日に友達が何やら企画してくれているようだ。
부	무엇인가	내 생일에 친구가 무엇인가 기획하고 있는 것 같다.

1698	何とぞ	今後とも何とぞよろしくお願いします。
부	아무쪼록	앞으로도 아무쪼록 잘 부탁드립니다.

1699	何分	彼は何分まだ若いので、未熟な点が多い。
부	아무래도	그는 아무래도 아직 젊기 때문에 미숙한 점이 많다.

1700	とかく	日本人は海外でも、とかく日本人同士で集まりがちだ。
부	아무튼 / 어쨌든	일본인은 해외에서도 아무튼 일본인끼리 모이는 경향이 있다.

Chapter 13

1701 とやかく
부 이러쿵저러쿵

あの人は人のことをとやかく言うので、苦手だ。
그 사람은 남에 대해 이러쿵저러쿵 말하기 때문에 골칫거리다.

1702 いやに
부 이상하게 / 묘하게

まだ5月なのに、今日はいやに蒸し暑い。
아직 5월인데 오늘은 이상하게 무덥다.

1703 ことのほか
부 예상외로 / 특히

①今日はことのほか電車が混んでいた。
②私は甘い物が好きだ。ことのほかケーキに目がない。

① 오늘은 예상외로 전철이 붐비고 있었다.
② 나는 단 것을 좋아한다. 특히 케이크라면 사족을 못 쓴다.

👉 ① 예상외 ② 특히

1704 よほど
부 어지간히 / 상당히

顔色が悪い。よほど体調が良くないのだろうか。
안색이 나쁘다. 상당히 컨디션이 좋지 않은 것인가?

👉 "よっぽど"라고도 말한다

1705 いずれにしても
부 어쨌든 / 어차피

進学か就職か。いずれにしても日本に住みたい。
진학할지 취직할지. 어쨌든 일본에서 살고 싶다.

= いずれにせよ

1706 なんと
부 어쩌면 / 참으로 / 이 얼마나

彼女はなんと心の美しい人だろう。
그녀는 어쩌면 그렇게 마음이 아름다운 사람일까.

1707 ぴりぴり〈する〉
부 신경이 곤두서 있다 / 얼얼하다

①緊張感で、その場の雰囲気がぴりぴりしている。
②刺激物で、舌がぴりぴりする。

① 긴장감으로 그 자리의 분위기가 날카롭다.
② 자극물로 인해 혀가 얼얼하다.

👉 ① 긴장으로 신경이 날카로운 상태 ② 날카로운 자극

Section 3

1708 じかに
부 직접

社長にじかに給料アップの交渉をした。
사장님에게 직접 월급 인상 협상을 했다.

1709 たいそう〈な〉
부 / ナ형 몹시

今日の遊園地はたいそう混雑している。(副)
오늘 유원지는 몹시 혼잡하다.

1710 断固(だんこ)
부 / 연체 단호히

何と言われても、私は断固拒否する。(副)
뭐라고 해도 나는 단호히 거부한다.

1711 なんと言っても
관 뭐니뭐니 해도 / 뭐라해도

なんと言っても、日本料理では寿司が一番だ。
뭐니뭐니 해도 일본 요리는 초밥이 제일이다.

➕ なんたって(くだけた表現) 아무튼(일상적인 표현)

1712 なんとしても
관 어떻게 해서든지

なんとしても志望校に入学したい。
어떻게 해서든지 지망 학교에 입학하고 싶다.

1713 ことによると
관 어쩌면

ことによると、来週は大阪出張になるかもしれない。
어쩌면 다음주에 오사카에 출장 가게 될지도 모른다.

1714 にわかな
ナ형 별안간

にわかに、空が黒い雲に覆われた。
별안간 하늘이 검은 구름으로 덮였다.

➕ にわか勉強 벼락치기 공부・にわか仕込み 벼락치기 교육

Section 4
혼동하기 쉬운 말 ①

まぎらわしい言葉（ことば）①

1715	制作〈する〉 せいさく	大学の美術学部で絵画を制作する。
명	제작 < 하다 >	대학의 미술 학부에서 회화를 제작한다.

➕ 卒業制作 졸업 제작
そつぎょうせいさく

1716	製作〈する〉 せいさく	この工場で商品が製作されている。
명	제작 < 하다 >	이 공장에서 제품이 제작되고 있다.

➕ 作製〈する〉 제작 < 하다 >
さくせい

1717	押さえる お	彼女はハンカチで口を押さえている。
동	누르다 / 막다	그녀는 손수건으로 입을 막고 있다.

1718	抑える おさ	人の前で泣きたくないので、感情を抑えた。
동	억제하다	사람들 앞에서 울고 싶지 않기 때문에 감정을 억제했다.

1719	精算〈する〉 せいさん	駅で電車代を精算した。
명	정산 < 하다 >	역에서 전철 요금을 정산했다.

1720	清算〈する〉 せいさん	これまでの人間関係を清算したい。
명	청산 < 하다 >	지금까지의 인간 관계를 청산하고 싶다.

1721	終始〈する〉 しゅうし	会議中、彼は終始下を向いたままだった。(副) 今日の会議は、無駄な話し合いに終始した。(名)
명 부	시종 < 하다 >	회의 중에 그는 시종 고개를 숙인 채였다. 오늘 회의는 쓸데없는 이야기로 시종일관했다.

1722	始終 しじゅう	隣の公園は始終子どもの声がする。(副)
명 부	한결같이 / 늘	인근 공원은 한결같이 아이의 목소리가 들린다.

➕ 一部始終 자초지종
いちぶしじゅう

Section 4

1723	冒す おかす	危険を冒して、台風の中を出かけた。
동	무릅쓰다	위험을 무릅쓰고 태풍인데도 외출했다.
1724	侵す おかす	いかなる理由があっても、他国の領土を侵してはいけない。
동	침범하다	어떠한 이유가 있어도 타국 영토를 침범하면 안된다.
1725	犯す おかす	犯罪を犯した人の心理を探る。
동	저지르다 / 범하다	범죄를 저지른 사람의 심리를 탐구한다.
1726	保証〈する〉 ほしょう	このパソコンは3年間の保証付きだ。
명	보증 < 하다 >	이 컴퓨터는 3년 보증이다.
1727	保障〈する〉 ほしょう	政府には国民の権利を保障する義務がある。
명	보장 < 하다 >	정부는 국민의 권리를 보장할 의무가 있다.
1728	補償〈する〉 ほしょう	保険に入っておけば、万一の補償も安心だ。
명	보상 < 하다 >	보험을 들어두면 만일의 보상도 안심이다.

➕ 弁償〈する〉 변상 < 하다 >

1729	追求〈する〉 ついきゅう	何歳になっても、女性は美しさを追求する。
명	추구 < 하다 >	몇 살이 되어도 여성은 아름다움을 추구한다.
1730	追及〈する〉 ついきゅう	事故に関して、会社の責任を追及する。
명	추궁 < 하다 >	사고에 대해 회사의 책임을 추궁한다.
1731	追究〈する〉 ついきゅう	事件の真相を、最後まで追究していく。
명	추구 / 규명 < 하다 >	사건의 진상을 끝까지 규명할 예정이다.

Chapter 13

1732 分別〈する〉
ぶんべつ
명 분별 / 분리 < 하다 >

可燃と不燃を分別してごみを出す。
타는 것과 안타는 것을 분리해서 쓰레기를 내놓는다.

1733 分別
ふんべつ
명 분별

分別のある大人があんな行動をするとは。
분별있는 어른이 저런 행동을 하다니 (한심하다).

1734 心中
しんちゅう
명 심중 / 마음속

愛犬を亡くした友人の心中を察する。
애견을 잃은 친구의 심중을 헤아린다.

1735 心中〈する〉
しんじゅう
명 동반 자살 < 하다 >

この小説は若い男女が心中する話だ。
이 소설은 젊은 남녀가 동반 자살하는 이야기이다.

1736 大家
たいか
명 대가

写真の男性は、日本の絵画界の大家だ。
사진의 남자는 일본 회화계의 대가다.

1737 大家
おおや
명 집주인

大家さんは親切で、いつも気を遣ってくれる。
집주인은 친절하고 항상 신경 써 준다.

1738 市場
いちば
명 시장

海外旅行では、必ずその国の市場を巡る。
해외 여행에서는 반드시 그 나라의 시장을 둘러본다.

➕ 青物市場 청과물 시장・魚市場 수산물 시장
あおものいちば　　　　　うおいちば

1739 市場
しじょう
명 시장

多くの日本企業が海外に市場を広げている。
많은 일본 기업이 해외에 시장을 넓히고 있다.

➕ 市場調査 시장 조사・国内市場 국내 시장・海外市場 해외 시장
しじょうちょうさ　　　　こくないしじょう　　　　かいがいしじょう

1740 目下
もっか
명 현재 / 지금

目下、地震の被害を調査しているところです。
현재 지진 피해를 조사하는 중입니다.

1741 目下
めした
명 아랫사람

社長は私たち目下の者にも丁寧に接してくれる。
사장님은 우리 같은 아랫사람에게도 정중하게 대해 준다.

↔ 目上
めうえ

Section 4

이것도 외우자! ㉑

"~ っと + 동사" 「~っと+動詞」

• **A : ~っとする**

はっとする	깜짝 놀라다
ほっとする	안심하다
かっとする	갑자기 성을 내다 / 욱하다
むっとする	불끈 화가 나다
いらっとする	욱하다
ぞっとする	오싹하다
すっとする	개운하다 / 후련하다
じっとする	가만히 있다
そっとする	조용히 하다

• **B : ~っと+動詞**

ぐっと我慢する	꾹 참다
ざっと目を通す	대충 훑어보다
にっと笑う	씩 웃다
ぽっと赤くなる	불그레 붉히다
ぬっと現れる	불쑥 나타나다

Section 4
혼동하기 쉬운 말②
まぎらわしい言葉（ことば）②

1742 用品 ようひん
名 용품
スポーツ用品売り場は8階だ。
스포츠 용품 매장은 8층이다.

➕ キッチン用品 주방 용품・事務用品 사무 용품・バス用品 목욕 용품

1743 洋品 ようひん
名 양품
デパートの1階にある洋品売り場で傘を買った。
백화점 1층에 있는 양품 매장에서 우산을 샀다.

➕ 洋品店 양품점 / 옷가게

1744 断つ たつ
動 끊다(하던 것을 금하다)
入試に合格できるまで、ケーキを断つことにした。
입시에 합격할 때까지 케이크를 먹지 않기로 했다.

1745 絶つ たつ
動 끊다
もう彼との連絡は絶とうと思っている。
이제 그와의 연락은 끊으려고 하고 있다.

➕ 絶交〈する〉 절교 < 하다 >

1746 彫る ほる
動 새기다
木に名前を彫って表札にした。
나무에 이름을 새겨 문패로 했다.

1747 掘る ほる
動 파다
庭を掘ったら、昔の皿が出てきた。
정원을 팠더니 오래된 접시가 나왔다.

1748 見下す みくだす
動 깔보다
彼の人を見下したような態度には腹が立つ。
그의 남을 깔보는 듯한 태도에 화가 난다.

➕ ばかにする 바보 취급하다

1749 見下ろす みおろす
動 내려보다
丘の頂上から町を見下ろした。
언덕 위에서 마을을 내려보았다.

1750 遠回り〈する〉 とおまわり
名 우회 < 하다 >
工事を避けて、駅まで遠回りした。
공사를 피해서 역까지 우회했다.

Section 5

1751 遠回し (とおまわし)
명 간접적인 / 돌려 말하는

日本人は遠回しの表現をしがちだ。
일본인은 간접적인 표현을 하는 편이다.

➕ 婉曲な えんきょく 완곡 [한] < 하다 >

1752 途切れる (とぎれる)
동 중간에 끊어지다

社長が現れて、みんなの会話が途切れた。
사장님이 나타나 모두의 대화가 중단되었다.

1753 途絶える (とだえる)
동 두절되다

幼なじみとの連絡が途絶えて3年になる。
소꿉 친구와의 연락이 두절된 지 3년이 된다.

1754 見過ごす (みすごす)
동 간과하다 / 놓치다

試験で大きなミスを見過ごしてしまった。
시험에서 큰 실수를 놓치고 말았다.

1755 見逃す (みのがす)
동 못 보고 넘기다 / 놓치다

せっかくのバイトのチャンスを見逃した。
모처럼의 아르바이트 기회를 놓쳤다.

1756 交わる (まじわる)
동 교차하다

中央線と山手線は新宿で交わっている。
주오 선과 야마노테 선은 신주쿠에서 교차하고 있다.

1757 交える (まじえる)
동 모시다 / 참석시키다

恩師を交えてクラス会を開いた。
은사님을 모시고 동창회를 열었다.

1758 越す (こす)
동 넘기다 / 이사하다

① 暖かい国で冬を越したい。
② 仕事のために、東京から福岡に越して来た。

① 따뜻한 나라에서 겨울을 지내고 싶다.
② 일을 위해 도쿄에서 후쿠오카로 이사왔다.

👉 ① 계절을 지내다 ② 이동하다

1759 超す (こす)
동 넘다

その祭りには100万人を超す観光客が集まった。
그 축제에는 100만 명이 넘는 관광객이 몰렸다.

🟰 超える (こえる)

Chapter 13

1760 指す(さす)

①時計の針が10時を指している。
②これが何を指しているか答えなさい。

동 가리키다 / 의미하다

① 시계 바늘이 10 시를 가리키고 있다 .
② 이것이 무엇을 의미하는지 대답하십시오 .

👉 ① 손가락으로 가리키다 ② " 差す " 라고도 쓴다

1761 差す(さす)

①部屋に日が差してきた。
②紫外線対策のため、傘を差して歩く。
③目が乾いたら、目薬を差す。

동 비치다 / 쓰다 / 넣다

① 방에 햇살이 비쳤다 .
② 자외선 차단을 위해 양산을 쓰고 걷는다 .
③ 눈이 건조하면 안약을 눈에 넣는다 .

👉 ① 태양이 비치다 ② 우산 등을 쓰다 ③ 액체 등을 넣다 ① " 射す " 라고도 쓴다

1762 刺す(さす)

はちに刺されて、病院に運ばれた。

동 찌르다 / 쏘다

벌에 쏘여서 병원으로 실려갔다 .

1763 無口(むくち) ⟨な⟩

父は無口な人だが、実はユーモアがある。(ナ形)

명 / ナ형 과묵 [한]< 하다 >

아버지는 과묵한 사람이지만 실은 유머가 있다 .

1764 無言(むごん)

声をかけたが、田中さんは無言で去って行った。

명 무언 / 말없이

말을 걸었지만 다나카 씨는 말없이 떠나 갔다 .

➕ 無言電話(むごんでんわ) 무언 전화

Section 5

이것도 외우자! ㉒

숫자가 들어 있는 사자성어 数を含む四字熟語

一喜一憂 (いっきいちゆう) 일희일비 (기쁜 일과 슬픈 일이 번갈아 일어남)

心機一転 (しんきいってん) 심기일전 (지금까지 품었던 생각과 마음의 자세를 완전히 바꿈)

一目瞭然 (いちもくりょうぜん) 일목요연 (한 번 보고도 훤히 알 수 있을 만큼 분명함)

一心同体 (いっしんどうたい) 일심동체 (여러 사람이 한 사람처럼 뜻을 합하여 굳게 결합함)

一朝一夕 (いっちょういっせき) 일조일석 (하루아침이나 하루저녁이라는 뜻으로 짧은 시일의 뜻)

千載一遇 (せんざいいちぐう) 천재일우 (천년에 한 번 만난다의 뜻으로 좀처럼 얻기 어려운 좋은 기회)

一挙一動 (いっきょいちどう) 일거일동 (하나하나의 행동이나 동작)

一触即発 (いっしょくそくはつ) 일촉즉발 (조금만 닿아도 곧 폭발한다는 뜻으로 금방이라도 일이 크게 터질 듯한 긴장 상태)

満場一致 (まんじょういっち) 만장일치 (그 자리에 있는 모든 사람의 의견이 완전히 일치함)

開口一番 (かいこういちばん) 입을 열자마자 / 개구 제일성으로

一刀両断 (いっとうりょうだん) 일도양단 (한 칼로 두 동강이를 낸다는 뜻으로 머뭇거리지 않고 과감히 처리함)

一発逆転 (いっぱつぎゃくてん) 일발역전 (한 번의 공격으로 자신이 우세해질 수 있는 위력의 공격 또는 그 일격으로 반전함)

二人三脚 (ににんさんきゃく) 이인삼각 (둘이서 협력해서 어떤 일을 성사시킴)

四苦八苦 (しくはっく) 사고팔고 (일이 잘 안 되어 매우 고생함)

四方八方 (しほうはっぽう) 사방팔방 (모든 방면 / 여러 방면)

四面楚歌 (しめんそか) 사면초가 (사방이 모두 적으로 둘러싸인 형국이나 누구의 도움도 받을 수 없는 고립된 상태)

四捨五入 (ししゃごにゅう) 사사오입 (반올림)

七転八倒 (しちてんばっとう) 칠전팔기 (여러 번의 실패에도 굽히지 않고 분투함)

八方美人 (はっぽうびじん) 팔방미인 (어느 모로 보나 아름다운 미인 / 주관이 없어 누구에게나 잘 보이도록 처세하는 사람 / 여러 방면에 능통한 사람)

十中八九 (じゅっちゅうはっく) 십중팔구 (열 가운데 여덟이나 아홉이 그러하다는 뜻으로, 거의 예외 없이 그러할 것이라는 추측)

十人十色 (じゅうにんといろ) 십인십색 (각양각색)

N1
Chapter
14
틀리기 쉬운 표현②

間違えやすい表現②
まちが   ひょうげん

			단어 No.
1	관용구 : 얼굴	慣用句:顔	1765~1786
2	관용구 : 몸	慣用句:体	1787~1808
3	관용구 : 그 외	慣用句:その他	1809~1825
4	여러 가지 의미가 있는 단어① いろいろな意味を持つ言葉①		1826~1837
5	여러 가지 의미가 있는 단어② いろいろな意味を持つ言葉②		1838~1852

Section 1

관용구 : 얼굴

慣用句（かんようく）: 顔（かお）

1765	顔から火が出る （かお）（ひ）（で） (부끄러워서) 낯이 화끈거리다	大勢の人の前で転んで、顔から火が出そうだった。 （おおぜい）（ひと）（まえ）（ころ）　（かお）（ひ）（で） 많은 사람 앞에서 넘어져 (부끄러워서) 낯이 화끈거렸다.
1766	顔を立てる （かお）（た） (상대편의) 체면이 상하지 않게 하다	クライアントの顔を立てて、わざとゴルフで負けた。 （かお）（た）　　　　　　　　（ま） 클라이언트의 체면이 상하지 않게 일부러 골프에 졌다.
1767	目が届く （め）（とど） (주의나 감독이) 미치다 / 눈이 닿다	目が届く所に貴重品を置いておく。 （め）（とど）（ところ）（きちょうひん）（お） 눈이 닿는 곳에 귀중품을 놓아둔다.
1768	目が高い （め）（たか） 안목이 높다	この絵の価値がお分かりとは、さすがお目が高い。 （え）（かち）（わ）　　　　　　　（め）（たか） 이 그림의 가치를 아시다니 역시 안목이 높다.
1769	目が肥える （め）（こ） (사물을) 보는 눈이 높다	彼は一流の絵を見てきたので、目が肥えている。 （かれ）（いちりゅう）（え）（み）　　　　（め）（こ） 그는 일류 그림을 봐 왔기 때문에 (사물을) 보는 눈이 높다.
1770	目を盗む （め）（ぬす） (남의 눈을 피해) 몰래 하다	親の目を盗んで、夜中に遊びに出かけた。 （おや）（め）（ぬす）　（よなか）（あそ）　（で） 부모의 눈을 피해 한밤중에 놀러 나갔다.
1771	目を引く （め）（ひ） 눈길을 끌다	彼女のファッションは、みんなの目を引く。 （かのじょ）　　　　　　　　　（め）（ひ） 그녀의 패션은 모두의 눈길을 끈다.

➕ 目立つ 눈에 띄다
（めだ）

1772	目を丸くする （め）（まる） (놀라서) 눈을 동그랗게 뜨다	弟は信じられないようなすごい手品を見て、目を （おとうと）（しん）　　　　　　　　　（てじな）（み）　（め） 丸くした。 （まる） 동생은 믿을 수 없는 놀라운 마술을 보고 눈이 휘둥그레졌다.

Chapter 14

1773	目をつぶる め	この企画書は少し直した方がいいが、今回は目を つぶろう。
	묵인하다 / 참다 / 단념하다	이 제안서는 조금 고치는 것이 좋지만 이번에는 묵 인하겠다.
1774	鼻が高い はな たか	妹がオリンピックに出場して鼻が高い。
	코가 높다 / 우쭐하다	여동생이 올림픽에 출전해 자랑스럽다.
1775	鼻にかける はな	彼女は美人なのを鼻にかけている。
	내세우다 / 뽐내다	그녀는 미인인 것을 뽐낸다.
1776	鼻につく はな	あの人の気取った態度は鼻につく。
	싫어지다 / 지겹다	그 사람의 거드름 피우는 태도는 싫다.
1777	目と鼻の先 め はな さき	うちと友達の家は目と鼻の先だ。
	지척 / 아주 가까운 곳	우리 집과 친구 집은 아주 가깝다.
1778	耳につく みみ	ラジオで同じ曲が何度もかかり、耳につく。
	귓전을 맴돌다	라디오에서 같은 곡이 여러 번 나와서 (그 음악이) 귓전을 맴돈다.

➕ 耳障りな 귀에 거슬리다
みみざわ

1779	耳に挟む みみ はさ	田中さんに関するうわさを耳に挟んだ。
	언뜻 듣다 / 우연히 듣다	다나카 씨에 대한 소문을 우연히 들었다.

➕ 小耳に挟む 귓결에 듣다 / 언뜻 듣다
こみみ はさ

1780	耳にたこができる みみ	母の話はいつも同じで、耳にたこができる。
	귀에 못이 박히다	어머니의 이야기는 항상 같아 귀에 못이 박혔다.
1781	耳を澄ます みみ す	鳥の鳴き声に耳を澄ました。
	귀를 기울이다	새 소리에 귀를 기울였다.
1782	耳を貸す みみ か	部長が私の提案に耳を貸してくれない。
	(상대방의 이야기를) 들어주다 / 들으려 하다	부장이 내 제안을 들어주지 않는다.

Section 1

1783 耳をふさぐ
みみ

聞きたくない話には耳をふさげばいい。
き　　　　　はなし　　みみ

귀를 막다 / 들으려 하지 않다

듣기 싫은 이야기에는 귀를 막으면 된다.

1784 口数が少ない
くちかず　すく

彼女はいつもはおしゃべりなのに、今日は口数が少ない。
かのじょ　　　　　　　　　　　　　　　　きょう　くちかず　すく

말수가 적다

그녀는 평소에는 말이 많은데 오늘은 말수가 적다.

1785 口から先に生まれたよう
くち　　さき　う

妹はよくしゃべる。口から先に生まれたようだ。
いもうと　　　　　　　　くち　さき　う

말이 많은 사람을 비웃어서 하는 말

여동생은 아주 수다스럽다. 정말 말이 많다.

1786 口を挟む
くち　はさ

人の話に口を挟まないでください。
ひと　はなし　くち　はさ

말참견하다

다른 사람의 이야기에 말참견하지 마세요.

Section 2
관용구 : 몸

慣用句（かんようく）：体（からだ）

1787	頭が切れる あたま き	彼女は頭が切れる有能な社員だ。 かのじょ あたま き ゆうのう しゃいん
	머리가 명석하다	그녀는 머리가 명석한 유능한 직원이다.

1788	頭が上がらない あたま あ	部長は奥さんに頭が上がらないそうだ。 ぶちょう おく あたま あ
	대등하게 맞설 수 없다 / 고개를 들지 못하다	부장은 부인에게 대등하게 맞설 수 없다고 한다.

1789	頭を抱える あたま かか	社長は「今月も赤字だ。」と言って、頭を抱えた。 しゃちょう こんげつ あかじ い あたま かか
	머리를 싸쥐다 / 고민하다	사장님은 "이번 달도 적자다."라고 말하며 고민하셨다.

1790	頭を冷やす あたま ひ	そんなに怒らずに、少し頭を冷やした方がいい。 おこ すこ あたま ひ ほう
	머리를 식히다	그렇게 화내지 말고 조금 머리를 식히는 것이 좋다.

1791	首を突っ込む くび つ こ	彼女はすぐ人の話に首を突っ込みたがる。 かのじょ ひと はなし くび つ こ
	(필요 이상으로) 깊이 관여하다	그녀는 바로 남의 이야기에 관여하려고 한다.

1792	首を長くする くび なが	弟はクリスマスを首を長くして待っている。 おとうと くび なが ま
	애타게 기다리다	남동생이 크리스마스를 학수고대하고 있다.

1793	首をひねる くび	彼の話にみんなが首をひねっている。 かれ はなし くび
	의심스럽게 여기다	그의 말을 모두가 의심스럽게 여겼다.

➕ 首をかしげる 고개를 갸웃하다
　くび

1794	首を縦に振る くび たて ふ	交際を申し込まれたが、彼女は首を縦に振らなかった。 こうさい もう こ かのじょ くび たて ふ
	승낙하다 / 수긍하다	데이트 신청을 받았지만 그녀는 승낙하지 않았다.

↔ 首を横に振る
　くび よこ ふ

Section 2

1795	肩を並べる かた なら	やっとライバルと肩を並べることができた。
	어깨를 나란히 하다 (필적하다)	겨우 라이벌과 어깨를 나란히 할 수 있었다 .
1796	肩を持つ かた も	どんなときでも、部長は田中さんの肩を持つ。
	편들다 / 두둔하다	어떤 경우에도 부장님은 다나카 씨를 편든다 .
1797	のどから手が出る て で	このバッグがのどから手が出るほど欲しい。
	목에서 손이 나올 정도로 바라다	이 가방이 목에서 손이 나올 정도로 몹시 탐난다 .
1798	手が足りない て た	手が足りなくて、他の店から手伝いに来てもらった。
	일손이 부족하다	일손이 모자라서 다른 가게에서 도우미를 불렀다 .
1799	手が回らない て まわ	仕事が忙しくて、掃除まで手が回らない。
	손길이 닿지 않다	일이 바빠서 청소까지 손길이 닿지 않는다 .
1800	手を切る て き	昔の遊び仲間とは、もう手を切った。
	관계를 끊다	옛날 놀이 친구와 이미 관계를 끊었다 .
1801	手に余る て あま	この仕事は大変だ。私の手に余る。
	버겁다	이 일은 힘들다 . 나한테는 버거운 일이다 .
1802	手に負えない て お	子どもたちが元気すぎて、私の手に負えない。
	감당할 수 없다	아이들이 원기가 넘쳐서 감당할 수 없다 .
1803	手も足も出ない て あし で	昨日の試験は難しくて、手も足も出なかった。
	어찌할 도리가 없다 / 꼼짝달싹 못하다	어제 시험이 어려워 어찌할 도리가 없었다 .
1804	手を焼く て や	同僚に困った人がいて、みんな手を焼いている。
	애먹다	동료 중에 곤란한 사람이 있어 모두 애를 먹고 있다 .
1805	足が早い あし はや	生ものは足が早い。
	(음식이) 빨리 상하다	날것은 빨리 상한다 .

Chapter 14

1806 ☐	**足が出る** あし で	旅行でお土産を買いすぎて、足が出てしまった。 りょこう みやげ か あし で
	예산을 넘다	여행중 기념품을 너무 사서 예산을 넘어 버렸다.
1807 ☐	**足が棒になる** あし ぼう	ずっと歩きっぱなしで、足が棒になった。 ある あし ぼう
	(오래 걷거나 서 있어서) **다리가 뻣뻣해지다**	계속 걸어서 다리가 뻣뻣해졌다.
1808 ☐	**足を引っ張る** あし ひ ぱ	チームの足を引っ張らないように頑張る。 あし ひ ぱ がん ば
	발목을 잡다 **(방해하다)**	팀의 방해가 되지 않도록 열심히 한다.

Section 3

관용구 : 그 외

慣用句（かんようく）：その他（そのた）

1809	息が切れる	①少し走っただけで息が切れた。 ②そんなに頑張りすぎると、途中で息が切れるよ。
	숨차다 / 계속 할 수 없게 되다	① 조금 달린 것만으로도 숨이 찼다. ② 그렇게 너무 열심히 하면 도중에 계속 할 수 없게 돼요.

👉 ① 호흡이 어려워지다 ② 오랫동안 해 온 것을 더 이상 계속할 수 없다

1810	息が詰まる	会議で沈黙が続き、息が詰まった。
	숨이 막힐 것 같다	회의에서 침묵이 이어져 숨이 막힐 것 같았다.

1811	息が長い	彼は30年前から人気があり、息が長い俳優だ。
	오래 계속되다	그는 30년 전부터 인기가 있고 수명이 긴 배우다.

1812	息を抜く	朝から休んでいない。少し息を抜こう。
	긴장을 풀다 / 잠시 쉬다	아침부터 쉬지 않고 일했다. 조금 쉬자.

1813	息をつく	忙しすぎて、息をつく暇もない。
	한숨 돌리다 / 잠시 마음을 놓다	너무 바빠서 한숨 돌릴 틈도 없다.

➕ 息もつかずに 단숨에 / 숨쉴 틈이 없을 정도로

1814	息をのむ	この映画には息をのむようなアクションシーンが多い。
	숨 막히다	이 영화는 숨 막히는 액션 장면이 많다.

1815	気が気でない	サッカーの結果が心配で気が気でない。
	안절부절못하다	축구 결과가 걱정되어 안절부절못한다.

Chapter 14

1816	気が済む	会社の不満を友達に話したら、気が済んだ。
	마음이 홀가분해지다	회사의 불만을 친구에게 이야기했더니 마음이 홀가분해졌다.
1817	馬が合う	彼女とは何となく馬が合う。
	서로 마음이 맞다	그녀와는 왠지 마음이 맞는다.
1818	うなぎ登り	会社の売り上げはうなぎ登りだ。
	급격한 상승	회사의 매출은 급격히 상승했다.
1819	猫に小判	そんな高価な物を彼女に贈っても猫に小判だ。
	돼지에게 진주	그런 비싼 물건을 그녀에게 선물해도 돼지에게 진주다.

■ 豚に真珠

1820	猫をかぶる	彼女は男性の前ではいつも猫をかぶっている。
	시침을 떼다 / 얌전한 체하다	그녀는 남자 앞에서는 항상 얌전한 체한다.
1821	猫の手も借りたい	最近、猫の手も借りたいほど忙しい。
	고양이의 손도 빌리고 싶을 정도	최근 고양이의 손도 빌리고 싶을 정도로 바쁘다.
1822	猿も木から落ちる	彼が失敗するなんて。猿も木から落ちるとはこのことだ。
	원숭이도 나무에서 떨어진다	그가 실패하다니. 원숭이도 나무에서 떨어진다더니 이런 것이다.
1823	犬猿の仲	あの二人は犬猿の仲なので、別のチームにした方がいい。
	견원지간 (서로 사이가 나쁜 두사람)	그 둘은 견원지간이기 때문에 다른 팀으로 하는 것이 좋다.

✚ 水と油 물과 기름

Section 3

1824	一長一短（いっちょういったん）	AもBも完璧とは言えない。一長一短だ。
	일장일단 (장점도 있고 단점도 있음)	A도 B도 완벽하다고는 말할 수 없다. 일장일단이다.
1825	一石二鳥（いっせきにちょう）	アルバイトはお金も経験も得られる。一石二鳥だ。
	일석이조 (한 가지 일로써 두 가지의 이익을 얻음)	아르바이트는 돈도 경험도 얻을 수 있다. 일석이조다.

이것도 외우자! ㉓

알파벳 약어① アルファベットの略語（りゃくご）①

ASEAN（アセアン）		（아세안）
	東南アジア諸国連合（とうなんアジアしょこくれんごう）	동남아시아 국가 연합
CEO	経営最高責任者（けいえいさいこうせきにんしゃ）	경영 최고 책임자
FEZ	自由経済区（じゆうけいざいく）	자유 경제 구역
FIFA	国際サッカー連盟（こくさいサッカーれんめい）	국제 축구 연맹
GDP	国内総生産（こくないそうせいさん）	국내 총생산
GNP	国民総生産（こくみんそうせいさん）	국민 총생산
IMF	国際通貨基金（こくさいつうかききん）	국제 통화 기금
IOC	国際オリンピック委員会（こくさいオリンピックいいんかい）	국제 올림픽위원회
JOC	日本オリンピック委員会（にほんオリンピックいいんかい）	일본 올림픽위원회
LED	発光ダイオード（はっこうダイオード）	발광 다이오드
MBA	経営管理学修士（けいえいかんりがくしゅうし）	경영관리 석사
NATO（ナトー）		（나토）
	北大西洋条約機構（きたたいせいようじょうやくきこう）	북대서양 조약기구

Section 4
여러 가지 의미가 있는 단어 ①

いろいろな意味を持つ言葉（いろいろないみをもつことば）①

1826 明るい (あか)
① この部屋は日当たりがよく、とても明るい。
② 彼女は明るい性格で、みんなを楽しませる。
③ 彼は世界経済にとても明るい。

イ형
① 밝다
② 밝다
③ 밝다

① 이 방은 햇볕이 잘 들어서 아주 밝다.
② 그녀는 밝은 성격으로 모두를 즐겁게 한다.
③ 그는 세계 경제에 매우 밝다.

↔ 暗い(くら)

👉 ① 빛이 충분한 비치다 ② 쾌활하다 ③ 잘 알고 있다

1827 甘い (あま)
① また甘い物を食べすぎてしまった。
② 父は妹に甘い。
③ 彼は社会人として考えが甘い。

イ형
① 달다
② 엄하지 않다
③ 안이하다

① 또 단 것을 과식해 버렸다.
② 아버지는 여동생에게 엄하지 않다.
③ 그는 사회인으로서의 생각이 안이하다.

➕ 甘く見る(あま み) 쉽게 생각하다 / 얕잡아 보다 · (考え(かんが)などが)青い(あお) (생각이) 깊지 않다

👉 ① 설탕 등의 단맛 ② 태도가 부드럽다 ③ 불충분하다

1828 かたい
① このパンはずいぶん固い。
② 日本に留学したいという弟の決心は固い。
③ この小説は文章が硬い。

イ형
① 딱딱하다
② 굳다
③ 딱딱하다

① 이 빵은 상당히 딱딱하다.
② 일본에 유학하고 싶다는 남동생의 결심은 굳다.
③ 이 소설은 문장이 딱딱하다.

👉 ① 형태가 쉽게 변하지 않는다 ② 간단히 변하지 않는다 ③ 인상이 부드럽지 않다

1829 まずい
① あの店の料理はまずい。
② 親友とけんかして、まずい状態のままだ。
③ まずい。彼との約束を忘れてた。

イ형
① 맛없다
② 어색하다
③ 난처하다

① 그 가게의 요리는 맛이 없다.
② 친구와 싸워서 어색한 상태다.
③ 난처하다. 그와의 약속을 잊었다.

👉 ① 맛이 없다 ② 상황이 좋지 않다 ③ 실수를 범하다

Section 4

1830 強い
つよ

① 英語は<u>強い</u>が、数学は弱い。
② 外は<u>強い</u>風が吹いている。
③ この建物は地震に<u>強い</u>。

イ형
① 강하다
② 강하다
③ 강하다

① 영어는 강하지만 수학은 약하다.
② 밖에는 강한 바람이 불고 있다.
③ 이 건물은 지진에 강하다.

👍 ① 능력이 있다 ② 추진력이 있다 ③ 인내심이 있다   ↔ 弱い よわ

1831 重い
おも

① <u>重い</u>荷物を運ぶ。
② 午後から会議だと思うと、気が<u>重い</u>。
③ 彼は口が<u>重く</u>、なかなか本音を言わない。
④ 兄が<u>重い</u>病気になってしまった。

イ형
① 무겁다
② 무겁다
③ 무겁다
④ 심각하다

① 무거운 짐을 나른다.
② 오후에 회의라고 생각하니 마음이 무겁다.
③ 그는 입이 무거워서 좀처럼 본심을 말하지 않는다.
④ 형이 중병에 걸렸다.

👍 ① 많은 힘이 필요하다 ② 마음에 부담이 있다 ③ 과묵하다 ④ 심각하다

1832 波
なみ

① 今日の海は<u>波</u>が高い。
② 私は成績に<u>波</u>がある。
③ 時代の<u>波</u>にうまく乗る。

명
① 파도
② 기복
③ 흐름

① 오늘 바다는 파도가 높다.
② 나는 성적에 기복이 있다.
③ 시대의 흐름을 잘 탄다.

👍 ① 바람에 수면이 변화한다 ② 기복이 있다 ③ 흐름, 움직임

1833 根
ね

① 土の中で野菜の<u>根</u>が広がる。
② 社会の悪の<u>根</u>を断つ。
③ 妹は<u>根</u>が素直だ。

명
① 뿌리
② 근원
③ 심성

① 흙 속에서 채소의 뿌리가 뻗어나가고 있다.
② 사회악의 근원을 자르다.
③ 여동생은 심성이 순수하다.

👍 ① 식물의 땅 쪽으로 뻗어 있는 부분 ② 원인 ③ 타고난 특성

Chapter 14

1834 筋(すじ)

① この牛肉は筋が多い。
② 彼の話は筋が通っていない。
③ 初めてにしては、筋がいい。

명 ① 근육 / 힘줄
② 일리
③ 소질

① 이 쇠고기는 힘줄이 많다.
② 그의 말은 일관성이 없다.
③ 처음치고는 소질이 있다.

👉 ① 근육 속의 섬유 ② 이야기의 일관성 ③ 소질

1835 ポイント

① 話のポイントを把握する。
② また相手にポイントが入った。
③ ここが登山の休憩ポイントだ。
④ 財布の中にポイントカードが10枚以上入っている。

명 ① 요점
② 점수
③ 장소
④ 포인트

① 이야기의 요점을 파악한다.
② 또 상대에게 점수가 들어갔다.
③ 여기가 등산의 휴식 장소다.
④ 지갑에 포인트 카드가 10장 이상 들어 있다.

👉 ① 요령 ② 점수 ③ 장소 ④ 모으는 포인트

1836 道(みち)

① この道をまっすぐ行くと駅だ。
② 成功までの道は長かった。
③ 彼は人の道を外れている。
④ 先生はその道の大家だ。

명 ① 길
② 길
③ 도리
④ 분야

① 이 길을 곧장 가면 역이다.
② 성공하기까지의 길이 멀었다.
③ 그는 인간의 도리에 어긋나 있다.
④ 선생님은 그 분야의 대가다.

👉 ① 통과하는 장소 ② 거리 ③ 사람으로서의 삶, 도리 ④ 영역, 분야

1837 さっぱり〈する〉

① シャワーを浴びてさっぱりした。
② 晩ごはんはさっぱりした物が食べたい。
③ 彼は細かいことにこだわらない、さっぱりした性格だ。

부 ① 상쾌하다
② 산뜻한 맛
③ 깔끔하다

① 샤워를 하니 상쾌했다.
② 저녁밥은 산뜻한 것이 먹고 싶다.
③ 그는 세세한 것에 구애받지 않는 깔끔한 성격이다.

👉 ① 기분이 좋다 ② 맛이 진하지 않다 ③ 구애받지 않고 사귀기 쉽다. "さっぱり~ない"는 "전혀 ~ 하지 않다"를 의미한다.

Section 4

이것도 외우자! ㉔

알파벳 약어② アルファベットの略語②

NGO	非政府組織	비정부조직
NPO	非営利組織	비영리조직
OECD	経済協力開発機構	경제협력개발기구
WHO	世界保健機構	세계보건기구
WB	世界銀行	세계은행
UFO	未確認飛行物体	미확인 비행물체
	＊일본어는 "ユーフォー"로 발음한다	
ODA	(日本の) 政府開発援助	(일본) 정부개발원조
PKO	国連平和維持活動	유엔 평화유지활동

Section 4
여러 가지 의미가 있는 단어②

いろいろな意味を持つ言葉（いろいろないみをもつことば）②

1838 起(お)こす
① 毎朝7時に子どもを起こす。
② 知り合いが交通事故を起こした。
③ 弟もやっとやる気を起こした。
④ 社会のために行動を起こそう。

동
① 깨우다
② 일으키다
③ 일으키다
④ 시작하다

① 매일 아침 7시에 아이를 깨운다.
② 아는 사람이 교통 사고를 일으켰다.
③ 남동생도 겨우 의욕을 일으켰다.
④ 사회를 위해 행동을 시작하자.

👉 ① 잠깨우다 ② 나쁜 상황을 일으키다 ③ 의욕을 일으키다 ④ 시작하다

1839 寝(ね)かす
① 赤ちゃんを寝かす。
② ビール瓶を寝かす。
③ イベントの企画をしばらく寝かす。

동
① 잠을 재우다
② 옆으로 하다
③ 덮어두다

① 아기를 재우다.
② 맥주병을 옆으로 눕히다.
③ 이벤트 기획을 잠시 덮어두다.

= 寝(ね)かせる

👉 ① 잠을 재우다 ② 서있는 것을 눕히다 ③ 그대로 놓아 두다

1840 受(う)ける
① 講演の後で質問を受ける。
② 父に影響を受けて医者になった。
③ 来月、入試を受ける。
④ 若者の間でこの映画が受けている。

동
① 받다
② 받다
③ 응한다
④ 얻다

① 강연 후에 질문을 받는다.
② 아버지에게 영향을 받아 의사가 되었다.
③ 다음달 입시를 본다.
④ 젊은이들 사이에서 이 영화가 호응을 받고 있다.

👉 ① 질문에 대답하다 ② 다른 사람에게 영향을 받다 ③ 뭔가에 응한다 ④ 호평을 얻다

Section 5

1841 滑る すべる

① このスキー場で滑るのは初めてだ。
② 雪の道で滑ってしまった。
③ 手が滑って料理を落とした。
④ 口が滑って本音を言ってしまった。

동 ① (스키 등을) 타다
② 미끄러지다
③ 미끄러지다
④ (입을) 잘못 놀리다

① 이 스키장에서 타는 것은 처음이다.
② 눈 길에서 미끄러져 버렸다.
③ 손이 미끄러져 요리를 떨어 뜨렸다.
④ 입을 잘못 놀려 본심을 말해 버렸다.

👉 ① 부드럽게 움직이다 ② 발판의 균형을 잃다 ③ 유지하려고 했지만 떨어뜨렸다 ④ 기세를 멈출 수 없다

1842 切れる きれる

① 紙で指が切れた。
② やっと彼との縁が切れた。
③ 牛乳が切れた。買ってこなくちゃ。

동 ① 베이다
② 끊어지다
③ 전부 사용하다

① 종이에 손가락을 베었다.
② 겨우 그와의 인연을 끊었다.
③ 우유가 떨어졌다. 사 와야지.

👉 ① 잘려서 다치다 ② 계속된 것이 끊어지다 ③ 사용하던 것이 다 떨어지다

1843 はまる

① 彼のメッセージは現代社会にはまっている。
② このドラマにはまる若者が後を絶たない。
③ 詐欺師のわなにはまってしまった。
④ 父の型にはまった考え方に賛成できない。

동 ① 들어맞다
② 열중하다
③ (속임을) 당하다
④ (틀에) 박히다

① 그의 메시지는 현대 사회에 들어맞는다.
② 이 드라마에 빠지는 젊은이들이 끊이지 않는다.
③ 사기꾼의 함정에 빠져 버렸다.
④ 아버지의 틀에 박힌 사고 방식에 찬성할 수 없다.

👉 ① 이와 이가 맞물리다 ② 열중하다 ③ 속임을 당하다 ④ 틀에 꼭 맞다

Chapter 14

1844 迫る (せま)

① レポートの締め切りが迫っている。
② バスは都会から離れ、だんだん山が迫ってきた。
③ 自治体にルールの改善を迫る。
④ 知り合いに交際を迫られた。

동
① 가까워지다
② 가까워지다
③ 요구하다
④ 강요하다

① 보고서 마감일이 다가오고 있다.
② 버스는 도시에서 벗어나 점점 산이 가까워졌다.
③ 지방자치체에 규칙 개선을 요구한다.
④ 아는 사람이 나에게 교제를 강요했다.

👉 ① 때가 되다 ② 거리가 가까워지다 ③ 강하게 요구하다 ④ 강요하다

1845 通る (とお)

① 来年、ここに新しい電車が通る。
② 駅前を通ってスポーツジムに行く。
③ やっと試験に通った。
④ 会議で自分の企画が通った。

동
① 통과하다
② 지나다
③ 합격하다
④ 인정받다

① 내년에 여기에 새로운 전철이 지나간다.
② 역 앞을 지나서 헬스클럽에 간다.
③ 겨우 시험에 합격했다.
④ 회의에서 내 기획이 통과됐다.

👉 ① 장소를 이동하다 ② 통과하다 ③ 합격 ④ 인정받다

1846 飛ぶ (と)

① 鳥のように空を飛びたい。
② 社員が海外で事件に巻き込まれ、社長自ら現地に飛んだ。
③ 政治家に関するデマが飛んでいる。
④ あの人はよく話が飛ぶ。

동
① 날다
② 급히 가다
③ 퍼지다
④ 건너 뛰다

① 새처럼 하늘을 날고 싶다.
② 직원이 해외에서 사건에 휘말려 사장이 몸소 현지로 날아갔다.
③ 정치에 관한 루머가 퍼지고 있다.
④ 그 사람은 자주 이야기가 갈팡질팡한다.

👉 ① 하늘을 이동한다 ② 급히 달려가다 ③ 정보가 퍼지다 ④ 순번대로 가지 않고 건너 뛰다

Section 5

1847 抜く ぬく

① 庭の草を抜く。
② 風呂の水を抜く。
③ ダイエットで晩ご飯を抜いた。
④ マラソンで前の選手を10人も抜いた。

동
① 뽑다
② 빼다
③ 거르다
④ 제치다

① 정원의 풀을 뽑는다.
② 목욕물을 뺀다.
③ 다이어트를 위해 저녁밥을 걸렀다.
④ 마라톤에서 앞 선수를 10 명이나 제쳤다.

👉 ① 당겨 꺼내다 ② 뽑아 빼다 ③ 하지 않다 ④ 추월하다

1848 乗る のる

① 椅子に乗って掃除する。
② 出張で新幹線に乗った。
③ 友達の相談に乗った。
④ 彼は最近、調子に乗りすぎだ。

동
① 오르다
② 승차하다
③ 응하다
④ 우쭐해지다

① 의자에 올라서서 청소한다.
② 출장으로 신칸센을 탔다.
③ 친구의 상담에 응했다.
④ 그는 최근 너무 우쭐해 한다.

👉 ① 올라가다 ② 승차 ③ 상대에 맞춰 응하다 ④ 과신하다

1849 弾む はずむ

① このベッドはよく弾む。
② 幼なじみと会話が弾んだ。
③ 階段を上っただけで息が弾む。
④ お金を弾むので、仕事を手伝ってほしい。

동
① 튀다
② 활기를 띠다
③ 숨이 차다
④ 듬뿍 주다

① 이 침대는 탄력이 좋다.
② 소꿉 친구와 대화가 활기를 띠었다.
③ 계단을 오른 것만으로 숨이 헐떡거린다.
④ 돈을 듬뿍 줄테니 일을 도와 주길 바란다.

👉 ① 탄력이 있다 ② 분위기가 즐겁다 ③ 호흡이 무겁다 ④ 큰돈을 내다

Chapter 14

1850 控える (ひかえる)

① 健康のために、お酒を控えている。
② 面接を控えて緊張している。
③ 先生の話をノートに控える。

동
① 자제하다
② 앞두다
③ 기록하다

① 건강을 위해 술을 자제하고 있다.
② 면접을 앞두고 긴장하고 있다.
③ 선생님의 이야기를 노트에 적는다.

👉 ① 최소화한다 ② 순서 등을 기다리다 ③ 기재하다

1851 引く (ひく)

① 長いひもを引く。
② 泣いて人の同情を引く。
③ 辞書を引く。
④ くじを引く。
⑤ 値段から1,000円引く。
⑥ フライパンに油を引く。
⑦ 政治家の血を引く。

동
① 당기다
② 주의를 끌다
③ 조사하다
④ 뽑다
⑤ 할인하다
⑥ 전체에 바르다
⑦ 이어가다

① 긴 끈을 당기다.
② 울어서 다른 사람의 동정을 끈다.
③ 사전을 찾아본다.
④ 복권을 뽑는다.
⑤ 정가에서 1,000엔을 뺀다.
⑥ 프라이팬에 기름을 바르다.
⑦ 정치인의 피를 이어받다.

👉 ① 자기 쪽으로 당기다 ② 관심과 주의를 끌다 ③ 조사하다 ④ 뽑다 ⑤ 감소 ⑥ 전면에 바르다 ⑦ 계승하다

1852 回す (まわす)

① 暑いので、扇風機を回した。
② バイト代を学費に回す。
③ これを読んだら、次の人に回してください。
④ 宿題は後に回してゲームをしよう。

동
① 돌리다
② 다른 용도로 쓰다
③ 다음으로 넘기다
④ 뒤로 미루다

① 덥기 때문에 선풍기를 돌렸다.
② 아르바이트해서 받은 돈을 학비에 쓴다.
③ 이것을 읽으면 다음 사람에게 건네 주십시오.
④ 숙제는 뒤로 미루고 게임을 하자.

👉 ① 원형을 그리듯 돌리다 ② 다른 곳으로 이동시키다 ③ 순서를 다음으로 하다 ④ 뒷전으로 하다

Section 5

이것도 외우자! ㉕

 속담　ことわざ

後の祭り	행차 뒤의 나팔 (시기를 놓침)
雨降って地固まる	비 온 뒤에 땅이 굳어진다 (어떤 시련을 겪은 뒤에 더 강해짐)
石の上にも三年	차가운 돌 위에도 3 년 (비록 어렵더라도 참고 견디면 반드시 성공함)
急がば回れ	급할수록 돌아 가라 (빨리 가려면 위험한 지름길보다 멀더라도 안전한 길로 가는 것이 낫다 .)
うそも方便	거짓말도 방편 (목적을 달성하기 위한 수단으로서 때로는 거짓말을 할 필요가 있다)
馬の耳に念仏	마이동풍 (남의 의견이나 충고를 귀담아 듣지 않고 흘러 버림)
鬼に金棒	범에 날개
五十歩百歩	오십보 백보 (약간의 차이가 있지만 본질적으로는 같다)
猿も木から落ちる	원숭이도 나무에서 떨어진다
自画自賛	자화자찬
自業自得	자업자득
知らぬが仏	모르는게 약
住めば都	정들면 고향
善は急げ	쇠뿔은 단김에 빼라
宝の持ち腐れ	훌륭한 재능을 가지고 있으면서도 활용하지 못하고 썩인다 .
ちりも積もれば山となる	티끌 모아 태산
出る杭は打たれる	모난 돌이 정 맞는다
時は金なり	시간은 돈이다

Chapter 14

七転び八起き _{なな ころ や お}	칠전팔기
寝耳に水 _{ね みみ みず}	아닌 밤중에 홍두깨
早起きは三文の徳 _{はや お さんもん とく}	아침 일찍 일어나면 무엇이든 이익이 있다
類は友を呼ぶ _{るい とも よ}	유유상종 / 끼리끼리 모이다
良薬は口に苦し _{りょうやく くち にが}	몸에 좋은 약은 입에 쓰다 (좋은 충고는 받아들이기 어렵지만 받아들이면 좋은 결과로 이어진다는 뜻)
笑う門には福来る _{わら かど ふくきた}	웃으면 복이 온다

50음 단어 색인

가나 읽기	단어	단어 No.
あ		
あいかわらず	相変わらず	1174
あいけん	愛犬	237
あいけんか	愛犬家	237
[お]あいこ	[お]あいこ	56
あいづちをうつ	相づちを打つ	150
アイデンティティー	アイデンティティー	1464
あいのこくはく	愛の告白	95
あいはんする	相反する	1205
あいびょう	愛猫	237
あいまいな	曖昧な	1500
アウトライン	アウトライン	523
あえて	あえて	52
あおあざ	青あざ	855
(かんがえなどが)あおい	(考えなどが)青い	1827
あおぐ	仰ぐ	633
あおむけ	あお向け	887
あおものいちば	青物市場	1738
あがく	あがく	1425
あかし	証し	1239
あかす	明かす	1493
あかのたにん	赤の他人	151
アカハラ	アカハラ	647
あからめる	赤らめる	92
あかり	明かり	678
あかるい	明るい	1826
あくい	悪意	68
あくえいきょう	悪影響	769
あくしつな	悪質な	1420
あくどい	あくどい	1420
あげくのはて[に]	あげくの果て[に]	1437
あける	明ける	1493
あざ	あざ	855
あさましい	浅ましい	1421
あざむく	欺く	1507
あさゆう	朝夕	256
あしがでる	足が出る	1806
あしがはやい	足が早い	1805
あしがぼうになる	足が棒になる	1807
あしどり	足取り	788
あしをひっぱる	足を引っ張る	1808
あぜんと〈する〉	あぜんと〈する〉	967
あたいする	値する	190
あたたかみ	温み	10
あたふた〈する〉	あたふた〈する〉	307
あたまうち	頭打ち	1535
あたまがあがらない	頭が上がらない	1788
あたまがきれる	頭が切れる	1787
あたまをかかえる	頭を抱える	1789
あたまをひやす	頭を冷やす	1790
あっかん	圧巻	1050
あつくるしい	暑苦しい	1256
あっけない	あっけない	1382
あっさり[と]〈する〉	あっさり[と]〈する〉	480
あっしゅく〈する〉	圧縮〈する〉	313
あっしゅくぶくろ	圧縮袋	313
あっせん〈する〉	あっせん〈する〉	545
あっとう〈する〉	圧倒〈する〉	947
あっぱく〈する〉	圧迫〈する〉	871
アップ〈する〉	アップ〈する〉	497
～あての	～宛ての	665
あてる	宛てる	665
あとあと	あとあと	923
あとおし〈する〉	後押し〈する〉	668
アドバイス〈する〉	アドバイス〈する〉	374
あとばらい〈する〉	後払い〈する〉	1114
アトピー	アトピー	879
あとまわし	後回し	431
アトラクション	アトラクション	1377
あとをたたない	後を絶たない	1413
あながち[～ない]	あながち[～ない]	576
あなば	穴場	1107
アニメたいこく	アニメ大国	1161
アフターケア	アフターケア	209

アフターサービス	アフターサービス	209
あべこべな	あべこべな	454
あまい	甘い	1827
あまくち〈な〉	甘口〈な〉	211
あまくみる	甘く見る	1827
あまぐも	雨雲	1244
あまとう	甘党	213
あみもの	編み物	1007
あむ	編む	1007
あやうい	危うい	1233
あやつる	操る	1523
あやぶむ	危ぶむ	1232
あやふやな	あやふやな	1650
あやまち	過ち	1511
あやまり	誤り	461
あゆみ	歩み	788
あゆむ	歩む	788
あらかじめ	あらかじめ	1110
あらす	荒らす	1289
あらたまる	改まる	1215
あらためる	改める	1215
あらっぽい	荒っぽい	1565
ありありと	ありありと	1679
ありさま	有り様	1290
アルコールちゅうどく	アルコール中毒	884
アルツハイマー	アルツハイマー	881
あわい	淡い	994
あわや	あわや	1399
あんき〈する〉	暗記〈する〉	427
あんじ〈する〉	暗示〈する〉	1479
あんしょう〈する〉	暗唱〈する〉	427
あんじる	案じる	1475
あんせい	安静	896
あんてん〈する〉	暗転〈する〉	1516
あんのじょう	案の定	457
あんみんぼうがい〈する〉	安眠妨害〈する〉	1398

い

いいかえす	言い返す	24
いいつける	言いつける	132
いいはる	言い張る	25
いいぶん	言い分	1314
いえで〈する〉	家出〈する〉	22
いえなみ	家並み	673
いかす	生かす	650
いかなる	いかなる	1331
いかにも	いかにも	29
いかり	怒り	140
いかりしんとう	怒り心頭	140
いかる	怒る	140
いかん〈な〉	遺憾〈な〉	1508
いぎ	異議	1210
いき〈な〉	粋〈な〉	982
いきがきれる	息が切れる	1809
いきがつまる	息が詰まる	1810
いきがながい	息が長い	1811
いきぐるしい	息苦しい	642
いきごみ	意気込み	949
いきごむ	意気込む	949
いきさつ	いきさつ	1311
いきちがい	行き違い	133
いきづまる	行き詰まる	1447
いきどおり	憤り	1404
いきどおる	憤る	1404
いきもつかずに	息もつかずに	1813
いきようよう[と]	意気揚々[と]	1583
いきわたる	行き渡る	1463
いきをつく	息をつく	1813
いきをぬく	息を抜く	1812
いきをのむ	息をのむ	1814
いくせい〈する〉	育成〈する〉	970
いご	囲碁	1030
いこい	憩い	354
いこう	憩う	354
いこう	意向	1491
いこう〈する〉	移行〈する〉	1179
いこく	異国	1139
いこくじょうちょ	異国情緒	1139
いさぎよい	潔い	1550
いささか	いささか	1691
いざしらず	いざ知らず	577
いざというとき	いざというとき	1287
いさん	遺産	36
いさんそうぞく〈する〉	遺産相続〈する〉	36
いじ	意地	143

いじ〈する〉	維持〈する〉	915
いしきかじょう〈な〉	意識過剰〈な〉	936
いしきふめい	意識不明	843
いじっぱり〈な〉	意地っ張り〈な〉	1560
いじゅう〈する〉	移住〈する〉	1157
いじょう	異状	1400
いじょうな	異常な	812
いじる	いじる	79
いずれ	いずれ	487
いずれにしても	いずれにしても	1705
いずれにせよ	いずれにせよ	1705
いせい	異性	84
いぜんとして	依然として	1174
いそいそと	いそいそと	1580
いぞん〈する〉	依存〈する〉	817
いぞんしょう	依存症	817
いた	板	391
いたずらに	いたずらに	851
いたって	至って	792
いたましい	痛ましい	1403
いたる	至る	1240
いたるところ	至るところ	1333
いたれりつくせり	至れり尽くせり	1632
いたわる	いたわる	33
いちえん	一円	1297
いちがいに[〜ない]	一概に[〜ない]	518
いちかばちか	一か八か	659
いちからじゅうまで	一から十まで	620
いちごいちえ	一期一会	1023
いちじるしい	著しい	1170
いちだんらく〈する〉	一段落〈する〉	360
いちだんらくつく	一段落つく	360
いちどう	一同	124
いちにちおき	一日おき	271
いちば	市場	1738
いちぶしじゅう	一部始終	1722
いちめん	一面	1340
いちもくおく	一目置く	624
いちやく	一躍	973
いちような	一様な	1188
いちりつ〈な〉	一律〈な〉	188
いちりつりょうきん	一律料金	188
いちれん	一連	1426
いっかだんらん	一家団らん	1577
いっかつ〈する〉	一括〈する〉	197
いっきょに	一挙に	948
いっけん〈する〉	一見〈する〉	63
いつざい	逸材	546
いっしゅうおき	一週おき	270
いっしん	一心	425
いっしん〈する〉	一新〈する〉	388
いっしんふらん	一心不乱	425
いっせきにちょう	一石二鳥	1825
いっそ	いっそ	1156
いったい	一帯	1297
いっち〈する〉	一致〈する〉	1407
いっちょういったん	一長一短	1824
いっときも	一時も	101
いっぱんこうかい〈する〉	一般公開〈する〉	1073
いど	井戸	794
いど	緯度	1127
いとぐち	糸口	1444
いとしい	愛しい	15
いとなむ	営む	562
いどばたかいぎ	井戸端会議	794
いどむ	挑む	940
いへん	異変	1284
いまどき	今どき	990
いまわしい	忌まわしい	1066
いやいや	いやいや	613
いやがらせ〈する〉	嫌がらせ〈する〉	131
いやく〈する〉	意訳〈する〉	1058
いやし	癒し	1019
いやしい	卑しい	1642
いやす	癒す	1019
いやに	いやに	1702
いやらしい	いやらしい	1641
いよく	意欲	524
いろけ	色気	69
いろん	異論	1210
いわく	いわく	1060
いんきくさい	陰気くさい	1572
いんきな	陰気な	1572
インパクト	インパクト	996

インフラ	インフラ	682
インフレたいさく	インフレ対策	1522

う

うえ	飢え	1189
うえき	植木	1011
ウエスト	ウエスト	803
うえる	飢える	1189
うおいちば	魚市場	1738
うおうさおう〈する〉	右往左往〈する〉	1143
うかうか[と]〈する〉	うかうか[と]〈する〉	1115
うきうき〈する〉	うきうき〈する〉	1581
うけたまわる	承る	590
うけつぐ	受け継ぐ	35
うけとめる	受け止める	96
うけもつ	受け持つ	594
うける	受ける	1840
うち	うち	690
うちあげ	打ち上げ	614
うちあけばなし	打ち明け話	40
うちあける	打ち明ける	40
うちきな	内気な	1549
うちきり	打ち切り	1224
うちきる	打ち切る	1224
うちこむ	打ち込む	583
うちとける	打ち解ける	67
うちょうてんな	有頂天な	104
うちわけ	内訳	162
うっすら[と]	うっすら[と]	842
うっとうしい	うっとうしい	1592
うつびょう	うつ病	880
うつぶせ	うつぶせ	887
うで	腕	342
うでまえ	腕前	342
うながす	促す	629
うなぎのぼり	うなぎ登り	1818
うばいあう	奪い合う	1204
うまがあう	馬が合う	1817
うまる	埋まる	387
うまれかわり	生まれ変わり	929
うまれかわる	生まれ変わる	929
うまれつき	生まれつき	926
うまれながら	生まれながら	926
うめたてち	埋め立て地	683
うめたてる	埋め立てる	683
うめる	埋める	387
うもれる	埋もれる	387
うやむやな	うやむやな	1500
うらがえし	裏返し	1001
うらがえす	裏返す	1001
うらむ	恨む	1602
うりて	売り手	551
うるおい	潤い	914
うるおう	潤う	914
うるむ	潤む	125
うわき〈する〉	浮気〈する〉	111
うわのそら	上の空	612
うわまわる	上回る	762
うわむき	上向き	568
うわむく	上向く	568
うんと	うんと	347
うんめい	運命	97
うんよう〈する〉	運用〈する〉	1530

え

えいがマニア	映画マニア	1041
えいかん	栄冠	975
えいきゅうついほう〈する〉	永久追放〈する〉	698
えいこう	栄光	975
えいじゅう〈する〉	永住〈する〉	1157
えいじゅうけん	永住権	1157
えいせい	衛生	825
えいせいてきな	衛生的な	825
えいせいほうそう	衛星放送	1078
えきたい	液体	1315
エッセイ	エッセイ	1035
エッセイスト	エッセイスト	1035
エリート	エリート	560
エリートいしき	エリート意識	560
エリートしゃいん	エリート社員	560
えん	縁	62
えんえん[と]	延々[と]	744
えんかつな	円滑な	129
えんきょくな	婉曲な	1751
えんげい	園芸	1010
えんこ	縁故	658

えんせん	沿線	724
えんだん	縁談	119
えんまんたいしゃ	円満退社	667
えんまんな	円満な	667
えんむすび	縁結び	62

お

お	尾	238
[お]あいこ	[お]あいこ	56
[お]しまい	[お]しまい	1070
[お]そろい	[お]揃い	105
[お]もてなし	[お]もてなし	1135
おい	老い	823
おいこむ	追い込む	1213
おいつめる	追い詰める	1446
おいる	老いる	823
おう	負う	584
おうきゅう	応急	885
おうきゅうしょち	応急処置	885
おうとつ	凹凸	1348
おうへいな	横柄な	1567
おおかた	おおかた	721
おおかれすくなかれ	多かれ少なかれ	578
おおはばな	大幅な	719
おおまかな	大まかな	722
おおむね	おおむね	550
おおめにみる	大目に見る	627
おおや	大家	1737
おおよそ	おおよそ	301
おおらかな	大らかな	1542
オーロラ	オーロラ	1148
おかす	冒す	1723
おかす	侵す	1724
おかす	犯す	1725
おかまいなく	お構いなく	153
おがむ	拝む	243
おくない	屋内	964
おくらす	遅らす	691
おくらせる	遅らせる	691
おこす	起こす	1838
おごそかな	厳かな	123
おこたる	怠る	245
おさえる	抑える	1518
おさえる	押さえる	1717
おさえる	抑える	1718
おしえ	教え	617
おしかける	押しかける	1093
おしきる	押し切る	1502
おしむ	惜しむ	1098
おしよせる	押し寄せる	1092
おせっかい〈な〉	おせっかい〈な〉	1563
おそう	襲う	1285
おそかれはやかれ	遅かれ早かれ	579
おそれいる	恐れ入る	632
オゾンそう	オゾン層	1306
おだてる	おだてる	645
おちいる	陥る	1517
おちおち[〜ない]	おちおち[〜ない]	1155
おっかない	おっかない	1571
おっくうな	おっくうな	317
おっちょこちょい〈な〉	おっちょこちょい〈な〉	1562
おてあげ	お手上げ	960
おどおど〈する〉	おどおど〈する〉	1610
おどし	脅し	1414
おどす	脅す	1414
おとる	劣る	835
おとろえる	衰える	832
おないどし	同い年	42
おねだり〈する〉	おねだり〈する〉	17
おのずから	自ずから	421
おのずと	自ずと	421
おびえる	おびえる	1234
おびただしい	おびただしい	1173
おびる	帯びる	927
オファー〈する〉	オファー〈する〉	604
おふくろ	おふくろ	5
おふくろのあじ	おふくろの味	5
オプショナルツアー	オプショナルツアー	1117
オプション	オプション	1117
おもい	重い	1831
おもいやり	思いやり	65
おもてむき	表向き	1454
おもむき	趣	687
おもむろに	おもむろに	83
おもわく	思惑	1499

306

おもわくどおり	思惑通り	1499
おもんじる	重んじる	397
おやじ	おやじ	6
およぶ	及ぶ	1468
おりかえす	折り返す	1003
おる	織る	1008
おろそかな	おろそかな	418
おんし	恩師	416
おんしつこうかガス	温室効果ガス	1307
おんしんふつう	音信不通	747

か

ガーゼ	ガーゼ	907
ガーデニング	ガーデニング	1010
かいいんとくてん	会員特典	1113
がいか	外貨	1532
かいがいしじょう	海外市場	1739
がいかん	外観	274
かいきげんしょう	怪奇現象	1361
かいきゅう	階級	1118
かいけん〈する〉	会見〈する〉	1490
かいこ〈する〉	解雇〈する〉	671
かいこむ	買い込む	185
かいさい〈する〉	開催〈する〉	1025
がいしけいきぎょう	外資系企業	554
かいしゅう〈する〉	回収〈する〉	709
がいしゅつ〈する〉	外出〈する〉	364
がいする	害する	848
かいせい〈する〉	改正〈する〉	732
かいそう〈する〉	改装〈する〉	282
かいそう〈する〉	回送〈する〉	731
かいそうしゃ	回送車	731
かいぞくばん	海賊版	1071
かいちく〈する〉	改築〈する〉	282
かいちょう〈な〉	快調〈な〉	565
かいて	買い手	551
かいてい〈する〉	改定〈する〉	732
がいとう	街灯	678
かいとう〈する〉	回答〈する〉	711
がいとう〈する〉	該当〈する〉	707
がいとうしゃ	該当者	707
かいにゅう〈する〉	介入〈する〉	1221
かいふう〈する〉	開封〈する〉	544
かいめい〈する〉	解明〈する〉	1406
がいよう	概要	523
かいりょう〈する〉	改良〈する〉	758
かえりみる	省みる	28
かおからひがでる	顔から火が出る	1765
かおつき	顔つき	953
かおをたてる	顔を立てる	1766
かかげる	掲げる	398
かきまわす	かき回す	341
かぎょう	家業	663
かぎりない	限りない	1335
かく	欠く	82
かくう	架空	1065
かくげつ	隔月	269
かくさ	格差	1457
かくさしゃかい	格差社会	1457
かくしき	格式	787
かくじつ	隔日	271
かくしゅう	隔週	270
かくしん	核心	1212
かくしんてきな	革新的な	720
かくど	角度	689
かくとく〈する〉	獲得〈する〉	946
かくほ〈する〉	確保〈する〉	561
かくめい	革命	1184
かくりつ〈する〉	確立〈する〉	1227
がくれき	学歴	648
かげ	影	1360
かけい	家系	4
かけい	家計	156
かけいず	家系図	4
かけいぼ	家計簿	156
かけがえのない	かけがえのない	37
かげぐち	陰口	138
かけこみじょうしゃ	駆け込み乗車	727
かけこむ	駆け込む	727
かけつ〈する〉	可決〈する〉	1501
かけひき〈する〉	駆け引き〈する〉	1202
かける	かける	968
かける	欠ける	82
かこう〈する〉	加工〈する〉	331
かこう〈する〉	下降〈する〉	1527

かこうしょくひん	加工食品	331
かこくな	過酷な	1332
かさばる	かさ張る	382
かさむ	かさむ	161
カジュアルな	カジュアルな	977
かじょう〈な〉	過剰〈な〉	936
かすむ	かすむ	1342
がぜん	がぜん	426
かそ	過疎	790
かそか	過疎化	790
かぞくどうはん	家族同伴	1119
かそちいき	過疎地域	790
かたい	かたい	1828
かたおもい	片思い	87
かたこと	片言	1131
かたとき	片時	101
かたみ	形見	36
かたより	偏り	228
かたよる	偏る	228
かたをならべる	肩を並べる	1795
かたをもつ	肩を持つ	1796
かち	価値	189
かちき〈な〉	勝ち気〈な〉	951
かつ	且つ	1485
がっかり〈する〉	がっかり〈する〉	466
がっき	楽器	1017
がっくり[と]〈する〉	がっくり[と]〈する〉	466
かつじ	活字	1072
かつじばなれ	活字離れ	1072
がっしり[と]〈する〉	がっしり[と]〈する〉	799
がっち〈する〉	合致〈する〉	1407
がっちり[と]〈する〉	がっちり[と]〈する〉	285
かつよう〈する〉	活用〈する〉	650
かてい	課程	406
かてい	過程	1311
かてい〈する〉	仮定〈する〉	1298
かていさいえん	家庭菜園	1010
カテゴリー	カテゴリー	1472
かない	家内	8
かなう	かなう	478
かなえる	かなえる	478
かにゅう〈する〉	加入〈する〉	503
かねがね	かねがね	1111
かねてから	かねてから	1111
かねる	兼ねる	615
かばう	かばう	51
かひ	可否	715
かぶ	株	177
かぶか	株価	177
がぶがぶ[と]	がぶがぶ[と]	221
かぶれる	かぶれる	856
かまう	構う	153
かまえる	構える	284
かみあう	かみ合う	1200
かみきる	かみきる	219
かみだな	神棚	243
かみつ	過密	790
ガムテープ	ガムテープ	379
かめい	仮名	514
からくち〈な〉	辛口〈な〉	212
からくも	辛くも	467
からだつき	体つき	798
がらっと	がらっと	928
からとう	辛党	213
からむ	絡む	139
がらりと	がらりと	928
カリキュラム	カリキュラム	406
かりに	仮に	488
かるがる[と]	軽々[と]	821
カルテ	カルテ	888
かれこれ	かれこれ	301
かろう	過労	831
かろうし〈する〉	過労死〈する〉	831
かろうじて	辛うじて	467
かろやかな	軽やかな	1575
かろんじる	軽んじる	397
かわす	交わす	1538
かわせレート	為替レート	1532
かわるがわる	代わる代わる	540
かんがいむりょう	感慨無量	1150
かんがっき	管楽器	1017
がんがん〈する〉	がんがん〈する〉	860
かんかんでり	かんかん照り	1259
かんかんな	かんかんな	1259

かんきょうはかい	環境破壊	1288
かんけつ〈な〉	簡潔〈な〉	528
かんさん〈する〉	換算〈する〉	198
かんしゅう	慣習	783
かんしょう〈する〉	干渉〈する〉	1203
かんせん〈する〉	観戦〈する〉	965
かんだいな	寛大な	626
かんちがい〈する〉	勘違い〈する〉	73
かんてん	観点	1063
カンニング〈する〉	カンニング〈する〉	458
かんばしくない	芳しくない	813
かんぺき〈な〉	完璧〈な〉	447
かんむりょう	感無量	1150
かんゆう〈する〉	勧誘〈する〉	492
かんよう〈な〉	寛容〈な〉	1197
かんような	寛容な	626
かんれいぜんせん	寒冷前線	1247
かんわ〈する〉	緩和〈する〉	1515

き

きあい	気合	526
きが	飢餓	1189
きがある	気がある	90
きがおけない	気が置けない	38
きがきでない	気が気でない	1815
きかく	規格	564
きかく〈する〉	企画〈する〉	593
きかざる	着飾る	979
きがすむ	気が済む	1816
きがちる	気が散る	422
きがね〈する〉	気兼ね〈する〉	621
きがひける	気が引ける	622
きがむかない	気が向かない	1607
きがめいる	気がめいる	1260
きかんしえん	気管支炎	876
きぎょう〈する〉	起業〈する〉	653
きぎょうか	起業家	653
ぎくしゃく〈する〉	ぎくしゃく〈する〉	23
きくばり〈する〉	気配り〈する〉	66
きげん	起源	1167
きけん〈する〉	棄権〈する〉	1505
きこう	貴校	485
きごころ	気心	39
きざ〈な〉	きざ〈な〉	1653
きさくな	気さくな	1548
きざし	兆し	1521
きしむ	きしむ	280
きしゃかいけん〈する〉	記者会見〈する〉	1490
きしゅ	機種	493
きじゅつ〈する〉	記述〈する〉	446
きじゅん	基準	449
きしょうかち	希少価値	1370
きしょうな	希少な	1370
きずく	築く	566
ぎせい	犠牲	1388
きせい〈する〉	規制〈する〉	746
ぎせいしゃ	犠牲者	1388
ぎせいてきな	犠牲的な	1388
きせきてきな	奇跡的な	902
ぎぞう〈する〉	偽造〈する〉	1418
きたい	気体	1315
ぎだい	議題	586
きたえる	鍛える	801
きたく〈する〉	帰宅〈する〉	365
きだて	気立て	1552
きたる	きたる	272
きちょうめんな	几帳面な	1546
きっかり	きっかり	176
きつけ	着付け	1014
きっちり	きっちり	176
キッチンようひん	キッチン用品	1742
きっぱり[と]〈する〉	きっぱり[と]〈する〉	154
きっぽう	吉報	1480
きてい	規定	564
きどあいらく	喜怒哀楽	1591
きどりや	気取り屋	1653
きどる	気取る	1653
きなが〈な〉	気長〈な〉	1329
きにさわる	気に障る	48
きにやむ	気に病む	1597
きねんさつえい	記念撮影	1145
きはくな	希薄な	1643
きひん	気品	983
ギブアップ〈する〉	ギブアップ〈する〉	960
きふく	起伏	1348

きぶんをがいする	気分を害する	48
きぼ	規模	692
きまぐれ〈な〉	気まぐれ〈な〉	1263
きまじめ〈な〉	生真面目〈な〉	1545
きまり(が)わるい	きまり(が)悪い	49
きやく	規約	504
ぎゃく〈な〉	逆〈な〉	384
きゃくほん	脚本	1085
きやすい	気安い	38
きゃっか〈する〉	却下〈する〉	630
キャッチ〈する〉	キャッチ〈する〉	986
ギャラ	ギャラ	166
キャリア	キャリア	649
キャンペーン	キャンペーン	187
きゅうかく	嗅覚	827
ぎゅうぎゅう[な／と]	ぎゅうぎゅう[な／と]	729
きゅうきょ	急きょ	1120
きゅうくつな	窮屈な	1656
きゅうせい	急性	883
きゅうそくな	急速な	765
きゅうめい〈する〉	究明〈する〉	1406
きょういてきな	驚異的な	1274
きょうがく	共学	402
きょうかん〈する〉	共感〈する〉	1043
きょうぎ〈する〉	協議〈する〉	1313
きょうくん	教訓	617
きょうこう〈する〉	強行〈する〉	1236
きょうこうしゅだん	強行手段	1236
きょうしゅく〈する〉	恐縮〈する〉	64
きょうじる	興じる	1021
きょうせい〈する〉	矯正〈する〉	891
きょうせい〈する〉	強制〈する〉	1177
きょうせいてきな	強制的な	1177
きょうど	郷土	775
きょうどあい	郷土愛	775
きょうどう	共同	656
きょうどうけいえい〈する〉	共同経営〈する〉	656
きょうどうたい	共同体	675
きょうはく〈する〉	脅迫〈する〉	1414
きょうれつな	強烈な	1272
きょくたん〈な〉	極端〈な〉	1497
きょくりょく	極力	167
きょしょう	巨匠	1090
きょぜつする	拒絶する	1211
きょひ〈する〉	拒否〈する〉	1211
きらびやかな	きらびやかな	1149
ぎり	義理	128
きりがいい	切りがいい	201
きりがない	切りがない	200
きりぬける	切り抜ける	571
ぎりのきょうだいしまい	義理の兄弟姉妹	128
キレる	キレる	1566
きれる	切れる	1842
きわだつ	際立つ	997
きわまる	極まる	1020
きわめて	極めて	1238
きわめる	極める	1020
きんいつな	均一な	188
きんきゅう〈な〉	緊急〈な〉	1270
きんきゅうじたい	緊急事態	1270
きんきゅうそくほう	緊急速報	1462
きんし〈する〉	禁止〈する〉	399
きんじる	禁じる	399
きんずる	禁ずる	399
きんちょうかんわ	緊張緩和	1515
きんべん〈な〉	勤勉〈な〉	417
ぎんみ〈する〉	吟味〈する〉	328
きんゆう	金融	1514
きんゆうぎょう	金融業	1514
きんりん	近隣	298
	く	
くいちがう	食い違う	1201
くいとめる	食い止める	1312
くうきょな	空虚な	1599
クーデター	クーデター	1184
くうはく〈な〉	空白〈な〉	1540
クールな	クールな	1556
くぐる	くぐる	477
くし〈する〉	駆使〈する〉	533
くじびき	くじ引き	409
くすくす	くすくす	1659
ぐずぐず[と]〈する〉	ぐずぐず[と]〈する〉	302
くすぐったい	くすぐったい	808
くすぐる	くすぐる	808

くたびれる	くたびれる	828
くちがこえる	口が肥える	350
くちかずがすくない	口数が少ない	1784
くちからさきにうまれたよう	口から先に生まれたよう	1785
くちずさむ	口ずさむ	343
ぐちゃぐちゃ〈な／する〉	ぐちゃぐちゃ〈な／する〉	1295
くちる	朽ちる	1345
ぐちる	愚痴る	315
くちをはさむ	口を挟む	1786
くつがえす	覆す	1069
くっきり[と]〈する〉	くっきり[と]〈する〉	1296
くっしの	屈指の	1533
くっせつ〈する〉	屈折〈する〉	1606
ぐったり[と]する	ぐったり[と]する	830
くつろぎ	くつろぎ	352
くつろぐ	くつろぐ	352
くどい	くどい	641
ぐにゃぐにゃ〈な／する〉	ぐにゃぐにゃ〈な／する〉	1295
くびがまわらない	首が回らない	184
くびをかしげる	首をかしげる	1793
くびをたてにふる	首を縦に振る	1794
くびをつっこむ	首を突っ込む	1791
くびをながくする	首を長くする	1792
くびをひねる	首をひねる	1793
くびをよこにふる	首を横に振る	1794
くみこむ	組み込む	598
くみとる	汲み取る	1301
くむ	くむ	1301
くもをつかむような	雲をつかむような	491
くよくよ〈する〉	くよくよ〈する〉	1597
くらい	暗い	1826
くらくら[と]〈する〉	くらくら[と]〈する〉	1671
くるむ	くるむ	381
グレード	グレード	1118
くれぐれも	くれぐれも	155
くれる	暮れる	259
くわずぎらい〈な〉	食わず嫌い〈な〉	214
くわだてる	企てる	1419
ぐんじ	軍事	1180
ぐんじかいにゅう〈する〉	軍事介入〈する〉	1221
ぐんじたいこく	軍事大国	1161
ぐんじひ	軍事費	1180

け

ケアレスミス	ケアレスミス	461
けい	刑	1449
げい	芸	1105
けいい	経緯	1311
けいえん〈する〉	敬遠〈する〉	134
けいか	経過	900
けいかいな	軽快な	1575
けいき	契機	373
けいき	刑期	1449
けいきたいさく	景気対策	1522
けいげん〈する〉	軽減〈する〉	606
けいさい〈する〉	掲載〈する〉	1045
けいざいたいこく	経済大国	1161
けいしょう〈する〉	継承〈する〉	35
けいそう	軽装	1129
けいぞく〈する〉	継続〈する〉	241
けいそつな	軽率な	1570
げいたっしゃ	芸達者	1105
けいど	経度	1127
げいにん	芸人	1105
けいひ	経費	556
けいべつ〈する〉	軽べつ〈する〉	146
けいほう	警報	1266
けいむしょ	刑務所	1451
けいゆ〈する〉	経由〈する〉	736
けいれき	経歴	648
ケース	ケース	703
けがらわしい	汚らわしい	1640
けしさる	消し去る	1396
ゲスト	ゲスト	1100
けずる	削る	570
けた	桁	174
けつえん	血縁	4
けっかく	結核	875
けっかん	欠陥	767
けっせい〈する〉	結成〈する〉	1495
けっそく〈する〉	結束〈する〉	1228
げっそり[と]〈する〉	げっそり[と]〈する〉	834
ゲット〈する〉	ゲット〈する〉	987
けなす	けなす	136
けむたい	煙たい	639

げらげら	げらげら	1660
ゲリラごうう	ゲリラ豪雨	1242
けんえんのなか	犬猿の仲	1823
けんかい	見解	716
げんがっき	弦楽器	1017
げんこう	現行	702
げんこう	原稿	1054
けんざいな	健在な	32
げんしょう	現象	1361
けんぜんな	健全な	1624
げんそく	原則	549
げんちちょうたつ〈する〉	現地調達〈する〉	1368
けんちょな	顕著な	1321
けんとう	見当	475
けんとう〈する〉	健闘〈する〉	954
けんとうちがい〈な〉	見当違い〈な〉	475
けんめいな	賢明な	1498
けんやく〈する〉	倹約〈する〉	159
けんりょく	権力	1175
けんりょくしゃ	権力者	1175

こ

ご	碁	1030
こいする	恋する	85
こうい	好意	68
ごうい〈する〉	合意〈する〉	1225
ごうう	豪雨	1242
こうえん	公演	1074
こうかい〈する〉	公開〈する〉	1073
こうかん	好感	1083
こうかんど	好感度	1083
こうぎ〈する〉	抗議〈する〉	958
こうけん〈する〉	貢献〈する〉	1466
こうけんど	貢献度	1466
こうご	交互	1194
こうこうと	こうこうと	680
こうさん〈する〉	降参〈する〉	960
こうし	公私	574
ごうじょう〈な〉	強情〈な〉	1561
こうしょうな	高尚な	1016
こうじょっぱり〈な〉	強情っぱり〈な〉	1561
こうしん〈する〉	行進〈する〉	961
こうしんきょく	行進曲	961
こうしんりょう	香辛料	326
こうずい	洪水	1278
こうせい〈な〉	公正〈な〉	458
こうぞう	構造	1183
こうたい〈する〉	交代〈する〉	603
こうちょう〈な〉	好調〈な〉	565
ごうてい	豪邸	291
こうてきな	公的な	699
こうてん〈する〉	好転〈する〉	1516
こうとう	口頭	445
こうどう〈する〉	行動〈する〉	538
こうとうしもん	口頭試問	445
こうひょう〈する〉	公表〈する〉	1525
ごうべんきぎょう	合弁企業	553
こうみょうな	巧妙な	1417
こうむ	公務	700
こうよう	公用	700
こうようしゃ	公用車	700
こうりょ〈する〉	考慮〈する〉	534
こえる	超える	1759
ゴールイン〈する〉	ゴールイン〈する〉	120
ゴールデンタイム	ゴールデンタイム	244
ごかん	五感	827
こぐ	こぐ	1152
ごくごく[と]	ごくごく[と]	221
こくさいふんそう	国際紛争	1220
こくさん	国産	193
こくさんしゃ	国産車	193
こくち〈する〉	告知〈する〉	892
こくないしじょう	国内市場	1739
こくはく〈する〉	告白〈する〉	95
こくめいな	克明な	1218
こくれん	国連	1217
こげくさい	焦げ臭い	346
ここ	個々	443
こころえ	心得	81
こころえる	心得る	81
こころがおどる	心が躍る	1585
こころがけ	心掛け	232
こころがける	心掛ける	232
こころがまえ	心構え	536
こころくばり〈する〉	心配り〈する〉	66

こころぐるしい	心苦しい	1598
こころざし	志	468
こころざす	志す	468
こころのこり	心残り	114
こころのそこから	心の底から	370
ごしごし[と]	ごしごし[と]	310
こじらせる	こじらせる	849
こじれる	こじれる	135
こす	越す	1758
こす	超す	1759
こたい	固体	1315
こだいこうこく	誇大広告	1460
こだいな	誇大な	1460
こだいもうそう	誇大妄想	1460
こちょう〈する〉	誇張〈する〉	539
こっか	国家	1160
こっけいな	こっけいな	1104
こどく〈な〉	孤独〈な〉	1605
ことごとく	ことごとく	1293
ことによると	ことによると	1713
ことのほか	ことのほか	1703
ことわざ	ことわざ	438
コネ	コネ	658
こねる	こねる	336
このましい	好ましい	1195
こばむ	拒む	1211
こべつ	個別	443
こぼす	こぼす	315
ごまかす	ごまかす	1397
こまやかな	細やかな	203
ごまをする	ごまをする	645
こみあげる	こみ上げる	1044
こみみにはさむ	小耳に挟む	1779
コミュニティー	コミュニティー	675
こゆうな	固有な	1482
こらす	凝らす	278
こりごり〈する〉	こりごり〈する〉	1159
こりつ〈する〉	孤立〈する〉	1214
こりる	懲りる	1159
こる	凝る	277
こんきょ	根拠	1395
こんすい〈する〉	昏睡〈する〉	844
こんてい	根底	1427
こんどう〈する〉	混同〈する〉	575
コンプレックス	コンプレックス	934
こんぽんてきな	根本的な	1322
	さ	
ざあざあ	ざあざあ	1245
ざあざあぶり	ざあざあ降り	1245
ざあっと	ざあっと	1245
サービスエリア	サービスエリア	740
さいかい	最下位	441
さいく〈する〉	細工〈する〉	286
さいげつ	歳月	782
さいげん〈する〉	再現〈する〉	1410
さいげんドラマ	再現ドラマ	1410
ざいこ	在庫	194
ざいこぎれ	在庫切れ	194
さいこん〈する〉	再婚〈する〉	31
さいさん	再三	1412
さいさんさいし	再三再四	1412
ざいせい	財政	1513
ざいせいなん	財政難	1513
ざいせき〈する〉	在籍〈する〉	403
ざいせきしゃ	在籍者	403
さいせんたん	最先端	495
さいそく〈する〉	催促〈する〉	629
さいちゅう	最中	1262
さいていげん	最低限	511
さいてき〈な〉	最適〈な〉	693
サイドビジネス	サイドビジネス	662
さいなん	災難	1281
さいほう〈する〉	裁縫〈する〉	1009
サウスポー	サウスポー	811
さえぎる	遮る	1264
さえずり	さえずり	1355
さえずる	さえずる	1355
さえる	さえる	451
さかえる	栄える	759
さかさ〈な〉	逆さ〈な〉	384
さかさま〈な〉	逆さま〈な〉	384
さかだち〈する〉	逆立ち〈する〉	247
さぎ	詐欺	1436
さきごろ	先頃	265

さぎし	詐欺師	1436
さぎじけん	詐欺事件	1436
さく	裂く	1286
さくげん〈する〉	削減〈する〉	570
さくせい〈する〉	作製〈する〉	1716
さくせん	作戦	942
さくせんかいぎ	作戦会議	942
さくらぜんせん	桜前線	1247
さける	避ける	1265
さける	裂ける	1286
ささげる	捧げる	1230
ささる	刺さる	872
さしかかる	差しかかる	739
さしず〈する〉	指図〈する〉	19
さしだす	差し出す	1207
さしつかえる	差し支える	616
さしひき	差し引き	157
さしひく	差し引く	157
さす	指す	1760
さす	差す	1761
さす	刺す	1762
さずかる	授かる	11
さずける	授ける	11
さする	さする	874
さぞ	さぞ	59
さだめる	定める	1168
さつえい〈する〉	撮影〈する〉	1145
サッカーかんせん〈する〉	サッカー観戦〈する〉	965
さっきゅうな	早急な	1324
さっする	察する	41
ざつだん〈する〉	雑談〈する〉	541
さっとう〈する〉	殺到〈する〉	1092
ざつな	雑な	320
さっぱり〈する〉	さっぱり〈する〉	1837
さなか	さなか	1262
さばく	裁く	1448
さばさば〈する〉	さばさば〈する〉	1588
さほど[〜ない]	さほど[〜ない]	1694
さまたげる	妨げる	1264
さまよう	さまよう	1144
さも	さも	29
さらう	さらう	309
さらす	さらす	1344
さらわれる	さらわれる	1435
さる	去る	273
さるもきからおちる	猿も木から落ちる	1822
さわぎたてる	騒ぎ立てる	1432
さんぎょうかくめい	産業革命	1184
ざんこくな	残酷な	1636
さんざん〈な〉	さんざん〈な〉	27
さんしゅつ〈する〉	産出〈する〉	753
さんしょう〈する〉	参照〈する〉	428
さんせき〈する〉	山積〈する〉	303
さんち	産地	780
さんちょう	山頂	1349
ざんまい	三昧	231

し

し	詩	437
し	詞	437
しいて	強いて	1052
シール	シール	327
しいる	強いる	1222
しいれ	仕入れ	206
しいれる	仕入れる	206
ジェスチャー	ジェスチャー	1132
ジェットコースター	ジェットコースター	1378
ジェラシー	ジェラシー	110
しえん〈する〉	支援〈する〉	1223
しがいせん	紫外線	1305
しかく	視覚	827
じかく〈する〉	自覚〈する〉	845
じかくしょうじょう	自覚症状	845
しかけ	仕掛け	1237
しかける	仕掛ける	1237
じかに	じかに	1708
しきたり	しきたり	784
じぎょう	事業	652
じぎょうか	事業家	655
しきり	仕切り	288
しきる	仕切る	288
しきん	資金	654
しぐさ	しぐさ	14
しくじる	しくじる	670
しくみ	仕組み	1183

しげしげ[と]	しげしげ[と]	519
じこ	自己	816
じこあんじ	自己暗示	1479
しこう〈する〉	施行〈する〉	1484
じこけんお	自己嫌悪	816
じこりゅう	自己流	816
しさつ〈する〉	視察〈する〉	708
じさぼけ	時差ぼけ	839
じさん〈する〉	持参〈する〉	456
しさんうんよう〈する〉	資産運用〈する〉	1530
しじ〈する〉	指示〈する〉	19
じしゅ〈する〉	自首〈する〉	1408
しじゅう	始終	1722
じしゅせい	自主性	419
じしゅてきな	自主的な	419
しじょう	市場	1739
しじょうちょうさ	市場調査	1739
じしんかじょう〈な〉	自信過剰〈な〉	936
じしんそうしつ	自信喪失	959
じしんそくほう	地震速報	1462
しすう	指数	806
しせん	視線	93
じぜん	事前	1110
じそく	時速	742
じぞく〈する〉	持続〈する〉	241
じたい	事態	1182
したう	慕う	631
したがこえる	舌が肥える	350
したごころ	下心	148
したじ	下地	774
したしみ	親しみ	1012
したしむ	親しむ	1012
したどり〈する〉	下取り〈する〉	208
したびになる	下火になる	1032
したまわる	下回る	762
したむく	下向く	568
しちょうしゃ	視聴者	1080
しちょうりつ	視聴率	1080
しっかく〈する〉	失格〈する〉	460
じっきょう〈する〉	実況〈する〉	1291
じっきょうちゅうけい〈する〉	実況中継〈する〉	1291
じっきょうほうそう〈する〉	実況放送〈する〉	1291
シック〈な〉	シック〈な〉	982
じっけん	実権	1176
じっこう〈する〉	実行〈する〉	253
じつざい〈する〉	実在〈する〉	1089
じつじょう	実情	704
じっせん〈する〉	実践〈する〉	253
じったい	実態	704
しっと〈する〉	嫉妬〈する〉	110
しっとり[と]〈する〉	しっとり[と]〈する〉	916
じっとり[と]〈する〉	じっとり[と]〈する〉	1676
しっぽ	しっぽ	238
しつれん〈する〉	失恋〈する〉	87
してき〈する〉	指摘〈する〉	414
してきな	私的な	699
してん	視点	1063
じでん	自伝	1036
しとやかな	しとやかな	1614
しなびる	しなびる	225
シナリオ	シナリオ	1085
しのぐ	しのぐ	1048
しばし	しばし	1680
じはつてきな	自発的な	419
シビアな	シビアな	1558
しぶしぶ	しぶしぶ	316
しぶとい	しぶとい	952
しぼむ	しぼむ	1649
しまつ〈する〉	始末〈する〉	323
しみる	しみる	869
じむようひん	事務用品	1742
しめい〈する〉	指名〈する〉	410
じめじめ[と]〈する〉	じめじめ[と]〈する〉	1258
じめじめ[と]〈する〉	じめじめ[と]〈する〉	1676
シャープな	シャープな	1618
シャイな	シャイな	1549
しゃかいこうけん〈する〉	社会貢献〈する〉	1466
しゃかいたいせい	社会体制	1487
しゃくにさわる	しゃくに障る	1595
じゃっかん	若干	697
じゃっかんめい	若干名	697
しゃめん	斜面	688
じゃんけん〈する〉	じゃんけん〈する〉	55

しゅうし〈する〉	終始〈する〉	1721
じゅうし〈する〉	重視〈する〉	397
しゅうじつ	終日	254
しゅうじつえいぎょう	終日営業	254
じゅうたい	重体	843
しゅうちゃく〈する〉	執着〈する〉	938
しゅうちゅうごうう	集中豪雨	1242
しゅうにゅうかくさ	収入格差	1457
じゅうにん	住人	674
じゅうにんなみ	十人並み	180
〜しゅうねん	〜周年	396
しゅうふく〈する〉	修復〈する〉	752
しゅうふくこうじ	修復工事	752
じゅうみん	住民	674
しゅき	手記	1036
しゅくめい	宿命	97
しゅげい	手芸	1006
しゅし	主旨	434
しゅせき	首席	490
しゅたい	主体	1465
しゅだい	主題	1062
しゅたいてきな	主体的な	1465
しゅちゅう	手中	479
しゅつえん〈する〉	出演〈する〉	1099
しゅつげん〈する〉	出現〈する〉	1481
しゅっしゃ〈する〉	出社〈する〉	600
しゅっしょう〈する〉	出生〈する〉	777
しゅっしょうとどけ	出生届け	777
しゅつだい〈する〉	出題〈する〉	444
しゅつどう〈する〉	出動〈する〉	1393
しゅっぴ	出費	160
しゅとく〈する〉	取得〈する〉	481
しゅようさんぎょう	主要産業	1109
しゅような	主要な	1109
じゅり〈する〉	受理〈する〉	630
じゅんじゅんに	順々に	540
じゅんじる	準じる	635
じゅんすいな	純粋な	1555
しよう	私用	700
じょうえん〈する〉	上演〈する〉	1074
しょうがい	障害	768
しょうき	正気	846
しょうぎ	将棋	1031
しょうきぼ〈な〉	小規模〈な〉	692
しょうきょ〈する〉	消去〈する〉	1396
しょうこ	証拠	1394
じょうしきをかく	常識を欠く	82
しょうしゃ	小社	521
じょうしょう〈する〉	上昇〈する〉	1527
しょうじる	生じる	1319
しょうする	称する	1122
しょうたい	正体	1067
しょうたいふめい	正体不明	1067
しょうだく〈する〉	承諾〈する〉	411
しょうち〈する〉	承知〈する〉	660
しょうとつ〈する〉	衝突〈する〉	1385
しょうとつじこ	衝突事故	1385
しょうにぜんそく	小児ぜん息	877
しょうにん〈する〉	承認〈する〉	411
じょうねつ	情熱	524
しょうみ	正味	192
じょうれい	条例	701
しょくれき	職歴	648
じょげん〈する〉	助言〈する〉	374
しょせき	書籍	1033
しょせん	しょせん	1086
しょっかく	触覚	827
ショック	ショック	996
しょほうせん	処方せん	906
しょもつ	書物	1033
しょゆう〈する〉	所有〈する〉	290
しょゆうしゃ	所有者	290
しょゆうぶつ	所有物	290
しるす	記す	1056
じれい	事例	703
しろくじちゅう	四六時中	255
じわじわ[と]	じわじわ[と]	862
じわっと	じわっと	862
じわり[と]	じわり[と]	862
しんいり	新入り	609
しんか〈する〉	進化〈する〉	505
しんぎ〈する〉	審議〈する〉	1313
しんげんち	震源地	1268
しんこう	親交	1190

しんこう〈する〉	進行〈する〉	847
じんこうみつど	人口密度	789
じんざいはけん	人材派遣	559
しんじつ	真実	1429
しんじゅ	真珠	1004
しんじゅう〈する〉	心中〈する〉	1735
しんじん	新人	547
しんすい〈する〉	浸水〈する〉	1278
しんせい〈する〉	申請〈する〉	706
じんせいせっけい	人生設計	275
しんせき	親戚	1
しんそう	真相	1430
しんぞうほっさ	心臓発作	852
しんそこ	心底	370
しんそつ	新卒	522
しんちゅう	心中	1734
しんど	進度	440
しんど	震度	1269
しんなり[と]〈する〉	しんなり[と]〈する〉	334
しんぺん	身辺	252
じんましん	じんましん	854
しんりてきな	心理的な	369
しんりびょうしゃ	心理描写	1057
しんるい	親類	1

す

す	巣	1371
ずあん	図案	276
すいい〈する〉	推移〈する〉	1526
すいこう〈する〉	遂行〈する〉	664
すいすい[と]	すいすい[と]	1375
すいそく〈する〉	推測〈する〉	1438
ずいひつ	随筆	1035
すいろん〈する〉	推論〈する〉	1438
すうち	数値	806
すうはい〈する〉	崇拝〈する〉	1178
すえつける	据え付ける	283
すかさず	すかさず	205
すがすがしい	すがすがしい	1574
ずきずき〈する〉	ずきずき〈する〉	859
すきとおる	透き通る	918
すくう	すくう	216
すこぶる	すこぶる	814
ずさんな	ずさんな	1443
すじ	筋	1834
すずめのなみだ	すずめの涙	165
すする	すする	217
ステーショナリー	ステーショナリー	442
ストレッチ	ストレッチ	235
ストレッチたいそう	ストレッチ体操	235
すねる	すねる	18
スパイス	スパイス	326
すばしっこい	すばしっこい	1627
ずばり[と]	ずばり[と]	1677
すべる	滑る	1841
スペル	スペル	435
すみにおけない	隅に置けない	102
すみやかな	速やかな	1271
すむ	澄む	795
すやすや	すやすや	13
すらすら[と]	すらすら[と]	430
すらっと〈する〉	すらっと〈する〉	932
すらりと〈する〉	すらりと〈する〉	932
スリーサイズ	スリーサイズ	803
スリムな	スリムな	932
する	擦る	385
ずるずる[と]	ずるずる[と]	1668
すれちがい	すれ違い	133
すんなり[と]〈する〉	すんなり[と]〈する〉	480

せ

せいい	誠意	117
せいえん〈する〉	声援〈する〉	966
せいか	成果	924
せいき	正規	548
せいけい	生計	156
せいこう〈な〉	精巧〈な〉	755
せいざ	星座	1357
せいざうらない	星座占い	1357
せいさく〈する〉	制作〈する〉	1715
せいさく〈する〉	製作〈する〉	1716
せいさん〈する〉	精算〈する〉	1719
せいさん〈する〉	清算〈する〉	1720
せいさんち	生産地	780
せいじつ〈な〉	誠実〈な〉	1547
せいじゅく〈する〉	成熟〈する〉	1608

せいしゅん	青春	778
せいしゅんじだい	青春時代	778
せいじょうな	正常な	812
せいしんせいい	誠心誠意	117
せいしんてきな	精神的な	369
せいせいする	せいせいする	1587
せいそう〈する〉	正装〈する〉	977
せいぞう〈する〉	製造〈する〉	754
せいたいけい	生態系	1317
せいだいな	盛大な	1363
ぜいたくざんまい	贅沢三昧	231
せいとうな	正当な	1206
せいのう	性能	496
せいび〈する〉	整備〈する〉	681
せいみつ〈な〉	精密〈な〉	755
せいめい〈する〉	声明〈する〉	1489
せいめいぶん	声明文	1489
せいりてきな	生理的な	824
せかいいさん	世界遺産	36
せがむ	せがむ	17
せきがいせん	赤外線	1305
せきめん〈する〉	赤面〈する〉	92
セキュリティ	セキュリティ	296
セキュリティシステム	セキュリティシステム	296
セクション	セクション	567
セクハラ	セクハラ	647
せこい	せこい	1573
せっけい〈する〉	設計〈する〉	275
せっけいず	設計図	275
ぜっこう〈する〉	絶交〈する〉	1745
ぜっこう〈な〉	絶好〈な〉	1365
ぜったいあんせい	絶対安静	896
ぜつだいな	絶大な	1084
せっち〈する〉	設置〈する〉	712
せつない	切ない	1593
せつに	切に	1690
せつやく〈する〉	節約〈する〉	159
せつりつ〈する〉	設立〈する〉	395
ぜひ	是非	715
せまる	迫る	1844
セレブ	セレブ	168
ぜんあく	善悪	1187
ぜんかい〈する〉	全快〈する〉	904
せんこう〈する〉	先行〈する〉	1053
せんこうはつばい〈する〉	先行発売〈する〉	1053
せんさいな	繊細な	1559
せんさばんべつ	千差万別	1022
ぜんしん	全身	853
ぜんせん	前線	1247
ぜんそく	ぜん息	877
せんちゃく〈する〉	先着〈する〉	186
せんちゃくじゅん	先着順	186
ぜんちょう	前兆	1255
ぜんてい	前提	116
せんとう	先頭	726
ぜんとたなんな	前途多難な	1172
ぜんとゆうぼうな	前途有望な	520
ぜんとようような	前途洋々な	1171
せんにゅうかん	先入観	1134
ぜんぱん	全般	826
せんぽう	先方	585
せんめいな	鮮明な	1147
せんりょく	戦力	943
せんれい	先例	1325
ぜんれい	前例	1325

そ

そう	沿う	741
そうかいな	爽快な	1574
そうぐう〈する〉	遭遇〈する〉	1373
そうしつ〈する〉	喪失〈する〉	959
そうじゅう〈する〉	操縦〈する〉	1381
そうじゅうし	操縦士	1381
ぞうしょく〈する〉	増殖〈する〉	1316
そうすう	総数	404
そうぞう〈する〉	創造〈する〉	1339
そうだいな	壮大な	1336
そうどう	騒動	1096
そうほう	双方	1193
そうりつ〈する〉	創立〈する〉	395
そうりつきねんび	創立記念日	395
そえる	添える	229
そくざに	即座に	459
そくばく〈する〉	束縛〈する〉	109
そくほう	速報	1462

そこく	祖国	1162	たいしょう	対象	1039
そこそこ	そこそこ	1661	だいじん	大臣	1486
そこなう	損なう	848	たいじんかんけい	対人関係	127
そし〈する〉	阻止〈する〉	1209	たいせい	体制	1487
そつう〈する〉	疎通〈する〉	1133	たいそう〈な〉	たいそう〈な〉	1709
そつぎょうせいさく	卒業制作	1715	だいだいてきな	大々的な	1459
そっけない	素っ気ない	149	たいとう〈な〉	対等〈な〉	636
そっこく	即刻	459	タイトな	タイトな	995
そっせん〈する〉	率先〈する〉	413	たいのう〈する〉	滞納〈する〉	183
そっぽをむく	そっぽを向く	108	たいひ〈する〉	対比〈する〉	771
そなえつける	備え付ける	283	たいぼう〈する〉	待望〈する〉	1042
ソフトな	ソフトな	1617	だいほん	台本	1085
そまる	染まる	1343	たいまん〈な〉	怠慢〈な〉	417
そむく	背く	1510	タイミング	タイミング	54
そめる	染める	1343	だいよう〈する〉	代用〈する〉	330
そもそも	そもそも	60	だいようひん	代用品	330
そらす	反らす	930	だいり〈する〉	代理〈する〉	601
そる	反る	930	たいりく	大陸	1346
ぞろぞろ[と]	ぞろぞろ[と]	1666	だいろっかん	第六感	94
そんがい	損害	1283	たかい〈する〉	他界〈する〉	34
そんがいばいしょう	損害賠償	1411	たかが	たかが	50
そんがいほけん	損害保険	1283	たくましい	たくましい	800
ぞんざいな	ぞんざいな	638	たくみな	巧みな	756
そんぞく〈する〉	存続〈する〉	696	たしなみ	たしなみ	215
そんとく	損得	1196	たしなむ	たしなむ	215

た

			たしゅたような	多種多様な	984
ターゲット	ターゲット	1039	たすうけつ	多数決	409
たいあん	大安	121	たずさわる	携わる	535
だいいち	第一	1685	ただよう	漂う	345
たいおう〈する〉	対応〈する〉	713	たちいる	立ち入る	130
たいか	大家	1736	たちおうじょう〈する〉	立ち往生〈する〉	748
たいかく	体格	798	たちさる	立ち去る	1391
だいきぼ〈な〉	大規模〈な〉	692	たちなおる	立ち直る	489
たいきゅうせい	耐久性	390	たちよる	立ち寄る	300
たいこう〈する〉	対抗〈する〉	945	たつ	断つ	1744
だいこう〈する〉	代行〈する〉	601	たつ	絶つ	1745
たいこく	大国	1161	だっしゅつ〈する〉	脱出〈する〉	1330
たいさく	対策	1522	だっする	脱する	1330
たいじ〈する〉	退治〈する〉	322	たっとぶ	尊ぶ	397
たいしぼう	体脂肪	805	たつまき	竜巻	1276
たいじゅうけい	体重計	804	たどりつく	たどり着く	738
たいしょ〈する〉	対処〈する〉	713	たどる	たどる	738

たばねる	束ねる	999
たびたび	たびたび	1672
たべずぎらい〈な〉	食べず嫌い〈な〉	214
だます	だます	1507
ダム	ダム	1251
ため	ため	637
ためぐち	ため口	637
たもつ	保つ	915
たやすい	たやすい	1629
たようか〈する〉	多様化〈する〉	984
たような	多様な	984
だらける	だらける	355
だらし(が)ない	だらし(が)ない	1546
だらだら〈する〉	だらだら〈する〉	355
たるみ	たるみ	922
たるむ	たるむ	922
だんけつ〈する〉	団結〈する〉	941
だんげん〈する〉	断言〈する〉	1169
だんこ	断固	1710
だんじょきょうがく	男女共学	402
たんしん	単身	394
たんすう	単数	510
だんてい〈する〉	断定〈する〉	1439
たんどく	単独	656
だんどり	段取り	375
だんな	旦那	9
だんねん〈する〉	断念〈する〉	1384
たんねんな	丹念な	319
たんのう〈な/する〉	堪能〈な/する〉	429
たんぱくな	淡泊な	348
たんまつ	端末	494
たんめい〈な〉	短命〈な〉	815

ち

ちあん	治安	1452
ちかがい	地下街	677
ちかよりがたい	近寄りがたい	1654
ちかよる	近寄る	1654
ちくせき〈する〉	蓄積〈する〉	818
ちくちく[と]〈する〉	ちくちく[と]〈する〉	1669
ちけい	地形	1347
ちけいず	地形図	1347
ちっぽけな	ちっぽけな	1338

ちめいてきな	致命的な	1310
ちめいど	知名度	1082
チャーミングな	チャーミングな	1616
ちゃかい	茶会	1024
ちゃくがん〈する〉	着眼〈する〉	1124
ちゃくしゅ〈する〉	着手〈する〉	684
ちゃくもく〈する〉	着目〈する〉	1124
ちゃっこう〈する〉	着工〈する〉	685
ちやほや〈する〉	ちやほや〈する〉	1655
チャンピオン	チャンピオン	975
ちゅういぶかい	注意深い	1154
ちゅういほう	注意報	1267
ちゅうかい〈する〉	仲介〈する〉	545
ちゅうしょう〈する〉	中傷〈する〉	515
ちゅうせん〈する〉	抽選〈する〉	1076
ちゅうせんかい	抽選会	1076
ちゅうちょ〈する〉	ちゅうちょ〈する〉	1379
ちゅうと(さいよう)	中途(採用)	522
ちゅうどく	中毒	884
ちゅうねん	中年	623
ちゅうや	昼夜	256
ちょうかく	聴覚	827
ちょうこう	兆候	1255
ちょうじゅ	長寿	815
ちょうじょう	頂上	1349
ちょうせん〈する〉	挑戦〈する〉	940
ちょうたつ〈する〉	調達〈する〉	1368
ちょうほう〈な/する〉	重宝〈な/する〉	991
ちょうわ〈する〉	調和〈する〉	287
ちょくちょく	ちょくちょく	1672
ちょくやく〈する〉	直訳〈する〉	1058
ちょさくけん	著作権	1055
ちょすいち	貯水池	1251
ちょすいりつ	貯水率	1250
ちょっかん〈する〉	直感〈する〉	94
ちょっとみ	ちょっと見	63
ちらほら[と]〈する〉	ちらほら[と]〈する〉	1674
ちんもく〈する〉	沈黙〈する〉	1383

つ

ついきゅう〈する〉	追求〈する〉	1729
ついきゅう〈する〉	追及〈する〉	1730
ついきゅう〈する〉	追究〈する〉	1731

ついては	ついては	552	つらぬく	貫く	476
ついほう〈する〉	追放〈する〉	698	つれない	つれない	1648
ついやす	費やす	516		**て**	
つうほう〈する〉	通報〈する〉	1392	ていぎ〈する〉	定義〈する〉	819
つかいこなす	使いこなす	499	ていじ〈する〉	提示〈する〉	661
つかいわける	使い分ける	500	ていしゅ	亭主	9
つかえる	仕える	569	ていしゅかんぱく	亭主関白	9
つかる	浸かる	246	ていしょう〈する〉	提唱〈する〉	1229
つきそい	付き添い	895	ていたい〈する〉	停滞〈する〉	1248
つきそう	付き添う	895	ていたく	邸宅	291
つきつめる	突き詰める	432	ておくれ	手遅れ	899
つきとめる	突き止める	1440	てがかり	手がかり	1444
つきなみな	月並みな	1644	てがける	手掛ける	582
つきましては	つきましては	552	てかげん〈する〉	手加減〈する〉	955
つきる	尽きる	182	てがたりない	手が足りない	1798
つぐ	継ぐ	35	てがまわらない	手が回らない	1799
つぐ	次ぐ	766	てきせい	適性	580
つくす	尽くす	897	てきせいけんさ	適性検査	580
つげぐち〈する〉	告げ口〈する〉	132	てきぱき[と]〈する〉	てきぱき[と]〈する〉	302
つじつま	つじつま	1064	できるかぎり	できる限り	167
つつく	つつく	218	てぎわ	手際	344
つつしみ	慎み	618	てぐち	手口	1416
つつしむ	慎む	618	でくわす	出くわす	745
つっぱる	突っ張る	911	でこぼこ	でこぼこ	1348
つづり	つづり	435	でしゃばり〈な〉	出しゃばり〈な〉	1564
つとめて	努めて	1687	でしゃばる	出しゃばる	1564
つながり	つながり	57	てじゅん	手順	325
つながる	つながる	57	てすう	手数	589
つねる	つねる	873	てぢか〈な〉	手近〈な〉	202
つのる	募る	401	てちがい	手違い	1141
つばさ	翼	1372	てっする	徹する	46
つぶる	つぶる	921	てつどうマニア	鉄道マニア	1041
つまむ	つまむ	349	てっとりばやい	手っ取り早い	1116
つむ	摘む	1374	でっぱる	出っ張る	866
つむる	つむる	921	てどり	手取り	158
つや	艶	912	でなおす	出直す	1471
つやつや〈な/する〉	つやつや〈な/する〉	913	てにあまる	手に余る	1801
つよい	強い	1830	におえない	手に負えない	1802
つよがる	強がる	1380	てぬき〈する〉	手抜き〈する〉	1409
つよまる	強まる	1252	てはず	手はず	375
つよめる	強める	1252	てびき〈する〉	手引き〈する〉	501
つらなる	連なる	1351	てぶれ	手ぶれ	513

てほん	手本	1015
デマ	デマ	1461
でまわる	出回る	1049
でむく	出向く	588
デメリット	デメリット	1126
てもあしもでない	手も足も出ない	1803
てもと	手元	171
デリケートな	デリケートな	1559
てわけ〈する〉	手分け〈する〉	377
てをきる	手を切る	1800
てをひく	手を引く	646
てをやく	手を焼く	1804
でんき	伝記	1036
てんざい〈する〉	点在〈する〉	694
テンション	テンション	1590
てんじる	転じる	573
てんせい	天性	926
でんせつ	伝説	976
てんで[〜ない]	てんで[〜ない]	1683
てんてん〈と〉〈する〉	転々〈と〉〈する〉	389
てんてんと	点々と	694
てんらく〈する〉	転落〈する〉	974
でんりょく	電力	773
でんりょくがいしゃ	電力会社	773

と

どうい〈する〉	同意〈する〉	893
どういつ〈な〉	同一〈な〉	1428
どうかん〈する〉	同感〈する〉	1476
どうきょう	同郷	776
どうこう	動向	1186
とうこう〈する〉	投稿〈する〉	250
とうこうらん	投稿欄	250
どうさつりょく	洞察力	542
とうじつけん	当日券	1075
とうしょ〈する〉	投書〈する〉	250
どうじょう	同上	530
どうせい	同性	84
とうせん〈する〉	当選〈する〉	1504
とうてい[〜ない]	とうてい[〜ない]	1684
どうどう[と]	堂々[と]	1623
とうとぶ	尊ぶ	397
とうにん	当人	1402
とうばん	当番	242
どうはん〈する〉	同伴〈する〉	1119
とうりつ〈する〉	倒立〈する〉	247
とおざかる	遠ざかる	737
とおざける	遠ざける	737
とおまわし	遠回し	1751
とおまわり〈する〉	遠回り〈する〉	1750
とおりいっぺんな	通り一遍な	1644
とおる	通る	1845
とかく	とかく	1700
とがめる	とがめる	634
とがる	とがる	1350
ときおり	時折	266
ときめき	ときめき	1582
ときめく	ときめく	1582
ドキュメンタリー	ドキュメンタリー	1088
とぎれる	途切れる	1752
とく	説く	1231
とくいまんめん〈な〉	得意満面〈な〉	1584
とくさん	特産	781
とくさんぶつ	特産物	781
どくじ〈な〉	独自〈な〉	474
どくしゃ	読者	1038
とくしゅう	特集	1037
とくしゅうごう	特集号	1037
とくしょく	特色	1061
どくしょざんまい	読書三昧	231
どくせん〈する〉	独占〈する〉	1077
どくせんきぎょう	独占企業	1077
とくてん	特典	1113
どくとくな	独特な	474
とくべつこうかい〈する〉	特別公開〈する〉	1073
とくめい	匿名	514
とくめいきぼう	匿名希望	514
とくゆうな	特有な	1482
とげ	とげ	872
とけこむ	溶け込む	686
とける	溶ける	339
とげる	遂げる	1529
ところどころ	ところどころ	453
とじまり〈する〉	戸締まり〈する〉	295
どしゃ	土砂	1277

どしゃくずれ	土砂崩れ	1277
どしゃさいがい	土砂災害	1277
どしゃぶり	土砂降り	1245
どだい	土台	279
とだえる	途絶える	1753
とっきょ	特許	572
とっきょしんせい〈する〉	特許申請〈する〉	572
どっちにしても	どっちにしても	578
とっぱ〈する〉	突破〈する〉	1047
どて	土手	793
とても[〜ない]	とても[〜ない]	1684
とどまる	とどまる	1146
とどめる	とどめる	1146
となえる	唱える	1229
となりきんじょ	隣近所	298
とびきり	とびきり	1625
とびら	扉	294
とぶ	飛ぶ	1846
とぼしい	乏しい	1638
とむ	富む	1353
ともかせぎ〈する〉	共稼ぎ〈する〉	163
ともばたらき〈する〉	共働き〈する〉	163
とやかく	とやかく	1701
ドライ〈な〉	ドライ〈な〉	1557
ドライブイン	ドライブイン	740
ドラッグストア	ドラッグストア	905
とりあい	取り合い	1204
とりあう	取り合う	1204
とりいそぎ	取り急ぎ	592
とりかこむ	取り囲む	1208
とりしらべ	取り調べ	1445
とりしらべる	取り調べる	1445
とりたてる	取り立てる	251
とりつぐ	取り次ぐ	602
とりまく	取り巻く	1208
ドリル	ドリル	436
とりわけ	とりわけ	223
とろける	とろける	339
どわすれ〈する〉	度忘れ〈する〉	452
どんぞこ	どん底	1658
とんでもない	とんでもない	509

な

なあなあ	なあなあ	1477
ないかく	内閣	1486
ないかくそうりだいじん	内閣総理大臣	1486
ないがしろにする	ないがしろにする	47
ないしん	内心	462
ないせん	内戦	1220
なおさら	なおさら	1686
なおざりな	なおざりな	418
ながいき〈する〉	長生き〈する〉	815
ながいめでみる	長い目で見る	628
ながつづき〈する〉	長続き〈する〉	239
ながなが[と]	長々[と]	268
なきごと	泣き言	610
なげだす	投げ出す	363
なごむ	和む	1576
なごやかな	和やかな	1576
なさけぶかい	情け深い	1554
なじる	なじる	136
なぞ	謎	1359
なだめる	なだめる	144
なだれ	雪崩	1279
なつく	懐く	16
なづけおや	名付け親	12
なづける	名付ける	12
なにとぞ	何とぞ	1698
なにぶん	何分	1699
なにやら	何やら	1697
なまける	怠ける	245
なまぬるい	生ぬるい	1651
なみ	波	1832
なめらかな	滑らかな	1622
なやます	悩ます	1309
ならす	慣らす	367
ならびに	並びに	1028
ならわし	習わし	784
なりたち	成り立ち	1166
なりたつ	成り立つ	1166
なりゆき	成り行き	1364
なれあい	なれ合い	1477
なれそめ	なれそめ	118
なんいど	難易度	448

なんだかんだ[と]	何だかんだ[と]	179
なんたって	なんたって	1711
なんでもかんでも	何でもかんでも	178
なんと	なんと	1706
なんといっても	なんと言っても	1711
なんとしても	なんとしても	1712
なんら[～ない]	何ら[～ない]	1695
なんらかの	何らかの	1027

に

ニート	ニート	672
にかよう	似通う	989
にくしん	肉親	2
にくたいてきな	肉体的な	369
にげだす	逃げ出す	1423
にじむ	にじむ	868
にちじ	日時	121
にちぼつ	日没	260
にちや	日夜	256
にづくり〈する〉	荷造り〈する〉	378
にっけいきぎょう	日系企業	553
にのつぎ	二の次	901
にぶる	鈍る	424
にほんれっとう	日本列島	1249
にゅうしゅ〈する〉	入手〈する〉	512
にゅうじょうこうしん〈する〉	入場行進〈する〉	961
にゅうねんな	入念な	993
にょうぼう	女房	8
にわかじこみ	にわか仕込み	1714
にわかな	にわかな	1714
にわかべんきょう	にわか勉強	1714
にんじょう	人情	1136
にんちしょう	認知症	881

ぬ

ぬう	縫う	1009
ぬく	抜く	1847
ぬくもり	温もり	10
ぬけだす	抜け出す	1241

ね

ね	根	1833
ねいろ	音色	1018
ねうち	値打ち	189
ねがう	願う	463
ねかす	寝かす	1839
ねかせる	寝かせる	1839
ネガティブな	ネガティブな	1633
ねぐるしい	寝苦しい	1257
ねこそぎ	根こそぎ	1292
ねこにこばん	猫に小判	1819
ねこのてもかりたい	猫の手も借りたい	1821
ねこをかぶる	猫をかぶる	1820
ねた	ねた	335
ねたむ	ねたむ	1603
ねだる	ねだる	17
ネック	ネック	768
ねにもつ	根に持つ	1602
ねばり	粘り	226
ねばりづよい	粘り強い	952
ねばる	粘る	226
ねまわし〈する〉	根回し〈する〉	599
ねもはもない	根も葉もない	74
ねらい	狙い	1512
ねらう	狙う	1512
ねる	練る	336
ねんいりな	念入りな	993
ねんざ〈する〉	捻挫〈する〉	870
ねんじる	念じる	463
ねんぱい	年配	623

の

のう	脳	810
のうこうな	濃厚な	348
ノーマルな	ノーマルな	812
のがす	逃す	1424
のがれる	逃れる	1422
のこのこ	のこのこ	1670
のこらず	残らず	222
のぞむ	臨む	527
のちのち	のちのち	923
のっとる	乗っ取る	1536
のどかな	のどかな	796
のどからてがでる	のどから手が出る	1797
ののしりあう	罵り合う	137
ののしる	罵る	137
のみこみ	飲み込み	220
のみこむ	飲み込む	220

のりき〈な〉	乗り気〈な〉	1589
のりきる	乗り切る	761
のりこえる	乗り越える	571
のりこむ	乗り込む	728
のる	乗る	1848
ノルマ	ノルマ	608
のろけ	のろけ	100
のろける	のろける	100
ノンフィクション	ノンフィクション	1087

は

はあく〈する〉	把握〈する〉	502
バージョンアップ〈する〉	バージョンアップ〈する〉	498
パートナー	パートナー	3
バーベキュー	バーベキュー	1367
パール	パール	1004
ばいうぜんせん	梅雨前線	1247
はいえん	肺炎	875
はいきゅう〈する〉	配給〈する〉	1299
はいぐうしゃ	配偶者	3
はいし〈する〉	廃止〈する〉	710
はいしゃく〈する〉	拝借〈する〉	625
ばいしゅう〈する〉	買収〈する〉	1536
ばいしょう〈する〉	賠償〈する〉	1411
ばいしょうきん	賠償金	1411
はいしん〈する〉	配信〈する〉	507
はいち	配置	962
ばいばい〈する〉	売買〈する〉	563
はいりょ〈する〉	配慮〈する〉	66
はえる	映える	980
はかい〈する〉	破壊〈する〉	1288
はかいりょく	破壊力	1288
ばかす	化かす	969
はかどる	はかどる	581
はかない	はかない	1337
ばかにする	ばかにする	1748
はかる	図る	651
はきはき[と]〈する〉	はきはき[と]〈する〉	537
はぐ	剥ぐ	236
はぐくむ	育む	99
はくしゃをかける	拍車をかける	791
ばくぜん[と]〈する〉	漠然[と]〈する〉	850
ばくろ〈する〉	暴露〈する〉	1506
ばくろばなし	暴露話	1506
ばくろぼん	暴露本	1506
はげる	はげる	939
ばける	化ける	969
はけん〈する〉	派遣〈する〉	559
はし	端	392
はじく	はじく	917
はじける	はじける	917
はじらい	恥じらい	1628
はじらう	恥じらう	1628
はずかしがりや	恥ずかしがり屋	1549
バスト	バスト	803
はずむ	弾む	1849
バスようひん	バス用品	1742
バスろせん	バス路線	723
バツイチ	バツイチ	31
はっかく〈する〉	発覚〈する〉	112
ばつぐんな	抜群な	1626
はつびょう〈する〉	発病〈する〉	882
はつみみ	初耳	75
はてしない	果てしない	1334
ばてる	ばてる	829
ばとう〈する〉	罵倒〈する〉	137
バトンタッチ〈する〉	バトンタッチ〈する〉	603
はなうたまじり	鼻歌まじり	343
はながたかい	鼻が高い	1774
はなにかける	鼻にかける	1775
はなにつく	鼻につく	1776
はなはだしい	はなはだしい	1275
はなばなしい	華々しい	1579
はにかみや	はにかみ屋	1549
はね	羽	1372
はねる	跳ねる	311
はばむ	阻む	1209
バブル	バブル	1519
バブルけいざい	バブル経済	1519
バブルじだい	バブル時代	1519
はまる	はまる	1843
はやくち	早口	77
はやくちことば	早口言葉	77
はやす	生やす	78
はやまる	早まる	1026

はやめる	早める	1026
ばらす	ばらす	386
ばらばら[と]	ばらばら[と]	1664
ばらばら[と]	ばらばら[と]	1665
ばらまく	ばらまく	1524
はり	はり	910
はりあう	張り合う	103
バリアフリー	バリアフリー	293
パワハラ	パワハラ	647
はんえい〈する〉	繁栄〈する〉	759
はんきょう	反響	1051
バンク	バンク	557
はんこう〈する〉	反抗〈する〉	21
はんせい〈する〉	反省〈する〉	28
ばんぜん〈な〉	万全〈な〉	447
はんそう〈する〉	搬送〈する〉	1386
ばんそうこう	ばんそうこう	907
はんそく	反則	957
はんそくまけ	反則負け	957
はんだん〈する〉	判断〈する〉	400
はんちゅう	はんちゅう	1472
ハンデ	ハンデ	1456
ハンディキャップ	ハンディキャップ	1456
ばんにん	万人	1165
ばんにんむき	万人向き	1165
はんぱつ〈する〉	反発〈する〉	21
ピーク	ピーク	1349

ひ

ひいては	ひいては	1541
ヒーリング	ヒーリング	1019
ひかえる	控える	1850
ひかげ	日陰	368
ひかれる	引かれる	89
ひきいる	率いる	1494
ひきおこす	引き起こす	1434
ひきこもり	引きこもり	366
ひきこもる	引きこもる	366
ひきさがる	引き下がる	646
ひきしめる	引き締める	734
ひきずる	引きずる	312
ひきたてる	引き立てる	981
ひきつぎ〈する〉	引き継ぎ〈する〉	669
ひきつぐ	引き継ぐ	669
ひきにげ〈する〉	ひき逃げ〈する〉	1390
ひきわけ	引き分け	56
ひく	引く	1851
びくびく[と]〈する〉	びくびく[と]〈する〉	1609
ひけつ	ひけつ	925
ひけつ〈する〉	否決〈する〉	1501
ひけらかす	ひけらかす	988
ひこうかい	非公開	1073
ひさい〈する〉	被災〈する〉	1282
ひさいしゃ	被災者	1282
ひさいち	被災地	1282
ひさんな	悲惨な	1636
ひしひし[と]	ひしひし[と]	1663
ひずみ	ひずみ	1294
ひそかな	密かな	88
ひそやかな	密やかな	88
ひたす	浸す	332
ひたすら	ひたすら	224
ひだりきき	左利き	811
ぴたりと	ぴたりと	1246
ひっかききず	引っかき傷	857
ひっかく	引っかく	857
ひっこむ	引っ込む	931
ひっこめる	引っ込める	931
びっしょり[と]	びっしょり[と]	324
ひっそり[と]〈する〉	ひっそり[と]〈する〉	797
ひってき〈する〉	匹敵〈する〉	772
ヒップ	ヒップ	803
ひとあたり	人当たり	1553
ひといきいれる	一息入れる	357
ひといきつく	一息つく	357
ひとえに	ひとえに	408
ひとくろう〈する〉	一苦労〈する〉	321
ひとけ	人気	679
ひとさらい	人さらい	1435
ひとしい	等しい	1326
ひとしれず	人知れず	971
ひとすじ	一筋	98
ひとちがい	人違い	72
ひとつきおき	一月おき	269
ひとなつこい	人懐こい	1544

ひとなみ	人波	676
ひとなみ〈な〉	人並み〈な〉	180
ひとねむり〈する〉	一眠り〈する〉	359
ひとみ	瞳	919
ひとめ	人目	142
ひとめぼれ〈する〉	一目ぼれ〈する〉	86
ひとやすみ〈する〉	一休み〈する〉	361
ひどり	日取り	121
ひとりでに	ひとりでに	903
ひとりのこらず	一人残らず	222
ひなた	日なた	368
ひなん〈する〉	非難〈する〉	634
ひのいり	日の入り	260
ひび	日々	257
ひふえん	皮膚炎	878
ひほう	悲報	1480
ひめくり	日めくり	233
ひやかし	冷やかし	106
ひやかす	冷やかす	106
ひやく〈する〉	飛躍〈する〉	1528
ひやくてきな	飛躍的な	1528
ピュアな	ピュアな	1555
ひょうが	氷河	1308
ひょうがき	氷河期	1308
ひょうさつ	表札	292
びょうしゃ〈する〉	描写〈する〉	1057
びょうそく	秒速	742
ひらきなおる	開き直る	145
びり	びり	441
ぴりぴり〈する〉	ぴりぴり〈する〉	1707
ひれい〈な〉	非礼〈な〉	1652
ひろう〈する〉	披露〈する〉	122
ひろうえん	披露宴	122
ひんかく	品格	983
ピンからキリまで	ピンからキリまで	199
ピンキリ	ピンキリ	199
ひんけつ	貧血	858
ひんじゃくな	貧弱な	1639
ひんしゅ	品種	757
ひんしゅかいりょう〈する〉	品種改良〈する〉	758
ピンチヒッター	ピンチヒッター	601
ひんど	頻度	820
ぴんとくる	ぴんとくる	94
ひんぱんな	頻繁な	53

ふ

ふい〈な〉	不意〈な〉	308
ふいうち	不意打ち	308
フィクション	フィクション	1087
フィルター	フィルター	318
ふうう	風雨	1243
ふうけいびょうしゃ	風景描写	1057
ふうしゅう	風習	783
ふうど	風土	785
ふうひょう	風評	1303
ぶうぶういう	ぶうぶう言う	423
ふえいせいな	不衛生な	825
フォーマルな	フォーマルな	977
ふおんな	不穏な	1473
ふかけつな	不可欠な	329
ふかふか〈と〉〈する〉	ふかふか〈と〉〈する〉	1673
ぶき	武器	1181
ふくすう	複数	510
ふくらむ	膨らむ	1649
ふくれる	膨れる	227
ふける	更ける	263
ふける	老ける	937
ふけんぜんな	不健全な	1624
ふこうちゅうのさいわい	不幸中の幸い	1304
ふさい	負債	558
ふさいがく	負債額	558
ぶさいくな	不細工な	1647
ぶしょう〈な/する〉	不精〈な/する〉	1551
ぶしょう〈な/する〉	無精〈な/する〉	1551
ぶじょく〈する〉	侮辱〈する〉	1199
ふしん〈な〉	不審〈な〉	1415
ふしんしゃ	不審者	1415
ふじんどうはん	夫人同伴	1119
ふしんぶつ	不審物	1415
ふぜい	風情	687
ふせい〈な〉	不正〈な〉	458
ふせいじつ〈な〉	不誠実〈な〉	1547
ぶたにしんじゅ	豚に真珠	1819
プチいえで〈する〉	プチ家出〈する〉	22
ふちょう〈な〉	不調〈な〉	565

ふつう	不通	747
ふっきゅう〈する〉	復旧〈する〉	1302
ふっきゅうこうじ	復旧工事	1302
ぶっきらぼうな	ぶっきらぼうな	1645
ふっきん	腹筋	802
ふっきんうんどう	腹筋運動	802
ぶっけん	物件	372
ふっこうする	復興する	1302
ぶっしつてきな	物質的な	369
ぶったい	物体	1376
ぶつだん	仏壇	243
ふっとう〈する〉	沸騰〈する〉	340
ぶつめつ	仏滅	121
ふでまめな	筆まめな	1551
ぶどう	武道	1029
ふとう〈な〉	不当〈な〉	1442
ふところ	懐	172
ふところぐあい	懐具合	172
ふび〈な〉	不備〈な〉	484
ふふく〈な〉	不服〈な〉	1458
ふへい〈な〉	不平〈な〉	1458
ふみきる	踏み切る	898
ふみこむ	踏み込む	130
ふみにじる	踏みにじる	47
プライベート〈な〉	プライベート〈な〉	575
プラスアルファ	プラスアルファ	532
ふらつく	ふらつく	836
ふらっと	ふらっと	1675
ふらりと	ふらりと	1675
ぶらりと	ぶらりと	1675
ブランク	ブランク	1540
ふり〈な〉	不利〈な〉	486
ふりだし	振り出し	1219
ふりょうひん	不良品	207
ふるえる	震える	141
ふるまう	振る舞う	538
ふるわす	震わす	141
ふるわせる	震わせる	141
ふれあい	触れ合い	1125
ふれあう	触れ合う	1125
ぶれい〈な〉	無礼〈な〉	1652
ブレイク〈する〉	ブレイク〈する〉	358
フレーム	フレーム	470
ぶれる	ぶれる	513
ブログ	ブログ	249
プロフィール	プロフィール	531
ふわふわ[と]〈する〉	ふわふわ[と]〈する〉	1673
ふんか〈する〉	噴火〈する〉	1280
ぶんかつ〈する〉	分割〈する〉	197
ぶんぎょう〈する〉	分業〈する〉	595
ぶんぐ	文具	442
ふんそう	紛争	1220
ふんそく	分速	742
ぶんたん〈する〉	分担〈する〉	595
ふんだんに	ふんだんに	1688
ぶんぱい〈する〉	分配〈する〉	1300
ふんべつ	分別	1733
ぶんべつ〈する〉	分別〈する〉	1732
ぶんぼうぐ	文房具	442
ふんわり[と]〈する〉	ふんわり[と]〈する〉	1673
	へ	
ペア	ペア	105
へいがい	弊害	769
へいき	兵器	1181
へいしゃ	弊社	521
へいめんてきな	平面的な	1103
ベース	ベース	774
ぺこぺこ〈する〉	ぺこぺこ〈する〉	1662
へこむ	へこむ	1596
ベストセラー	ベストセラー	1034
へだてる	隔てる	289
べつじょう	別状	1400
べっそう	別荘	1158
べつわく	別枠	470
へりくだる	へりくだる	644
へりくつ	へ理屈	643
へる	経る	736
ヘルスメーター	ヘルスメーター	804
べんかい〈する〉	弁解〈する〉	113
へんけん	偏見	1198
へんさち	偏差値	471
べんしょう〈する〉	弁償〈する〉	1728
へんしょく〈する〉	偏食〈する〉	228
へんせん〈する〉	変遷〈する〉	506

べんめい〈する〉	弁明〈する〉	1492

ほ

ポイント	ポイント	1835
ほうい〈する〉	包囲〈する〉	1208
ほうえい〈する〉	放映〈する〉	1079
ぼうがい〈する〉	妨害〈する〉	1398
ぼうがいでんぱ	妨害電波	1398
ほうき〈する〉	放棄〈する〉	1327
ほうしゅう	報酬	166
ほうじる	報じる	1431
ぼうぜんと〈する〉	ぼうぜんと〈する〉	967
ぼうだいな	膨大な	1320
ぼうどう	暴動	1185
ぼうはん	防犯	296
ぼうふう	暴風	1243
ぼうふうう	暴風雨	1243
ほうぼう	方々	1366
ほうりこむ	放り込む	305
ほうりだす	放り出す	306
ホームセキュリティ	ホームセキュリティ	296
ほがらかな	朗らかな	1543
ほきょう〈する〉	補強〈する〉	281
ぼける	ぼける	839
ぼこう	母校	779
ぼこう	母港	779
ぼこく	母国	1162
ぼこくご	母国語	1162
ほこり	誇り	1091
ほこる	誇る	1091
ほころびる	ほころびる	1000
ポジション	ポジション	962
ポジティブな	ポジティブな	1612
ほじゅう〈する〉	補充〈する〉	956
ほしゅてきな	保守的な	1496
ほしょう〈する〉	保証〈する〉	1726
ほしょう〈する〉	保障〈する〉	1727
ほしょう〈する〉	補償〈する〉	1728
ぼちぼち	ぼちぼち	1667
ぽっかり[と]	ぽっかり[と]	115
ほっさ	発作	852
ほっそり[と]〈する〉	ほっそり[と]〈する〉	933
ぽつぽつ	ぽつぽつ	1667
ほどく	ほどく	998
ほどける	ほどける	998
ほどほど	ほどほど	517
ぼやく	ぼやく	315
ぼやける	ぼやける	840
ほる	彫る	1746
ほる	掘る	1747
ぼんさい	盆栽	1011
ほんしつ	本質	1323
ほんしつてきな	本質的な	1323
ほんにん	本人	1402
ほんば	本場	1108
ぼんやり[と]〈する〉	ぼんやり[と]〈する〉	412

ま

まいあがる	舞い上がる	1254
まう	舞う	1254
まえうり〈する〉	前売り〈する〉	1075
まえおき	前置き	640
まえばらい〈する〉	前払い〈する〉	1114
まかす	負かす	944
まぎれる	紛れる	362
まぎわ	間際	267
マグニチュード	マグニチュード	1269
まけずぎらいな	負けず嫌いな	951
まごつく	まごつく	1142
まことに	誠に	1689
まごまご〈する〉	まごまご〈する〉	1142
まさしく	まさしく	1678
まさに	まさに	1678
まさる	勝る	1138
まじえる	交える	1757
まして	まして	1686
まじわる	交わる	1756
まずい	まずい	1829
まちこがれる	待ち焦がれる	1042
まちどおしい	待ち遠しい	1586
まちなみ	街並み	673
まちなみ	町並み	673
まちのぞむ	待ち望む	695
まちまちな	まちまちな	230
まっかなうそ	真っ赤なうそ	151
まとまる	まとまる	941

まどわす	惑わす	76
まなざし	まなざし	93
マニア	マニア	1041
まのあたり	目の当たり	1137
まばたき〈する〉	まばたき〈する〉	920
まばらな	まばらな	733
まめな	まめな	1551
まるごと	丸ごと	338
まるっきり	まるっきり	1682
まるまる[と]〈する〉	丸々[と]〈する〉	170
まるめる	丸める	337
まれな	まれな	886
まわす	回す	1852
まわりみち〈する〉	回り道〈する〉	749
まんきつ〈する〉	満喫〈する〉	1151
まんげつ	満月	1358
まんざら[～ない]	まんざら[～ない]	91
まんせい	慢性	883
まんぜんと〈する〉	漫然と〈する〉	412
マンネリ	マンネリ	611
マンネリか〈する〉	マンネリ化〈する〉	611
まんまと	まんまと	1681

み

みあたる	見当たる	314
みいり	実入り	158
みうごき〈する〉	身動き〈する〉	730
みうしなう	見失う	1235
みうち	身内	1
みえ	見栄	70
みえっぱり	見栄っ張り	71
みおとし	見落とし	455
みおとす	見落とす	455
みおろす	見下ろす	1749
みかく	味覚	210
みかづき	三日月	1358
みがるな	身軽な	1129
みぎきき	右利き	811
みきわめる	見極める	473
みくだす	見下す	1748
みぐるしい	見苦しい	1634
みこみ	見込み	405
みさだめる	見定める	473
みじめな	惨めな	1601
みじゅくな	未熟な	1608
みしらぬ	見知らぬ	1123
ミス〈する〉	ミス〈する〉	461
みずから	自ら	420
みすごす	見過ごす	1754
ミステリー	ミステリー	1359
みずとあぶら	水と油	1823
みすぼらしい	みすぼらしい	1637
みずみずしい	みずみずしい	1613
みずをさす	水をさす	770
みせびらかす	見せびらかす	988
みだしなみ	身だしなみ	525
みたす	満たす	469
みだす	乱す	248
みだれる	乱れる	248
みち	未知	1123
みち	道	1836
みぢか〈な〉	身近〈な〉	718
みちがえる	見違える	1005
みっかぼうず	三日坊主	240
みっせつな	密接な	1191
みつど	密度	789
みつもり	見積もり	376
みつもる	見積もる	376
みとおし	見通し	1520
みどころ	見所	1106
みなす	見なす	400
みぬく	見抜く	1405
みのう	未納	183
みのうえ	身の上	45
みのうえそうだん	身の上相談	45
みのうえばなし	身の上話	45
みのがす	見逃す	1755
みのまわり	身の回り	252
みのる	実る	972
みはからう	見計らう	666
みはらし	見晴らし	1341
みぶりてぶり	身振り手振り	1132
みほん	見本	1015
みみざわりな	耳障りな	1778
みみにたこができる	耳にたこができる	1780

みみにつく	耳につく	1778	むりょくな	無力な	1488
みみにはさむ	耳に挟む	1779	むれ	群れ	1354
みみをかす	耳を貸す	1782	むれる	群れる	1354
みみをすます	耳を澄ます	1781	むろん	無論	1696
みみをふさぐ	耳をふさぐ	1783		め	
みめい	未明	264	めいかいな	明快な	1619
みもと	身元	1401	めいかくな	明確な	1218
みもとふめい	身元不明	1401	めいぎ	名義	196
みやぶる	見破る	1405	めいげん〈する〉	明言〈する〉	1169
みょうに	妙に	1261	めいさい	明細	162
みりょくてきな	魅力的な	1616	めいさん	名産	781
みれん	未練	114	めいしょう	名称	415
みんぞく	民族	1164	めいはくな	明白な	1537
みんぞくいしょう	民族衣装	1164	めいぶつ	名物	781
みんぞくせい	民族性	1164	めいめい〈する〉	命名〈する〉	12
	む		めいよ〈な〉	名誉〈な〉	1467
むえきな	無益な	1539	めいよしみん	名誉市民	1467
むかつく	むかつく	861	めいりょうな	明瞭な	1619
むかむか〈する〉	むかむか〈する〉	861	めいれい〈する〉	命令〈する〉	19
むがむちゅう	無我夢中	950	めいろうな	明朗な	1543
むくち〈な〉	無口〈な〉	1763	めうえ	目上	1741
むくみ	むくみ	864	めがこえる	目が肥える	1769
むくむ	むくむ	864	めがたかい	目が高い	1768
むくれる	むくれる	227	めがとどく	目が届く	1767
むげん〈な〉	無限〈な〉	1335	メガバンク	メガバンク	557
むこう〈な〉	無効〈な〉	195	めきめき[と]	めきめき[と]	1631
むごん	無言	1764	めぐみ	恵み	1352
むごんでんわ	無言電話	1764	めぐむ	恵む	1469
むざい	無罪	1449	めくる	めくる	233
むしる	むしる	333	めざとい	目ざとい	985
むしんけい〈な〉	無神経〈な〉	1569	めざましい	目覚ましい	1170
むすびつく	結び付く	439	めざめる	目覚める	234
むすびつける	結び付ける	439	めした	目下	1741
むせる	むせる	863	めだつ	目立つ	1771
むちゃ〈な〉	無茶〈な〉	1130	めつき	目つき	953
むっつり[と]〈する〉	むっつり[と]〈する〉	1646	めっきり[と]	めっきり[と]	841
むなしい	むなしい	1599	めとはなのさき	目と鼻の先	1777
むなしく	空しく	851	メリット	メリット	1126
むぼう〈な〉	無謀〈な〉	1389	めをつぶる	目をつぶる	1773
むめい	無名	1081	めをぬすむ	目を盗む	1770
むやみな	むやみな	508	めをひく	目を引く	1771
むらがる	群がる	1354	めをまるくする	目を丸くする	1772

めんかい〈する〉	面会〈する〉	894
めんかいじかん	面会時間	894
めんかいしゃぜつ	面会謝絶	894
めんじょ〈する〉	免除〈する〉	483
めんする	面する	393

も

もうける	設ける	714
もうしいれる	申し入れる	1192
もうしでる	申し出る	1192
もうしぶん[が]ない	申し分[が]ない	482
もうら〈する〉	網羅〈する〉	1112
もうれつな	猛烈な	1273
もうろうと〈する〉	もうろうと〈する〉	837
もがく	もがく	1387
もぐる	潜る	1153
もくろみ	もくろみ	1419
もくろむ	もくろむ	1419
もさく〈する〉	模索〈する〉	1216
もしくは	もしくは	1450
もたらす	もたらす	763
もちあげる	持ち上げる	645
もちこむ	持ち込む	1095
もちなおす	持ち直す	489
もちはこび	持ち運び	383
もちはこぶ	持ち運ぶ	383
もっか	目下	1740
もってこい	もってこい	693
もってのほか	もってのほか	509
もっぱら	もっぱら	371
もてなす	もてなす	1135
もてはやす	もてはやす	1655
ものかげ	物陰	297
ものずき〈な〉	もの好き〈な〉	107
ものまね〈する〉	物まね〈する〉	1102
ものものしい	物々しい	1094
ものわすれ〈する〉	物忘れ〈する〉	838
もはや	もはや	1693
もはんてきな	模範的な	735
もむ	もむ	809
もめごと	もめ事	1096
もやもや〈する〉	もやもや〈する〉	1611
もよおす	催す	1025
もより	最寄り	725
もりつけ	盛り付け	351
もりつける	盛り付ける	351
もる	盛る	351
もろい	もろい	867
もろに	もろに	1692
もんくをいう	文句を言う	423
もんげん	門限	26

や

やくざいし	薬剤師	908
やけに	やけに	1261
やさき	矢先	267
やしき	屋敷	291
やしん	野心	657
やしんか	野心家	657
やすみぼけ	休みぼけ	839
やすやす[と]	やすやす[と]	821
やすらぎ	安らぎ	353
やすらぐ	安らぐ	353
やせい	野生	1369
やたら[な/と]	やたら[な/と]	58
やっきょく	薬局	905
ヤバい	ヤバい	1657
やはん	夜半	262
やぶん	夜分	261
やまづみ	山積み	303
やまやまな	やまやまな	30
やみ	闇	258
やみくもな	やみくもな	1328
ややこしい	ややこしい	1635
やりくり〈する〉	やり繰り〈する〉	164
やりとげる	やり遂げる	664
やるせない	やるせない	1594
やわらぐ	和らぐ	890
やわらげる	和らげる	890
やんわり[と]	やんわり[と]	1621

ゆ

ゆいしょ	由緒	786
ゆいしょただしい	由緒正しい	786
ゆうい〈な〉	優位〈な〉	1455
ゆううつ〈な〉	憂うつ〈な〉	1600
ゆうえきな	有益な	1539

ゆうえつかん	優越感	1604
ゆうが〈な〉	優雅〈な〉	1615
ゆうかい〈される〉	誘拐〈される〉	1435
ゆうごう〈する〉	融合〈する〉	1140
ゆうこう〈な〉	有効〈な〉	195
ゆうざい	有罪	1449
ゆうし〈する〉	融資〈する〉	1531
ゆうずう	融通	717
ゆうすう〈な〉	有数〈な〉	1533
ゆうする	有する	1470
ゆうぼうな	有望な	520
ゆうやみ	夕闇	258
ゆうゆう[と]	悠々[と]	1630
ゆうり〈な〉	有利〈な〉	486
ゆうりょくしゃ	有力者	1488
ゆうりょくな	有力な	1488
ゆうわ〈する〉	融和〈する〉	1140
ゆかうえしんすい	床上浸水	1278
ゆかしたしんすい	床下浸水	1278
ゆがみ	ゆがみ	865
ゆがむ	ゆがむ	865
ゆきちがい	行き違い	133
ゆきづまる	行き詰まる	1447
ゆきわたる	行き渡る	1463
ゆする	揺する	80
ゆそう〈する〉	輸送〈する〉	1386
ゆだねる	委ねる	1503
ゆだん〈する〉	油断〈する〉	935
ゆだんたいてき	油断大敵	935
ゆとり	ゆとり	169
ユニークな	ユニークな	474
ゆにゅうひん	輸入品	193
ゆびおりの	指折りの	1533
ゆびさす	指差す	1441
ゆらす	揺らす	80
ゆるがす	揺るがす	1433
ゆるむ	緩む	204
ゆるめる	緩める	204

よ

よういん	要因	1318
ようきな	陽気な	1572
ようし	要旨	434
ようし	容姿	909
ようじんぶかい	用心深い	1154
ようする	要する	1121
ようてん	要点	433
ようひん	用品	1742
ようひん	洋品	1743
ようひんてん	洋品店	1743
よか	余暇	1362
よくせい〈する〉	抑制〈する〉	1518
よげん〈する〉	予言〈する〉	1059
よこく〈する〉	予告〈する〉	1483
よこす	よこす	7
よこどり〈する〉	横取り〈する〉	20
よこになる	横になる	356
よしあし	善し悪し	472
よせあつめる	寄せ集める	304
よせる	寄せる	743
よそ	よそ	690
よそみ〈する〉	よそ見〈する〉	750
よち	余地	299
よち〈する〉	予知〈する〉	1059
よどみなく	よどみなく	1474
よどむ	よどむ	1474
よび	予備	1128
よびすて	呼び捨て	44
よびな	呼び名	415
よびび	予備日	1128
よふけ	夜更け	262
よほど	よほど	1704
よみがえる	よみがえる	760
よみて	読み手	1038
よもや[〜ない]	よもや[〜ない]	61
よゆう	余裕	169
よりそう	寄り添う	126
よろこばしい	喜ばしい	1578
よろん	世論	1453
よわい	弱い	1830
よわね	弱音	610
よわまる	弱まる	1253
よわめる	弱める	1253
よわる	弱る	833

ら

らくせん〈する〉	落選〈する〉	1504
らくたん〈する〉	落胆〈する〉	465
ラフな	ラフな	978
ラベル	ラベル	327
らん	欄	529

り

リアルな	リアルな	1101
りえき	利益	555
りがい	利害	1196
りくつ	理屈	643
りくつっぽい	理屈っぽい	643
りし	利子	173
リストラ〈する〉	リストラ〈する〉	671
りそく	利息	173
りっこうほ〈する〉	立候補〈する〉	705
りったいてきな	立体的な	1103
りっぷく〈する〉	立腹〈する〉	605
りてん	利点	1126
リフォーム〈する〉	リフォーム〈する〉	1002
リベラルな	リベラルな	1496
りゅうい〈する〉	留意〈する〉	232
りゅうがくしきん	留学資金	654
りゅうちょうな	りゅうちょうな	430
りゅうつう〈する〉	流通〈する〉	1534
りょうおもい	両思い	87
りょうきょくたん〈な〉	両極端〈な〉	1497
りょうしょう〈する〉	了承〈する〉	587
りょうしんてきな	良心的な	191
りょうど	領土	1163
りょうどもんだい	領土問題	1163
りょこうしきん	旅行資金	654
りりしい	りりしい	1620
りんと〈する〉	りんと〈する〉	1620

れ

レアな	レアな	1370
れいきゃく〈する〉	冷却〈する〉	889
れいこく〈な〉	冷酷〈な〉	1568
れいたんな	冷淡な	1568
れいの	例の	591
れいのけん	例の件	591
れいのはなし	例の話	591
れきぜんと〈する〉	歴然と〈する〉	464
レギュラー	レギュラー	1100
レッスン	レッスン	407
れっとうかん	劣等感	1604
れんけい〈する〉	連携〈する〉	596
れんけいプレー	連携プレー	596
れんさい〈する〉	連載〈する〉	1046
れんさいまんが	連載漫画	1046
れんたい〈する〉	連帯〈する〉	597
れんたいかん	連帯感	597
れんたいせきにん	連帯責任	597
れんちゅう	連中	43

ろ

ろうか〈する〉	老化〈する〉	822
ろうかげんしょう	老化現象	822
ろうきゅうか〈する〉	老朽化〈する〉	751
ろうご	老後	181
ろうどうりょく	労働力	607
ろうにゃくなんにょ	老若男女	1040
ろうほう	朗報	1480
ろうりょく	労力	607
ロープ	ロープ	380
ろけん〈する〉	露見〈する〉	1478
ろこつな	露骨な	543
ろしゅつ〈する〉	露出〈する〉	992
ろしゅつど	露出度	992
ろせん	路線	723
ろせんず	路線図	723
ろてい〈する〉	露呈〈する〉	1478

わ

わいろ	賄賂	1509
わかい〈する〉	和解〈する〉	1226
わき	脇	807
わきあいあいと	和気あいあいと	1577
わきおこる	湧き起こる	1097
わきまえる	わきまえる	619
わきみ〈する〉	わき見〈する〉	750
わきやく	脇役	807
わく	湧く	450
わく	枠	470
わくせい	惑星	1356
わざ	技	963

わざわい	災い	1281
わし	和紙	1013
わずらわしい	煩わしい	152
わな	わな	1068
わりあい	割合	175
わりあてる	割り当てる	764
わりきる	割り切る	147
わりふる	割り振る	764

<저자> 아크아카데미
1986년 창립. ARC그룹교로서 ARC도쿄일본어학교, 아크아카데미 신주쿠교, 오사카교, 교토교, 베트남교가 있다. 일본어교사양성과의 졸업생도 1만명을 넘어, 일본어를 통하여 사회공헌할 수 있는 인재육성을 목표로 하고 있다.

감수 엔도 유미코
와세다대학대학원 일본어교육연구과 석사과정 수료
아크아카데미 신주쿠교 교장

집필 야마다 미쓰코
릿쿄대학문학부 교육학과 졸업
ARC도쿄일본어학교 강사

협력 세키 리키
ARC도쿄일본어학교 전임강사

합격필승 일본어능력시험 N1 단어장 3000

발 행 일 : 2020년 12월 01일(초판)
저　　　자 : 아크아카데미
발 행 인 : 송 부 영
발 행 처 : (주)해외교육사업단
출 판 등 록 : 제16-1456호
주　　　소 : 서울특별시 서초구 강남대로 381, (두산709호)
전　　　화 : 02-736-1010
이 메 일 : song@hed.co.kr
홈 페 이 지 : www.hedgroup.co.kr

*본사에서는 소중한원고, 새로운 기획의 제안을 기다리고 있습니다.
*이 책은 저작권법에 의해 보호를 받는 저작물이므로 무단 전재와 복제를 금합니다.
*잘못된 책은 구입하신 서점이나 본사에서 교환해드립니다.

ⓒARC ACADEMY Japanese Language School 2019
Originally Published in Japan by ASK Publishing Co., Ltd., Tokyo